中国知识产权行政管理理论与实践

ZHONGGUO ZHISHICHANQUAN XINGZHENG
GUANLI LILUN YU SHIJIAN

贺 化 主编

知识产权出版社
全国百佳图书出版单位

图书在版编目（CIP）数据

中国知识产权行政管理理论与实践/贺化主编 . —北京：知识产权出版社，2018.1
ISBN 978 – 7 – 5130 – 4476 – 9

Ⅰ.①中… Ⅱ.①贺… Ⅲ.①知识产权—行政管理—研究报告—中国 Ⅳ.①D923.404

中国版本图书馆 CIP 数据核字（2016）第 224034 号

内容提要

本书立足于知识产权行政管理的基本理论，通过中外对比借鉴，探讨与反思了中国知识产权行政管理实践中的成绩与经验、问题与影响，并基于现有的国际国内环境，分析了中国的机遇、挑战、优势与劣势所在，从而为中国知识产权行政管理创新发展定好位、找好路。

本书对中国知识产权行政管理作了全方位、立体化研究，是了解其历史沿革，把握最新趋势与行政管理手段的不可多得的参考书。

责任编辑：卢海鹰　可　为　　　　　　责任校对：潘凤越
装帧设计：可　为　　　　　　　　　　责任出版：刘译文

中国知识产权行政管理理论与实践
贺　化　主编

出版发行： **知识产权出版社** 有限责任公司	网　　址：http：//www.ipph.cn
社　　址：北京市海淀区气象路 50 号院	邮　　编：100081
责编电话：010 – 82000860 转 8122	责编邮箱：lueagle@ 126.com
发行电话：010 – 82000860 转 8101/8102	发行传真：010 – 82000893/82005070/82000270
印　　刷：三河市国英印务有限公司	经　　销：各大网上书店、新华书店及相关专业书店
开　　本：787mm × 1092mm　1/16	印　　张：15
版　　次：2018 年 1 月第 1 版	印　　次：2018 年 1 月第 1 次印刷
字　　数：330 千字	定　　价：60.00 元

ISBN 978-7-5130-4476-9

编著委员会

主　编　贺　化

副主编　雷筱云　董宏伟　姜　伟

编　委　（按姓氏拼音排序）

蔡祖国　李　强　路　轶　刘海波

刘鸿斌　来小鹏　涂克明　王　峰

谢晓勇　杨学文　周　昕　周　砚

张伯友　张秋月

序

    三十多年前的改革开放，让我们学习和借鉴了世界上大多数国家的通行做法，建立和实行了与我国社会主义市场经济发展相适应的知识产权制度，从而全面打开了以知识产权激励和保护创新、有效运用知识产权国际规则参与全球经济活动的大门。具有中国特色的知识产权行政管理体系也随之创建起来，经历了从无到有、逐步发展的历程，在推动我国知识产权制度建立与完善，以及国家知识产权战略的制定与实施等方面发挥了重要的作用。

    在新一轮技术创新和产业变革浪潮的推动下，全球经济发展格局正在发生深层次的结构性变化，以关键领域前沿技术和知识体系创新为引擎，以知识产权核心资产和战略运用为支撑的知识经济深入发展，知识产权已经成为国家发展的战略性资源和提升国际竞争力的核心要素，成为市场主体创新驱动发展并取得市场竞争优势的关键。近年来，我国知识产权数量呈现出持续快速增长态势，我国已成为名副其实的知识产权大国，但还不是知识产权综合实力较强的知识产权强国。针对这一基本现状和发展要求，2015 年 12 月 18 日，《国务院关于新形势下加快知识产权强国建设的若干意见》出台，发出了"深化知识产权领域改革，加快知识产权强国建设"的总动员。要实现将我国建设成为知识产权强国这一战略目标，中国知识产权行政管理体系就必须在更高层次上、以更高的标准进行科学化管理，就必须在新形势下更好地发挥政策引导、执法保护和公共服务等职能，通过制定政策、搭建平台、优化环境等方式有效推动知识产权创造、运用、保护和管理。

    《中国知识产权行政管理理论与实践》一书回答了在新形势下加快知识产权强国建设，应如何构建中国特色的知识产权行政管理理论体系，推进管理创新这一重大课题。该书深入研究了知识产权行政管理基本理论，为构建中国特色知识产权行政管理的理论体系进行了原创性的探索。系统总结了当代知识产权行政管理的实践经验，对我国知识产权行政管理的特色和不足带来的不利影响进行了客观的评判。深入地进行了当代世界各国知识产权行政管理模式的比较研究，为探讨中国特色知识产权行政模式提供了国际视野与宏观思路。科学使用 PEST 和 SWOT 等管理工具，对我国知识产权行政管理的国际环境、国内环境进行了分析，特别是针对当前资源与环境匹配下的 SWOT 分析，做了深入细致的研究，将中国知识产权行政管理的研究水平推进到了"理论研究与模型建构相结合"的实证研究层面。提出了深化我国行政管理体制改革和推进中国知识产权行政管理创新的政策建议和对策思考。

  2015 年，党中央、国务院提出，让知识产权制度成为激励创新的基本保障，明确了知识产权行政管理工作在国家创新发展全局中的核心定位和重要作用。在本书即将付梓之际，党的十九大胜利召开，确立了习近平新时代中国特色社会主义思想的历史地位，提出了新时代坚持和发展中国特色社会主义的基本方略，强调"创新是引领发展的第一动力，是建设现代化经济体系的战略支撑"，提出"倡导创新文化，强化知识产权创造、保护、运用"，为知识产权事业发展指明了方向，是知识产权行政管理的根本遵循和行动指南。今后一个时期，知识产权行政管理工作要以十九大精神和习近平新时代中国特色社会主义思想为指引，牢固树立和贯彻落实新发展理念，在全面开放新格局下通盘考量、整体运筹、长远规划，做好顶层设计，铺就知识产权行政管理的未来之路，为建设创新型国家和知识产权强国，实现中华民族伟大复兴的中国梦注入强大力量。

目　　录

绪　　论 ……………………………………………………………… 1

第一章　知识产权行政管理基本理论 ………………………………… 2
　　第一节　行政管理的基本理论 ……………………………………… 2
　　　　一、行政管理的概念 ……………………………………………… 2
　　　　二、行政管理的特征 ……………………………………………… 3
　　　　三、行政管理的方式 ……………………………………………… 4
　　　　四、行政管理的功能 ……………………………………………… 4
　　　　五、行政管理理论的三个发展阶段 ……………………………… 5
　　第二节　知识产权行政管理的基本理论 …………………………… 9
　　　　一、知识产权管理概述 …………………………………………… 9
　　　　二、知识产权行政管理的概念和内容 …………………………… 14
　　　　三、知识产权行政管理的特征 …………………………………… 16
　　　　四、知识产权行政管理的功能 …………………………………… 18
　　　　五、知识产权行政管理的运行机制 ……………………………… 20
　　第三节　知识产权行政管理的模式与创新 ………………………… 21
　　　　一、知识产权行政管理模式 ……………………………………… 21
　　　　二、知识产权行政管理创新 ……………………………………… 25

第二章　国外知识产权行政管理特点与借鉴及其发展趋势 ………… 28
　　第一节　典型国家知识产权行政管理特点与借鉴 ………………… 28
　　　　一、全球引领样本：美国特点与借鉴 …………………………… 28
　　　　二、与时俱进样本：英国特点与借鉴 …………………………… 32
　　　　三、成熟模式样本：德国特点与借鉴 …………………………… 37
　　　　四、成功追赶样本：日本模式与借鉴 …………………………… 39
　　　　五、制度创新样本：韩国特点与借鉴 …………………………… 40
　　　　六、后发优势样本：印度特点与借鉴 …………………………… 44
　　第二节　国外知识产权行政管理最新发展趋势 …………………… 46
　　　　一、注重知识产权宏观管理 ……………………………………… 47

二、推进知识产权制度创新 ·· 56

三、优化知识产权公共服务 ·· 58

四、强化知识产权保护监管 ·· 69

五、国际知识产权行政管理最新发展对中国的启示与借鉴 ············ 73

第三章　中国知识产权行政管理的实践与探索 ························ 79

第一节　中国知识产权行政管理的发展历程 ······················ 79

一、筹备初建阶段（1978～1984 年） ·························· 79

二、完善发展阶段（1985～1997 年） ·························· 80

三、调整强化阶段（1998～2007 年） ·························· 80

四、战略实施阶段（2008 年至今） ···························· 81

第二节　中国现行知识产权行政管理体系 ························ 83

一、国家知识产权行政管理机构与职能 ························ 83

二、国家知识产权协调管理机构及职能 ························ 93

三、地方知识产权行政管理体系 ······························ 95

第三节　中国知识产权行政管理的成绩 ·························· 97

一、制定国家战略，强力推进实施，提升知识产权显示度 ········ 97

二、建立制度体系，激发创造活力，助力创新型国家建设 ········ 97

三、强化法律保护，优化市场环境，有力地推动经济发展 ········ 98

四、完善公共政策，推动有效运用，显著提高企业竞争力 ········ 99

五、开展公共服务，出台政策措施，发展知识产权服务业 ········ 100

六、维护国家利益，护航国际贸易，服务外向企业走出去 ········ 102

七、加大宣传力度，提高全民意识，培育知识产权文化 ·········· 103

八、加强统筹规划，优化结构布局，推进人才队伍建设 ·········· 104

第四节　中国知识产权行政管理经验与特色 ···················· 104

一、中国知识产权行政管理经验 ······························ 104

二、中国知识产权行政管理特色 ······························ 106

第五节　当前中国知识产权行政管理存在的问题与影响 ·········· 112

一、中国知识产权行政管理存在的问题 ························ 112

二、中国知识产权行政管理问题产生的原因 ···················· 119

三、中国知识产权行政管理问题带来的影响 ···················· 121

第四章　中国知识产权行政管理创新发展的环境分析 ·············· 123

第一节　知识产权行政管理国际环境分析 ······················ 123

一、南北经济力量对比发生逆转，南方国家迅速崛起 ············ 123

二、发展中国家的知识产权利益诉求得到重视 ·················· 124

三、发达国家以知识产权促进结构调整的作用明显 ················ 124

四、发达国家利用知识产权遏制发展中国家的趋势加剧 ··········· 125

第二节　知识产权行政管理国内环境分析 ·············· 125

一、政治环境分析 ···································· 125

二、经济环境分析 ···································· 131

三、社会环境分析 ···································· 135

四、技术环境分析 ···································· 138

第三节　中国知识产权行政管理资源与环境匹配下的 SWOT 分析 ········· 144

一、机　　遇 ······································· 144

二、挑　　战 ······································· 148

三、优　　势 ······································· 150

四、劣　　势 ······································· 152

第五章　中国知识产权行政管理创新发展的定位与愿景 ············ 154

第一节　中国知识产权行政管理创新发展定位的视角 ········· 154

一、从经济基础需求重新定位知识产权行政管理工作 ········ 154

二、从政府职能新的目标模式重新定位知识产权行政管理工作 ······· 154

三、从政府与市场的关系重新定位知识产权行政管理工作 ········ 155

四、从知识产权对经济社会发展的促进作用重新定位知识产权行

政管理工作 ······································ 156

第二节　中国知识产权行政管理创新发展的定位 ·········· 157

一、战略定位 ······································· 157

二、职能定位 ······································· 157

三、工作定位 ······································· 159

第三节　中国知识产权行政管理创新发展的意义与原则 ········· 162

一、中国知识产权行政管理创新发展的意义 ············· 162

二、中国知识产权行政管理创新发展的作用 ············· 166

三、中国知识产权行政管理创新发展的原则 ············· 169

第四节　中国知识产权行政管理的愿景 ·············· 172

一、中国知识产权行政管理创新发展的愿景目标 ··········· 173

二、中国知识产权行政管理创新发展的基本思路 ··········· 174

三、中国知识产权行政管理创新发展的规划 ············· 176

第六章　中国知识产权行政管理创新的具体路径 ·············· 178

第一节　深化改革　建立现代知识产权治理体系 ··········· 178

一、构建协调统一的知识产权行政管理体系 ⋯⋯⋯⋯⋯ 178

二、加快知识产权行政管理职能转变 ⋯⋯⋯⋯⋯⋯ 179

三、深化知识产权制度运行机制改革 ⋯⋯⋯⋯⋯⋯ 181

第二节 总体部署 加强知识产权宏观战略管理 ⋯⋯⋯⋯ 181

一、以知识产权强国建设为契机加强顶层设计 ⋯⋯⋯ 181

二、以知识产权战略实施为统领加强横向协调 ⋯⋯⋯ 183

三、以知识产权强省、强市建设为抓手加强纵向联动 ⋯⋯⋯ 184

四、以中国特色大国外交为大局加强共赢统筹 ⋯⋯⋯ 186

第三节 突出质量 建立提升创造水平的行政引导机制 ⋯⋯⋯ 187

一、建立专利申请质量宏观管理体系 ⋯⋯⋯⋯⋯⋯ 187

二、完善知识产权审查管理体系 ⋯⋯⋯⋯⋯⋯⋯ 190

三、开展知识产权布局，培育知识产权密集型产业 ⋯⋯ 191

四、发挥知识产权在科技创新中的导向作用 ⋯⋯⋯⋯ 191

第四节 效益优先 健全知识产权运用市场规则体系 ⋯⋯⋯ 192

一、运用知识产权促进产业转型升级 ⋯⋯⋯⋯⋯⋯ 192

二、激活知识产权运营市场 ⋯⋯⋯⋯⋯⋯⋯⋯⋯ 194

三、创新知识产权金融支持服务 ⋯⋯⋯⋯⋯⋯⋯⋯ 196

四、大力发展现代知识产权服务业 ⋯⋯⋯⋯⋯⋯⋯ 198

第五节 严格保护 加强创新市场知识产权监管 ⋯⋯⋯⋯ 200

一、完善中国特色的知识产权大保护体系 ⋯⋯⋯⋯⋯ 200

二、加大知识产权行政执法力度 ⋯⋯⋯⋯⋯⋯⋯⋯ 201

三、建立知识产权保护执法协调机制 ⋯⋯⋯⋯⋯⋯ 202

第六节 多元共建 完善知识产权公共服务体系 ⋯⋯⋯⋯ 203

一、发挥政府在知识产权公共服务中的主导地位 ⋯⋯ 203

二、加强政府对企业的知识产权公共服务 ⋯⋯⋯⋯⋯ 205

三、完善知识产权信息公共服务体系 ⋯⋯⋯⋯⋯⋯ 206

四、推行知识产权标准化管理 ⋯⋯⋯⋯⋯⋯⋯⋯⋯ 207

第七节 循序渐进 强化知识产权文化管理手段 ⋯⋯⋯⋯ 208

一、坚持知识产权文化建设基本原则 ⋯⋯⋯⋯⋯⋯ 208

二、深入普及宣传知识产权文化理念 ⋯⋯⋯⋯⋯⋯ 209

三、拓展知识产权文化传播渠道 ⋯⋯⋯⋯⋯⋯⋯⋯ 210

四、加强知识产权文化教育培训 ⋯⋯⋯⋯⋯⋯⋯⋯ 211

第八节 优化整合 合理配置知识产权管理资源 ⋯⋯⋯⋯ 212

一、争取更多财政资源投入 ⋯⋯⋯⋯⋯⋯⋯⋯⋯ 212

二、完善知识产权政策资源 ⋯⋯⋯⋯⋯⋯⋯⋯⋯ 213

三、优化知识产权人才资源 ·· 214

第九节　多措并举　提升知识产权行政管理能力 ·············· 216

一、实施知识产权绩效评价 ·· 216

二、依法行政建设法治政府 ·· 217

三、完善知识产权电子政务 ·· 218

四、实行政府全面质量管理 ·· 220

参考文献 ··· 221

后　　记 ··· 223

绪　　论

纵观知识产权制度与知识产权行政管理的产生与发展历程，知识产权行政管理是直接产生于知识产权制度的，知识产权行政管理必须以充分发挥知识产权制度的最大效用为其管理理念和管理宗旨。而且，随着科技进步和经济发展，知识产权制度不断发生变化，知识产权行政管理也不断进行调整、改变以及完善。

三十多年来，随着我国知识产权制度的初步建立到逐步完善，我国知识产权行政管理也经历了从无到有、从弱到强的发展历程，在推动我国知识产权制度建立与完善，以及国家知识产权战略的制定与实施等方面发挥了重要的作用。但是，我国知识产权行政管理起步较晚、国际借鉴经验不多、自身发展规律认识不深，导致我国知识产权行政管理体系分散、职能转变没有到位、管理手段资源不足，知识产权工作还没有真正融入我国经济发展的主战场。

随着我国经济发展步入新常态，增长动力由要素驱动、投资驱动向创新驱动转换。党和政府提出了"实施创新驱动发展战略"的新任务，国家知识产权战略也进入加快知识产权强国建设新阶段，我国知识产权创造制度、运用制度、管理制度和保护制度也正在进行新一轮的调整、修改及完善。特别是，国家"十三五"规划纲要提出"深化知识产权领域改革"，中央全面深化改革领导小组第三十次会议审议通过《关于开展知识产权综合管理改革试点总体方案》，我国知识产权行政管理正面临前所未有的机遇和挑战，亟须与时俱进、改革创新。

在我国深入实施知识产权战略、加快建设知识产权强国之际，本书试图以党的十八大和习近平治国理政新理念新思想新战略为指导，以知识产权行政管理创新与发展为主线，通过全面梳理知识产权行政管理工作的经验和教训，比较借鉴典型国家知识产权管理经验及相关部委行政管理工作举措，运用战略管理研究方法，总结和提炼出知识产权行政管理各要素及其之间的相互关系，探讨知识产权行政管理模式的运行特点及发展规律，在此基础上，通过深入分析我国知识产权行政管理环境，探索我国知识产权行政管理的定位选择与方向，提出未来发展目标、任务和措施，为今后一段时间内我国知识产权行政管理工作提供指导。

第一章　知识产权行政管理基本理论

第一节　行政管理的基本理论

一、行政管理的概念

行政管理（Public Administration）也称为公共管理、公共行政，是运用国家权力对社会事务的一种管理活动。广义的行政管理是指一切社会组织、团体对有关事务的治理、管理和执行的社会活动，同时也指国家政治目标的执行，包括立法、行政、司法等。狭义的行政管理是指国家通过依法行使国家行政权力的行政主体（国家行政机关）依法运用国家公共行政权力，对国家的政治、经济、文化等各种社会公共事务所进行的组织管理活动。❶ 本书所称行政管理即是指狭义上的行政管理。按管理的性质和内容，行政管理可分为职能行政管理、基础行政管理和事务行政管理三项基本内容。

在行政管理理论 100 余年的发展史上，许多学者从不同的角度给行政管理下过许多不同的定义。区别的关键在于对"行政"一词的不同理解，区别的要点则主要集中在两个层面，即"政治"的层面和"管理"的层面。这两个层面恰好反映了行政管理理论发展史上两个不同时期研究的不同侧重点。

我们现在所说的行政管理，是由"行政"和"管理"所组成的一个复合词组。所谓"行政"，通常指政府公共行政过程中的政务的研判和推行。具体表现为政府以为全体国民服务等宪法原则和宪法精神为依据，以实现社会公平和社会正义等行政理念为指导，以运用公共行政权力为基础，以承担行政责任为前提，以合法的行政管理方式为手段，以追求卓越为目标履行政府职能，制定国家宏观公共政策。所谓"管理"，通常指政府（行政）运用依法获授的国家公共行政权力，并在法律原则规定的范围内运用行政裁量权，以行政效率和社会效益为基本考量标准，处理公共行政事务的过程和活动。通过合法、规范、民主、进取而有创造性，合理、务实、灵活、坚定而有效的公共管理方式、方法的选择，执行或实施国家宏观公共政策，是政府公共行政管理的主要问题。

从"行政"与"管理"的关系来看，行政是国家产生后从一般管理中分离出来

---

❶ 孙多勇. 公共管理学［M］. 长沙：湖南人民出版社，2005：5.

的，它是服务于国家政权的一种特定的管理活动，因此行政在实质上仍然是一种管理，是一种具有特定意义的管理，行政从管理中引入了许多行之有效的原则与方法；行政和管理内部都存在主导方与服从方两个层面，其行为过程都包含管理的五个要素特征；行政和管理都是带有预期目标的组织化和制度化的活动。由于行政与管理有如此深厚的渊源关系，因此行政在习惯上又常被称为行政管理，它实质上指的是国家行政性质的管理。而本书所称的行政管理是指对于行政行为自身的管理，为体现概念的本质属性和便于区分，前者应称作行政，后者应称作行政管理。

由上述界定可以发现，行政管理的基础是国家公共行政权力。政府是公共行政管理行为和过程的主体。行政能力是行政管理的核心，人力资源、财力资源、制度资源、权力资源、权威资源、信息资源、文化资源等在一定程度上决定了行政能力的强弱。行政管理就是政府从合法合理的权力地位出发，通过履行特定的职能，实现国家对广泛的社会生活的有效管理。从体系上而言，行政管理系统是一类组织系统，也是社会系统的一个重要分系统。随着社会的发展，行政管理的对象日益广泛，包括经济建设、文化教育、市政建设、社会秩序、公共卫生、环境保护等各个方面。现代行政管理多应用系统工程思想和方法，以减少人力、物力、财力和时间的支出和浪费，提高行政管理的效能和效率。

二、行政管理的特征

与企业管理、其他权力机关管理等不同，行政管理具有自身的特点。

（1）行政管理属于国家的管理活动，代表国家意志行使公共权力，具有政治性、权威性、强制性。即行政管理以国家权力为基础，一切行政活动都是直接或间接与国家权力相联系，这是协调社会资源的保障。

（2）行政管理的客体为社会公共事务，具有社会性、广泛性、权变性。社会公共事务包括国家事务、地方事务、政府内部事务和公民事务。权变性是指灵活变通，要根据事件、时间、地点、人的不同而采取不同的管理方法。

（3）行政管理必须依法推进，承担公共责任，具有合法性、合理性、规范性。行政管理是根据国家法律推行政务的组织活动，在执行中又能动地参与和影响国家立法和政治决策，制定政策、法规是行政管理的一种重要活动方式。

（4）行政管理的目的在于谋求公共利益，具有服务性、非营利性、整体性、全局性。行政管理的重要任务是向社会全体成员提供公共产品和公共服务，在政治、经济、文化等方面为社会全体成员谋福祉。❶

（5）行政管理注重运用现代化的方法和先进技术，追求管理效能和效率，具有科学性、高效性。行政管理遵循社会发展规律，运用科学的理论、方法和手段实施

---

❶ 范和生.行政管理新论［M］.合肥：安徽人民出版社，2001：29.

行政管理，不断提高行政管理的质量和效率。❶

三、行政管理的方式

行政管理方式，又称为行政管理的手段、方法，主要有法律手段、行政手段、经济手段、技术手段和教育手段等，而这些手段又通过具体的行政命令、指示、制度、规定、条例、办法及规章制度等措施体现出来。各种手段应互相补充、有机结合。

法律手段是指行政机关运用各种法律手段实施行政管理的方法。实质上是用法律法规去调整各种社会关系，调整人们的社会行为，使各种社会关系朝着有利于行政目标实现的方向发展，使社会公众的行为对社会经济发展、社会稳定起直接作用。

行政手段是国家通过行政机构，采取带强制性的行政命令、指示、规定、办法等措施，来调节和管理社会公共事务的方法。其具有权威性、强制性、垂直性、具体性、非经济利益性和封闭性。

经济手段是国家行政机关按照客观经济规律的要求和经济利益的原则，运用经济手段和经济杠杆，引导、控制和调节各方面的社会关系和经济利益，以实现行政管理目标的方法。行政机关运用价格、经济合同、信贷等经济手段的杠杆作用来组织、调节和影响行政管理活动，提高行政效率。其实质是贯彻经济利益原则来调动各方面的积极性。

技术手段是行政管理过程中运用各种基本手段、采用各种步骤时所使用的具体方法、各种技巧和艺术，具有层次性和多样性。推行电子政务是行政管理的主要技术手段之一。所谓电子政务，就是政府机构应用现代信息和通信技术，将管理和服务通过网络技术进行集成，在互联网上实现政府组织结构和工作流程的优化重组，超越时间和空间及部门之间的分隔限制，向社会提供优质和全方位的、规范而透明的、符合国际水准的管理和服务。

教育手段是行政管理者通过对人们思想观念的生产和再生产、精神生活和精神状态的存在和发展，科学地进行控制和塑造，促进思想意识和认识的转化，从而改变行为，达到实现行政管理目标的方法。其实质是一种提高人的素质的管理手段，依靠宣传、说服、精神鼓励等方式引导组织成员自觉地为实现组织目标而努力的管理手段。

四、行政管理的功能

行政管理的功能，也称为行政管理的职能，是指国家行政机关依法对国家事务和社会公共事务进行管理时应承担的职责和所发挥的功能、作用。它反映着国家行政管理的基本内容和活动方向，是行政管理的本质表现。

---

❶ 范和生. 行政管理新论［M］. 合肥：安徽人民出版社，2001：29.

一般而言，行政管理的职能有如下三方面：❶

（一）主体职能：政治职能、经济职能、文化职能、社会职能

所谓政治职能，亦称统治职能，是指为维护国家统治权和领导权，对外保护国家安全，对内维持社会秩序的职能。政治职能主要有军事保卫职能、外交职能、治安职能、政治建设职能。

所谓经济职能，是指为国家经济的稳定和发展，对社会经济生活进行管理的职能。经济职能主要有宏观调控、加强农业、基础工业和基础设施建设、监督市场运行、调节社会分配和组织社会保障、保护生态环境和自然资源、国有资产管理。

所谓文化职能，是指为满足人民日益增长的文化生活的需要，依法对文化事业所实施的管理。文化职能主要有发展科学技术的职能、发展教育的职能、发展文化事业的职能、发展卫生、体育事业的职能。

所谓社会职能，是指除政治、经济、文化职能以外的一般具有社会公共性的其他必须由其承担的职能。社会职能主要有社会福利职能、社会救灾职能、优抚安置职能、社会服务职能、计划生育管理职能。

（二）运行职能：决策职能、计划职能、组织职能、领导职能、控制职能

所谓决策职能，是行政机关依照法律和政策为实现某种行政目标作出行政决定的过程。❷决策是行动的先导，是最重要的管理职能。

所谓计划职能，是为完成某一时期内的任务或某一项任务，制定目标、确定实现其目标的方案、步骤、时限的管理过程。

所谓组织职能，是指行政机构和公务员把确定的计划方案付诸实施的活动过程。

所谓领导职能，是在行政部门担任领导职务的人，为有效完成组织目标，而对下属人员所采取的各种影响和激励措施。

所谓控制职能，强调为使行政机构目标按计划完成而对执行过程所进行的检查、督促和纠偏等管理活动。

（三）职能转变：经济调节、市场监管、社会管理、公共服务

随着社会环境变迁，国家行政机关在一定时期内应根据国家和社会发展的需要，对其应担负的职责和所发挥的功能、作用的范围、内容、方式进行转移与调整。传统的直接干预经济逐步转变为间接的经济调节，传统的直接市场管制逐步转变为间接的市场监管，传统的直接干预社会生活逐步转变为间接的社会管理和公共服务。

五、行政管理理论的三个发展阶段

在人类政治文明的漫长演变中，行政管理具有悠久的发展历史。在 19 世纪末官

---

❶ 范和生. 行政管理新论［M］. 合肥：安徽人民出版社，2001：31－33.
❷ 彭和平. 公共行政管理［M］. 3 版. 北京：中国人民大学出版社，2008：205.

僚体制理论尚未健全之前，就已经存在着某种形式的行政管理，被称作"前传统管理模式"。正如格拉登所指出的："行政的某种模式自从政府出现之后就一直存在着。"这些国家以不同的方式进行管理，但它们具有共同的特点，就是行政体制本质上是人格化的，或者说是建立在马克斯·韦伯所说的"裙带关系"的基础上，也就是说以效忠国王或大臣等某个特定的人为基础，而不是非人格化的。这种官僚体制是"个人的、传统的、扩散的、同类的和特殊的"，而按照马克斯·韦伯的论证，现代官僚体制应当是"非人格化的、理性的、具体的、成就取向的和普遍的"。个人化政府往往是低效率的："裙带关系"意味着无能的而不是能干的人被安排到管理岗位上；政党分肥制常常导致腐败，此外还存在着严重的低效率。❶

19世纪末以来，行政管理理论先后历经了以专业化、层级制为代表的传统公共行政管理学，以系统科学综合研究为方法论基础、以公共政策研究为代表的新公共行政学和以现代经济学为基础、以公共服务为核心的新公共管理学三个发展阶段，❷经历了三次研究"范式"的转换，即从传统的公共行政管理学到新公共行政学，再到新公共管理学的三次重大突破。

（一）传统公共行政管理学

传统公共行政理论产生于19世纪末20世纪初。这一时期行政管理研究的特点之一是与普通管理学的相互融合、借鉴与渗透，研究的重点是行政原理、组织结构、行政过程、管理手段和技术。研究的出发点是"效率和经济"，但在一定程度上没有充分体现公共部门管理的特性。代表人物德国学者马克斯·韦伯的"官僚制"理论迄今仍然是行政管理学中最具有影响的理论之一，它建立在两个全新的理论基础之上：一个是由伍德罗·威尔逊提出并由古德诺系统化的"政治－行政二分法"理论；另一个是马克斯·韦伯提出的"官僚制"理论。

（1）"政治－行政二分法"。行政管理学界一般认为，美国总统威尔逊所著的《行政学之研究》（1887年）是现代意义上的行政学产生的标志。❸威尔逊认为，"行政是一切国家所共有的相似性很强的工作，是行动中的政府，是政府在执行和操作方面最显眼的部分，政治是政府在重大而且带有普遍性事项方面的国家活动，而行政是政府在个别、细致而且带技术方面的国家活动，是合法的、明细而且系统的执行活动。"美国学者古德诺在其著作《政治与行政》中提出，"在所有的政府体制中都存在着两种主要的或基本的政府功能，即国家意志的表达功能和国家意志的执行功能。""政府的这两种功能可以分别称作政治与行政"。❹

在"政治－行政二分法"理论中，国家政府被分解成两种职能及过程：一种是

---

❶ 欧文·E.休斯. 新公共管理的现状 [J]. 沈卫裕，译. 中国人民大学学报，2002（1）.
❷ 孙多勇. 公共管理学 [M]. 长沙：湖南人民出版社，2005：29－31.
❸ WILSON WOODROW. The Study of Administration [M]. New York：Political Science Quarterly，1887.
❹ 丁煌. 西方行政学说史 [M]. 武汉：武汉大学出版社，2004：36.

政治领域，即政策和法律的制定过程，其中包括民主的种种程序如意见表达、投票和政党等；另一种是行政领域，包括法律和政策的执行，它所包含的机构及程序才是行政学研究的对象。威尔逊认为政治就是法律和决策程序的确定，在宪法制度中，行政原则不同于政治原则；当然，好的行政原则在任何政府系统中都应当是相同的。古德诺在《政治与行政》一书中对"政治－行政二分法"加以系统的发挥。在他看来，政治是"国家意志"的表达及其执行之间达到协调，舍此之外，便只能是冲突和瘫痪了。可是，尽管政治应该对行政有某种程度的控制，但它却不应该因此扩张到一定的程度和方向。

（2）"官僚制"理论。以马克斯·韦伯的理论最具有代表性。❶官僚制是以立法为核心，以效率为中心，而表现出来的组织模式与管理体制是专业划分、层级制、下级对上级的服从、遵从法定规则以及非人格化等。

马克斯·韦伯的"官僚制"理论首先从界定社会的统治类型开始，即我们所说的组织权威或社会权威。有社会组织的地方，就应该有合理的社会统治，也就理所当然有社会权威。他将权威分为三种历史形态——法理型权威、传统型权威和魅力型权威。社会组织结构方面从理论上探讨了官僚制的效率机制，探索了工具理性在行政管理中的适用性。对效率的追求同样也是古典管理主义的理性选择，泰罗、法约尔直接将工具理性应用到管理学的理论与实践之中，并推动了一场从经验到科学的管理学革命。泰罗将科学实验引用到生产管理之中，完成了管理学从经验向科学的转变，所以以泰罗为首的管理学家群体被誉为科学管理学派。法约尔在《工业管理与一般管理》中提出了 5 项管理要素和 14 项管理原则的思想。这些思想的出现促成了管理学意义上的科层制——直线职能型组织的广泛推广，管理原则的归纳也正好回应了官僚制的特征。

但是传统公共行政模式在理论和实践中饱受质疑。行政学者罗伯特·达尔和德怀特·沃尔多都曾指出，威尔逊提出的"政治与行政二分"实际上是做不到的，政治与行政必然是相互关联的，因此是不切实际的。对于"官僚制"理论，学者们认为，由于官僚制的理性形式、不透明性、组织僵化以及等级制的特点，它不可避免地与民主制发生冲突，管理主义与政府管理的公共价值产生矛盾。在实践中，传统行政模式直接导致了政府规模过于庞大，浪费了过多的紧缺资源。同时关于政府的"范围"也引发了争议：政府权限不明确，介入的活动过多；在公共部门运行过程中，官僚制的方法也造成了工作效率低下，公共行政人员缺乏积极性，人浮于事，缺乏竞争意识等。

（二）新公共行政学

20 世纪 30 ~ 70 年代系统管理学派崛起之前最有影响的是新公共行政学。德怀特·沃尔多于 1968 年召开了一次青年学者会议（密诺布鲁克会议），中心议题是公

---

❶ 马克斯·韦伯. 论官僚制度［M］. 北京：中国社会科学出版社，1988：2.

共行政学者如何将道德价值观念注入行政过程、如何有效地执行政策、政府组织与其服务对象的恰当关系等。以此为标志，西方行政学进入"新公共行政学"时期。其倡导公共服务的平等性、行政官员的政治回应性、民主行政、社区自治等基本价值，强调将"社会公平"引入政府目的和运作机制之中，即"要推动政治权力以及经济福利转向社会中那些缺乏政治积极资源支持、处于劣势境地的人们"。❶

新公共行政学主要围绕决策来研究行政管理，强调公共行政学以公平与民主作为目的及理论基础，主张政治与行政、事实与价值关联；重视人性和行政伦理研究，倡导民主主义的行政模式以及灵活多样的行政体制研究。尽管由于新公共行政学自身的一些原因，如缺乏概念的连贯性、没有明确限定的宪法基础等，它没有成为行政学研究的主导范式，然而正是由于它对社会公平与正义的追求、对公共行政"公共性"的关注，公共行政学自此开始步入"自觉构建公共性"的历史阶段。新公共行政学的主要贡献在于将社会公平提高到公共行政追求的首要价值目标，倡导民主行政，增强了公务员的内省伦理道德意识等。它扩大了公共行政学研究的视野，极大地丰富、发展了公共行政学。

（三）新公共管理学

从 20 世纪 80 年代初开始，在公共部门出现了一种针对传统行政模式缺陷的新管理方法。这种方法可以缓解传统模式的某些问题，同时也意味着公共部门运转方面发生了引人注目的变化。其实践背景是，各国都在推行大规模的行政改革，这一改革的广泛性和全面性可谓前所未有，其激进性"体现了公共管理方式的根本性的方向性调整"。从改革的方向上看，如果说前半个世纪行政改革的趋势和结果是政府的膨胀和扩张的话，当代行政改革的特点则是政府的退缩和市场价值的回归。

新公共管理学是近年来西方规模空前的行政改革的主体指导思想之一。❷ 它以现代经济学为自己的理论基础，主张在政府等公共部门广泛采用私营部门成功的管理方法和竞争机制，重视公共服务的产出，强调文官对社会公众的响应力和政治敏感性，倡导在人员录用、任期、工资及其他人事行政环节上实行更加灵活、富有成效的管理。

这一时期主要以公共选择理论为基础。公共选择理论的创始人布坎南从"有限理性"的"经济人"假说出发，把市场制度中的人类行为与公共行政领域中的人类行为纳入统一的分析框架，研究在传统官僚制基础上"政府失败"的成因，通过政府与市场、政府与社会关系的重新界定，进而寻求补救"政府失败"的政策建议。所谓"政府失败"，是指个人对公共物品的需求在现代民主政治中得不到很好满足，公共部门在提供公共物品时趋于浪费和滥用资源，致使公共支出规模过大或者效率

---

❶ 德怀特·沃尔多. 公共行政学之研究 [M]. 北京：中国社会科学出版社，1988：18.

❷ 丹尼斯·缪勒. 公共选择理论 [M]. 韩旭，杨春学，等，译. 北京：中国社会科学出版社，1999：22.

降低，预算上出现偏差，国家或政府的活动并不像应该的那样"有效"，或像理论上所说的能够做到的那样"有效"。❶布坎南指出，政府作为公共利益的代言人，其作用是弥补市场的不足，并使所作决策的社会效应比政府干预以前更高，否则，政府的存在就无任何意义。然而，政府成员不可避免地带有"经济人"的特征，其行为会具有明显的自利性。因此，政府决策往往不符合弥补市场不足这一目标，有些政府的作用甚至恰恰相反，从而导致政府行为的失败。公共选择的"政府失败论"是对西方市场经济发展进程中政府与市场关系实践的一种反思，尤其是对20世纪三四十年代后政府全面干预经济的一种反思，是西方市场经济发展的产物。❷

尽管公共选择的"政府失败论"不可避免地带有西方政治及意识形态的色彩，其本身也存在着种种缺陷，受到主流经济学派的质疑，但它确实指出了市场经济发展的某些一般性和共同特征，剖析了与"市场失败论"相似的"政府失败论"，这一切对当前中国市场经济条件下的政府改革具有重要的借鉴意义。

第二节　知识产权行政管理的基本理论

一、知识产权管理概述

（一）知识产权管理的概念

所谓知识产权管理，是指国家有关部门为保证知识产权法律制度的贯彻实施，维护知识产权权利人的合法权益而进行的行政及司法活动，以及知识产权权利人和市场主体为使其智力成果发挥最大的经济效益和社会效益而制定各项规章制度、采取相应措施和策略的经营活动。

从知识产权管理的性质来看，一方面，知识产权管理实质上是知识产权权利人对知识产权实行财产所有权的管理。所有权是财产所有人在法律规定的范围内对其所有的财产享有的占有、使用、收益和处分的权利。知识产权虽然在形态上有其特殊性，但它仍然是客观实在的财产。所以，我们仍然可以对无形的知识产权进行科学管理，提高知识产权的经营、使用效益。另一方面，知识产权管理是知识产权战略制定、制度设计、流程监控、运用实施、人员培训、创新整合等一系列管理行为的系统工程。知识产权管理不仅与知识产权创造、保护和运用一起构成了中国知识产权制度及其运作的主要内容，而且还贯穿于知识产权创造、保护和运用的各个环节之中。从国家宏观管理的角度看，知识产权的制度立法、司法保护、行政许可、行政执法、政策制定也都可纳入知识产权宏观管理；从企业管理的角度看，企业知

---

❶　房姆斯·布坎南. 自由、市场和国家［M］. 平新乔，莫扶民，译. 上海：生活·读书·新知三联书店，1989：105.

❷　亨利·勒帕日. 美国新自由主义经济学［M］. 李燕生，王文融，译. 北京：北京大学出版社，1985：41.

识产权的产生、实施和维权都离不开对知识产权的有效管理。

具体而言，知识产权管理由以下五个要素构成。

（1）管理者。知识产权管理者是知识产权管理的主体，包括从事知识产权管理的政府机构、企事业单位、社会组织和自然人等。

一是政府行政管理部门依据相关法律授权对知识产权进行的管理。关于我国负责知识产权管理的行政部门，本书将在后续专门进行论述。

二是企事业单位根据本单位的特点和实际对知识产权进行的管理。企事业单位是市场经济的主体，也是知识产权管理最为重要的主体，包括企业、高等院校、科研院所等法人机构。

三是社会组织依据本组织章程和法律规定进行的管理。从事知识产权管理的社会组织包括行业协会、集体管理组织、知识产权联盟等。

（2）管理内容。知识产权管理内容主要包括知识产权创造、运用、保护、服务、文化管理五大部分。

一是知识产权的创造管理。是管理者对知识产权开发、申请、授权等方面的管理。从行政管理者的角度来说，主要内容是对知识产权申请进行受理、审查、授权、复审、无效等方面的管理。从企事业单位管理者的角度来说，主要内容是对知识产权的挖掘、培育、申请、代理等方面的管理。

二是知识产权的运用管理。是管理者对知识产权实施转化、转让许可、质押融资和保险等方面的管理。从行政管理者的角度来说，主要内容是对知识产权运用政策制定和提供公共服务等方面的管理。从企事业单位管理者的角度来说，主要内容是对实现知识产权市场价值等方面的管理。

三是知识产权的保护管理。是管理者对知识产权执法、维权等方面的管理。从行政管理者的角度来说，主要内容是对知识产权行政执法、维权援助、仲裁调解等方面的管理。从企事业单位管理者的角度来说，主要内容是对侵犯知识产权的行为诉讼维权等方面的管理。

四是知识产权的服务管理。是管理者根据社会需求所提供的知识产权服务的管理。从行政管理者的角度来说，主要内容是对搭建知识产权公共服务平台、提供知识产权公共服务产品、建设知识产权公共服务体系等方面的管理。从服务机构等企事业单位的角度看，主要是提供知识产权代理服务、法律服务、信息服务、商用化服务、咨询服务和培训服务等方面的管理。

五是知识产权的文化管理。是管理者对知识产权宣传教育、普及培训、人才培养等方面的管理。从行政管理者的角度来说，主要内容是提高全社会的知识产权意识等方面的管理。从企事业单位管理者的角度来说，主要内容是对本单位的宣传培训、人才培养等方面的管理。

（3）管理制度。知识产权管理制度，是知识产权管理者对知识产权工作进行有效管理的依据。有学者认为：制度决定成败与兴衰，制度决定高度与跨度；制度高于一切；制度前进一小步，管理前进一大步。❶ 具体而言，知识产权管理制度可分为五个层次。

第一层次：国家法律规范，在我国是指全国人民代表大会及其常务委员会制定的知识产权法律，例如，《著作权法》《商标法》《专利法》和《反不正当竞争法》等。我国《著作权法》第 7 条规定："国务院著作权行政管理部门主管全国的著作权管理工作；各省、自治区、直辖市人民政府的著作权行政管理部门主管本行政区域的著作权管理工作。"依据此规定，国家版权局有权管理全国范围内的著作权管理工作，各省、自治区、直辖市的版权局有权管理本行政区域内的著作权管理工作。另外，《著作权法》第 8 条还规定了著作权集体管理组织作为一种非营利组织，可以根据著作权人或者与著作权有关的权利人的授权，对所受托的著作权或者与著作权有关的权利进行管理。前一个方面的管理是对著作权的行政管理，后一个方面的管理是著作权的民间管理。

第二层次：法规、规章等。这个层次的管理制度是国务院及其各部委局等依据国家法律的授权而制定的法律规范，还包括地方各级人民代表大会及其常务委员会根据法律的授权而制定的法律规范。例如，国务院发布的《知识产权海关保护条例》及《音像制品管理条例》、国家工商行政管理总局发布的《商标印制管理办法》及《商标代理管理办法》、北京市人民代表大会常务委员会通过的《北京市专利保护和促进条例》等。这个层次的管理制度虽然低于第一个层次，但是，相对第一个层次的管理制度而言，更具有针对性和可操作性。

第三层次：规范性文件。这个层次的管理制度是地方政府行政管理机关依据国家法律的授权而制定的规范性文件。例如，由山东省政府制定的《关于加强知识产权工作提高企业核心竞争力的意见》、武汉市知识产权局与武汉市工商行政管理局制定的《武汉市专利服务机构管理暂行办法》等。这个层次的管理制度相对于第一、第二个层次的管理制度而言，更加具有针对性，其操作性更强，并具有鲜明的地方特色。

第四层次：管理机构内部的规章制度。这个层次的知识产权管理制度是对上面几个层次管理制度的明细化、具体化，是各种不同的管理者进行知识产权管理的直接依据。例如，武汉健民药业股份有限公司的知识产权管理制度、某企业制定的《企业员工商业秘密管理办法》等。

第五层次：贯穿于企业、事业单位各种规章制度之中的知识产权管理制度。这样的管理制度并不是一项专门的知识产权管理制度，而是与知识产权管理有关的零散规定。例如，某公司在与其雇员签订的劳动合同中明确规定，员工辞职、离职、跳槽、退休、解聘等离开公司后一年内完成与其在本公司所进行的研究开发工作有关的发明创造，其专利申请权归公司所有，但公司应当按相应的规定给予奖励，并

---

❶　张振学．制度高于一切［M］．北京：中国商业出版社，2006：4．

在其发明创造获得专利权后，另外给予奖励；该专利付诸实施获得利润的，再从利润中拿出一定的比例给予奖励。这样的约定，也属于知识产权管理的范围，也是知识产权管理的依据。

（4）管理方法。知识产权管理方法，是指知识产权管理者对知识产权工作进行管理所采取的具体做法或者措施。任何一个管理者在进行知识产权管理时，都需要针对具体的管理对象、所管理的事务和其他一些相关因素来决定所应采取的管理方法和措施。前面已经讲过，管理既是科学，也是艺术。从管理是科学的角度讲，管理者在进行知识产权管理时，就应当有一套科学的方法。过分严厉的处罚和过分廉价的奖励都难以达到理想的效果，恰如其分才会收效明显。过分严厉的处罚会让被管理者反感，要么弃之而去，要么阳奉阴违；过分廉价的奖励会让人感觉受到愚弄，或者让受奖者觉得这样的管理者容易糊弄。只有采取科学的管理方法，才能产生预期的效果。从管理是艺术的角度讲，管理者要让被管理者在轻松愉悦的环境中心悦诚服接受管理，并且能够最大限度地发挥其能力为实现目标服务。因此，管理方法是知识产权管理中的一个重要因素。例如，日本松下公司的创始人松下幸之助先生为了提高其公司的知识产权创造力，提出了四要素奖励原则：数量、质量、效益与竞争力。任何员工在松下公司的地位都是平等的，只要是在这四个方面有突出成绩的人，都是能够得到晋升的。

（5）管理目标。知识产权管理目标，是指知识产权管理者对知识产权工作进行管理所预期的目标。一般而言，知识产权管理目标可以分为近期目标、中期目标和远期目标。

知识产权管理的近期目标，主要是通过知识产权管理，制定知识产权管理制度和相关计划，提高知识产权的产出和质量，普及知识产权知识，合理配置知识产权资源，加强知识产权保护。

知识产权管理的中期目标，主要是通过知识产权管理，制定与实施知识产权战略，促进知识产权的创造、运用、保护，全面提高自身的核心竞争力。

知识产权管理的远期目标，主要是通过知识产权管理，实现知识产权的良性循环，即知识产权的创造、运用、保护等成为被管理者的自觉行为，使知识产权成为建设创新型国家、创新型城市和企业的强有力的支撑。

（二）知识产权管理的类型

由于知识产权工作涉及各个方面、各个领域，涉及各行业、各部门，因而知识产权管理不仅有政府的管理，也有企事业单位和组织自身的管理，所涉之面非常宽泛。从知识产权管理的不同角度，可以有以下几种分类。

1. 以知识产权管理者为依据划分

（1）政府行政部门知识产权管理。政府行政部门的知识产权管理，是指政府行政部门依据相关法律的授权，对知识产权所实施的管理。知识产权行政管理是国家的组织活动和管理活动，具有授权、制定规章、指导、监督、检查和行政执法六大职能。通过政府部门的引导、检查、监督等，使国家法律、法规能得到充分有效的贯彻执行，以维护社会经济秩序。

（2）企业知识产权管理。企业的知识产权管理是指企业根据其特征和市场的需要对自己的知识产权事务所进行的管理。国外现代企业中知识产权管理工作强调知识产权管理属于企业经营战略核心部分，建立鼓励知识产权创造、转化、保护的管理制度和奖励机制，强化知识产权的实施、运营以获取最大的经济效益，确保知识产权信息工作的沟通顺畅。

我国企业在知识产权管理方面，与若干年前相比，已经有了明显的进步；但是，与国外企业相比，尤其是与跨国公司相比，还存在着明显的差距。例如，我国现有企业中，只有少数企业已经建立知识产权管理机构，绝大多数还没有意识到企业的运营与知识产权管理的关系，或者说没有认识到知识产权管理对企业发展所具有的重要意义。

（3）事业单位知识产权管理。事业单位的知识产权管理，是指事业单位根据各自的特点和法律法规的规定对知识产权所进行的管理。

所谓事业单位，是指国家为了社会公益目的，由国家机关主办或者其他组织利用国有资产主办的，从事教育、科技、文化、卫生等活动的社会服务组织。绝大多数事业单位是以脑力劳动为主体的知识密集型组织，专业人才是事业单位的主要人员构成，利用科技文化知识为社会各方面提供服务是事业单位的主要手段。虽然事业单位主要不从事物质产品的生产，但由于其在科技文化领域的地位，对社会进步起着重要的推动作用，因此是社会生产力的重要组成部分，在国家创新体系中，居于核心地位。

许多发达国家的高等学校和科研机构都非常重视知识产权管理工作。以美国为例，它的理工科院校和科研机构大都设置有相应的知识产权管理部门，专门从事知识产权管理工作。现在，我国部分高等学校（尤其是理工科学校）、科研机构建立了自己的知识产权管理部门。

（4）行业知识产权管理。行业的知识产权管理，是指各行业协会、行业管理者或者组织根据各自的基本情况，依据法律规定所进行的知识产权管理。众所周知，在经济全球化的今天，企业的营运环境已经从国内市场走向了国际市场，而国际市场竞争的关键不再是关税壁垒，而是技术壁垒、技术标准壁垒和知识产权壁垒，其中最具有阻碍作用的还是知识产权壁垒。行业知识产权管理可以促进相关行业的技术创新，实现行业整体对外抗衡的能力。

2. 以知识产权管理客体为依据划分

（1）专利管理。专利管理，就是指在市场经济的发展中，对专利制度的有效运用。它包括两个层次：一是专利行政管理，即政府部门的宏观管理，包括专利审查授权、专利战略规划的制定、专利技术实施与产业化政策的制定、专利行政执法、专利法律法规政策的宣传培训、专利文献的有效利用以及专利方面的国际合作与交流等专利事务。二是企事业单位自身的专利管理活动，即微观管理。专利管理是企业知识产权管理中最为重要的内容。

（2）商标管理。商标管理同专利管理一样，分为两个层次：一是商标行政管理，指国家商标主管机关对注册商标和未注册商标的行政管理。从商标管理的内容上看，商标管理包括商标使用管理和商标印刷管理两大部分，商标使用管理又分为注册商标使用管理和未注册商标使用管理两大类。二是企事业单位的商标管理。

（3）版权管理。所谓版权管理，即对版权的取得、版权的转让和版权的保护所进行的管理。

（4）其他知识产权管理。知识产权管理除了涉及专利管理、商标管理和版权管理外，还包括其他知识产权的管理，如集成电路布图设计权的管理、植物新品种权的管理、地理标志权的管理、商业秘密的管理、商号权的管理等。

3. 以知识产权管理模式为依据划分

（1）集中统一管理。即专利、商标、版权等所有知识产权由一个部门统一管理。英国、加拿大、新加坡、中国台湾和中国香港地区都实行三合一体制。例如，香港特别行政区就设立知识产权署，主管专利、商标、外观设计的审查和版权特许注册等业务。

（2）相对集中统一管理。即主要的几种知识产权由一个部门管理。世界上绝大多数国家采用的是相对统一的知识产权行政机构管理模式。据统计，目前世界知识产权组织189个成员国中，实行专利、商标和版权"三合一"管理的国家有73个，包括英国、加拿大、新加坡、俄罗斯等；实行专利和商标"二合一"管理的国家有110个，包括美国、德国、日本、韩国等发达国家；而实行专利、商标和版权分散管理的国家包括我国在内只有6个。

（3）分散管理。即将各类知识产权行政管理分散在各行政部门管理。我国知识产权行政管理体制就是这种分散管理体制，而且表现为"分散化、多层级、不均衡"的特点。目前世界上只有朝鲜、埃及、希腊、荷兰、柬埔寨和我国等6个国家是分散管理模式。

在企业知识产权管理中，也可分为集中管理、分散管理和类别管理三种方式。❶

二、知识产权行政管理的概念和内容

（一）知识产权行政管理的概念

知识产权行政管理是指国家各级行政管理部门利用国家行政职能和权力，通过制定知识产权法律法规和政策制度，运用行政、经济、法律等多种手段，开展知识产权审查、运用、执法、服务和教育活动，保护、激励和规范市场主体与权

---

❶ 何敏. 企业知识产权管理战略［M］. 北京：法律出版社，2006：145.

利人的知识产权创造、保护和运用行为，使知识产权成为促进国家经济社会发展有力支撑的行政行为的统称。简言之，知识产权行政管理是指国家知识产权行政机关或者取得行政授权的机构对知识产权事务的公共管理，包括知识产权的申请与授权管理、知识产权行政执法、知识产权行政服务以及其他知识产权行政管理等。

知识产权行政管理是知识产权管理的重要组成部分，旨在依靠国家行政机关的权威，制定行政法规与政策，通过行政手段强制贯彻，以授权、协调、控制、监督、管理涉及知识产权的各项活动，以保证知识产权法律制度的贯彻实施，保护知识产权权利人的合法权益，维护市场的公平交易秩序，促进经济和社会的发展。知识产权行政管理对一国技术创新和经济发展具有重要意义。对发达国家而言，加强知识产权行政管理，有利于以国家或政府的名义维持其知识产权强国地位，获取国际竞争优势。对后发展国家、欠发达国家而言，加强知识产权行政管理，能更好地调动各种资源，对内有利于发展知识密集型产业，建设创新型国家；对外有利于调整贸易结构，不断提升国际竞争力。

（二）知识产权行政管理的内容

知识产权行政管理涉及方方面面，范围较广。

（1）从管理的权利种类来看，呈现"多类型化"特点。知识产权涉及人类智力劳动成果，范围较宽并在不断扩大，包括专利权、商标权、著作权、集成电路布图设计权、植物新品种权、地理标志权等类型，都需要知识产权行政管理机关对其进行管理。

（2）从涉及的行政管理机关来看，呈现"多元化"和"多层次（多层级）"特点。所谓"多元化"是指不同种类的知识产权由不同的行政机构来管理，"多层次"则是指各行政管理机构又分为中央和地方若干个管理层次。例如，在我国国家层面上，不同类型的知识产权事务主要由下列不同的国家机关进行管理：国家知识产权局管理专利权、集成电路布图设计权，国家工商行政管理总局商标局管理商标权，国家版权局管理著作权、计算机软件著作权，国家质量监督检验检疫总局管理原产地标记（地理标志），农业部、国家林业局管理植物品种权，海关总署进行海关知识产权保护等。

（3）从管理所处的环节来看，知识产权行政管理体现于知识产权创造、运用、保护和管理的全过程。在知识产权创造环节，国家机关对于行政相对人提交的申请进行审查，依法确权，并处理行政相对人提出的异议。在知识产权运用环节，权利人转让或者许可他人使用其知识产权，以及利用其知识产权进行质押融资或者投资入股时，国家机关审核登记。在知识产权保护环节，国家机关应当事人申请调解纠纷，或者依职权查处侵权活动，实现定纷止争的目的。在知识产权管理环节，国家机关为知识产权主体提供公共服务，如知识产权人才培养、知识产权信息平台和孵化器建设、知识产权文化营造、中介机构审批和规范化管理等。

（4）从管理的内容来看，知识产权行政管理包括确定权属、行政执法、搭建服务平台和制定政策等。国家机关凭借独有的公信力和权威性受理行政相对人的申请，依法明确知识产权归属。在侵权纠纷发生时，国家机关应当事人申请，开展侵权纠纷调处工作，不仅能够化解"诉讼爆炸"的现实危险，保证当事人（权利人）的合法利益得以实现，而且可以充分发挥政府机关的服务职能，实现社会的有效治理。在社会公共利益受到侵害的情况下，行政机关动用国家强制力，查处侵权活动，恢复遭到破坏的社会关系和市场经济秩序。知识产权作为私权，在行使过程中完全由权利人掌控，但为了便利知识产权的有效行使，国家机关搭建服务平台，提供公共服务。为了推动知识产权事业的发展，行政机关还要参酌国内外情况，制定知识产权政策，鼓励知识产权的创造、运用，加强知识产权的依法保护。

（5）从管理的手段来看，知识产权行政机关依靠审查、登记备案、纠纷调处、公共服务等手段开展管理活动。审查和登记备案建立在国家机关公信力的基础上，使知识产权的归属及转移清晰化；在有法律明确规定时，行政相对人必须办理审查、登记备案手续。纠纷调处建立在国家权威性基础上，是国家强制力的表现，国家机关对于侵权行为作出处理决定，行政相对人必须履行，否则会启动申请强制执行程序，这是国家机关执法的重要内容。在执法过程中，国家机关可以作出罚款决定，可以查封、扣押侵权物品，可以责令销毁侵权物品，甚至可以责令销毁用于侵权活动的工具及机器设备。公共服务是基于国家机关的服务职能提供给行政相对人的。

知识产权行政管理的范围不是一成不变的，或者缩小，或者扩大，取决于科技进步和国家经济社会发展的情况，尤其取决于知识产权在国民经济发展中的地位和作用、公众的知识产权意识以及权利人意识和维权的主动性与自觉性。国家机关对于与公共利益无涉的领域持慎入的立场，而在涉及公共利益的领域依职权主动介入，实现国家管理社会事务的职能。在私人利益和公共利益俱有的知识产权领域，基于前述标准来界定知识产权行政管理的范围。界定恰当与否，关键在于知识产权事业是否得到了发展。因此，知识产权行政管理的范围没有固定的模式，只能视国情而定。

三、知识产权行政管理的特征

知识产权行政管理除具有行政管理的一般性以外，还有其特殊性。

（一）较强的政治性

知识产权制度不仅是市场经济下的一项必要制度，也是外交博弈、商贸竞争的重要工具，并越来越多地显示出国家发展工具的属性。为维护本国技术优势、保护本国产业利益、促进经济社会发展，知识产权已成为重要的外交议题，知识产权外交成为国家外交大局的重要组成部分，在国家总体外交中的地位和作用日益重要，知识产权行政管理的政治性导向日益突出。具体表现为：首先，知识产权行政管理的主体是行政主体，是实施行政职能的组织，即享有实施行政职务的权力，并负担由于实施行政职务而产生的权利、义务和责任。其次，知识产权行政管理的目的在于满足政府所认定的公共利益，即通过监督、检查和必要的行政手段，规范知识产权工作行为，保障国家和社会公众，包括权利人和当事人的合法权益，维护社会主义市场经济秩序。最后，知识产权行政管理是以国家和公共利益为宗旨，在可能使用的手段上和企事业单位知识产权管理不同。知识产权行政管理部门为维护国家和公共利益，保障国家经济秩序，可以采取强制性措施而不管当事人是否同意，这种手段属于行政主体的特权。

（二）极强的专业性

一方面，知识产权行政管理是综合战略制定、制度设计、流程监控、人员管理培训、创新整合等一系列管理行为的系统工程，本身就具有极强的专业性。从国家宏观管理的角度看，知识产权的制度创建、司法保护、行政许可、行政执法、政策制定都属于知识产权行政管理的范围。另一方面，知识产权行政管理涉及一定的技术性和法律性事务，需要具有相关专业知识的人才和专门的行政管理机构来进行管理。具体来讲，知识产权行政管理可以分为专利管理、商标管理、著作权管理等部门类型。这些都是带有较强专业性的事务。从事专利审查和执法保护的行政管理人员，必须具有理工背景和法律知识，只有专业、高端的管理人才才能保证知识产权行政管理效能。例如，专利的受理、审批等各个环节都需要具有专利知识和相关技术知识的人来进行管理。商标的注册登记、著作权的登记等也需要经过专门培训的人才来进行组织和管理。权利人的知识产权在遭到侵害后，可以向有关知识产权行政管理机关请求行政保护，知识产权案件的行政查处、处罚等执法活动也有较强的专业性。

（三）广泛的渗透性

知识产权行政管理是一项跨行业、多领域、涉及面广的系统工程，渗透于科技、经济、贸易和文化生活的各个方面。知识产权行政管理不仅是知识产权行政管理机构一家的工作职责，还需政府各相关经济、产业、科技、贸易等部门各负其责、共同推进，才能做好知识产权行政管理工作。在我国，有权对知识产权进行管理的行政部门非常多，但可以划分为两个级别、多个部门。此处所指的"两个级别"，一是国家级的知识产权行政管理部门，如国家知识产权局、国家版权局、国家工商行政管理总局等；二是地方级的知识产权行政管理部门，包括地方知识产权局（主要是省、自治区、直辖市政府所属的知识产权局和部分地市级的知识产权局）、地方版权局（主要是省、自治区和直辖市政府所属的版权局，省、自治区政府所在城市版权局以及地市级政府所属的版权局）、地方各级工商行政管理局等。

（四）动态的调节性

知识产权行政管理的动态调节性，是指知识产权行政管理主体根据被管理的知识产权的具体情形、市场变化、科技进步、国际形势、国家宏观政策的变化等，对知识产权所进行动态管理。

一要随着科学技术发展进行动态调整。如第三次新技术革命强调合作共享与知识产权的排他属性产生冲突，带来的崭新生产方式与滞后的知识产权制度产生摩擦，造就的行为模式严重动摇了知识产权的理论基础。知识产权制度应当顺应时代潮流，在制度设计理念上，应在尊重私权的基础上强调合作的价值导向，以实现新技术革命背景下各种利益关系的协调与平衡。

二要根据国际知识产权制度的变化及时作出动态调整，知识产权行政管理要与国际知识产权制度变革和发展相适应。当前全球化进入知识经济时代，国际贸易、国际投资活动与知识产权保护的联系日益紧密，在制度建设方面，国际知识产权保护出现了不同法域、不同层次、不同组织间的共存体系，知识产权保护全球化体制日益复杂。例如，由美国主导的《跨太平洋伙伴关系协定》（以下简称"TPP"）谈判，意图打造区域贸易安排和知识产权保护的新典范，大大提高知识产权保护标准。我国知识产权行政管理部门必须认真研究，采取积极应对措施。

三要根据党和国家的大政方针的变化，不断调整知识产权行政管理的工作重点。2014 年以来，我国宏观调控主要在以下方面下功夫：一是激发市场活力和社会创造力。持续落实简政放权，取消不必要审批，完善事中事后监管，促进制度的公开透明，营造更加宽松便利、公平公正的环境，对创业创造形成激励，促进市场竞争，增强发展内生动力。二是增加公共产品有效供给。通过改革投融资体制，形成政府、企业、社会资本多元投入格局，加快补上经济社会发展的"短板"，提倡"大众创业、万众创新"，实现改善民生、增加就业、有效优化发展硬环境的"一石多鸟"作用。三是支持实体经济做强。大力支持小微企业、农业、服务业发展，统筹采取措施，提升制造业等产业的综合竞争力，为经济持续健康发展提供有力支撑。要实现这些宏观调控措施，知识产权的宏观调控政策也要进行调整，制定出台加强知识产权保护、推进知识产权交易、创新知识产权金融、加快知识产权服务业发展相关政策措施。

四、知识产权行政管理的功能

具体而言，知识产权行政管理的功能包括如下方面。

（一）政治性功能：维护国家利益

随着经济全球化和知识经济的进一步发展，一国的国家利益发生了变化。国家利益的内涵和外延更加丰富，各国间的贸易往来变得逐渐频繁，维系国家利益的手段也随之得到新的发展。这种现象加剧了国家与国家间知识产权的矛盾与冲突，每个国家基于国家公共利益都极力在知识产权纠纷中维护自身利益。中国要想在竞争中确保自身的优势，就需要作出新的战略调整。加强知识产权行政管理，不仅可以确保更多的创新成果转化为自有的知识产权，而且可以使更多的知识产权得到保护。此外，知识产权行政管理的有效实施还能推动知识产权事业的发展，加强企业的创新能力，提升国家的硬实力。知识产权已经成为维护国家利益的重要手段。在全球化背景下，国家与国家之间充满了利益竞争关系，每个国家在将知识产权作为经营资源时，首先考虑的是本国的利益。因此，知识产权工作越来越多地显示出国家外交工具的属性。知识产权行政管理应符合国家政治、外交的总体要求，以最大限度维护国家利益为目标。在顺应国际知识产权保护架构的前提下，致力于寻找本国利益和本国企事业利益的最佳结合点，加强知识产权行政管理的制度建设。国家应从公共政策层面，通过法律和制度的制定来作出符合本国利益的最优化决策。一方面，要顺应国际知识产权保护的潮流；另一方面，更要考量本国市场经济建设的需求。各国都通过有效运用国际规则，拓展和深化知识产权国际合作，协调和化解国家间的知识产权利益冲突，推动国际知识产权规则公正、平衡发展，营造有利于国家发展的外部环境，从而实现国家利益的最大化。

（二）经济性功能：促进经济发展

知识产权行政管理保障知识产权制度正常运行，实现制度最优化。而知识产权制度能积极调动并有效配置智力资源。智力资源的积极调动和有效配置能够推动国家的经济发展方式进入创新驱动发展模式，促进知识产权财富的增加，进而促进经济可持续发展。通过知识产权管理，能够规范市场经济秩序，促进经济的发展。具体表现在以下三个方面：首先，能够促进科技与经济的结合。通过知识产权行政管理，架设了科技与经济结合的桥梁，使得知识产权所有人的经济利益能够得到切实的保障，有利于形成以自主知识产权为核心的支柱产业。其次，能够保证市场竞争中的优势。市场经济从本质上讲是一种公平竞争经济，竞争是市场经济的推动力，市场的竞争归根结底是产品质量和技术的竞争，而技术的竞争正日益演变成知识产权的竞争。为此，通过知识产权的管理，能够保证拥有自主知识产权的产品在市场竞争中的优势地位。最后，能够规范市场行为，维护市场经济秩序。通过知识产权管理，对知识产权市场进行规范、引导、检查和监督，并采取行政手段查处假冒专利、版权和商标的行为及其他侵权违法行为，保障良好的法律秩序和市场经济秩序，促进经济健康发展。

（三）社会性功能：平衡各方利益

人们对社会的不满来源于利益分配的不公，当因为财富的增加和分配的不均使相当数量的社会成员的正当需要无法得到满足时，就有可能引起社会的动荡，威胁社会的稳定发展。知识产权的确权和维权可以协调、处理、平衡知识产权权利人和社会公众之间的各种利益关系，维持公平的社会环境。为有效协调社会资源，平衡各方利益，一靠充分调动人的积极性（合理地配置人力资源），二靠充分发挥有限资源的效能（合理配置科技资源），而知识产权行政管理制度的建立和优化的管理，就提供了这样一个良好的机制。这个机制可以把贡献与回报、权利与限制科学地结合起来，既能有效地调动人力资源的积极性，又能科学、合理地配置科技资源，促进技术创新。例如，专利制度的建立和良好的运行，避免了重复研究、重复开发、重复生产，把资源配置于最能发挥其效益的项目之中，从而避免了资源的浪费。又如，商标制度的建立和运行，促使资源流向最好的企业。通过国家政策、法律法规的引导和实施，知识产权制度能够合理配置资源，促进生产力的发展。

（四）文化性功能：激发创新热情

现代知识产权制度是建立在高度文明基础上的，通过知识产权管理，能够在世界范围内建立起一个良好的法律环境和知识生产的环境，使得知识产权的创造者在为人类造福的同时，自己也能够得到应有的回报，极大地调动了人们技术创新和文学创作的积极性，有利于人类优秀文化的生产和传播。同时，良好的知识产权行政管理，也能够保护人类优秀文化成果，陶冶人的情操，塑造人的品格，造成一个良好的人文环境，促进精神文明的建设和社会的进步。通过知识产权行政管理，加强知识产权文化建设，提高公民的知识产权意识，有助于激发全社会尊重知识产权、保护知识产权的自觉性，从而为实现创新驱动发展战略提供文化上的支撑。目前，经过我国知识产权有关部门的不断努力，已将知识产权知识通过多形式、多角度宣传给公众，使人们普遍对知识产权相关概念有了初步的认识和了解；部分从事相关工作或事业的人士由拒绝到接受，进而学会主动去运用。自改革开放以来，知识产权行政管理在宣传知识产权方面有着巨大的贡献。只有全面树立公众尊重知识产权的社会意识，才能更好地保护知识产权不受侵害，从而构建一个健康有序的市场竞争环境。

总之，知识产权行政管理具有较强的政治性、极强的专业性、广泛的渗透性和动态的调节性等特征。知识产权行政管理可以积极维护和实现国家利益、促进经济发展方式转变、平衡社会各方面主体的利益、激发全民的创新热情，在国家的政治、经济、社会、文化发展中都占有不可或缺的地位。

五、知识产权行政管理的运行机制

知识产权行政管理具有行政管理的一般特征。为了达到既定的知识产权行政管理的目标和职能，知识产权行政管理主要有以下运行机制。

（一）法律规范机制

运用法律手段开展知识产权行政管理活动时，严格依法行政，一方面，依法制定规章制度与政策，使政策规范化、制度化；另一方面，依法开展行政执法，包括依法裁决相对人之间的争端，迅速化解各类社会矛盾，查处违法行为，保护守法者的正当利益，维护和谐稳定的社会秩序与诚信的市场秩序。

（二）行政引导机制

运用行政手段开展知识产权行政管理活动时，采用强制性和非强制性的行政命令、指示、规定等措施，建立健全知识产权规范，为知识产权权利人和企业单位提供包括规范引导、优势培育、基地和人才建设、信息咨询、资产评估、申请资助、产业化支持等各种服务，引导国家产业政策的发展与提升。

（三）经济激励机制

知识产权行政管理机关按照客观经济规律和知识产权发展规律的要求，贯彻经济利益的原则，协调与其他行政管理机关之间的关系，运用能激励知识产权发展的经济手段和经济杠杆，引导、控制和调节知识产权事业各方面的社会关系和经济利益，调动各方面的积极性，提升知识产权行政管理绩效，实现知识产权行政管理的目标。

（四）技术优化机制

知识产权行政管理机关在管理知识产权事业的过程中，本着服务知识产权事业的宗旨，运用各种具体管理方法，大力推行电子政务，应用现代信息和通信技术，将管理和服务进行集成，实现知识产权行政管理组织结构和工作流程的优化组合，超越时空限制，向社会提供优质和全方位的、规范而透明的、符合国际水准的管理和服务。

（五）教育引导机制

知识产权行政管理机关推行知识产权事业的宣传教育，采用竞赛、征文、服务日、公开执法等各种方式、各种活动的宣传教育形式，普及全社会的知识产权创造意识、运用意识、保护意识和管理意识。面向教育机构，开展征文、竞赛等活动，提高大中小学生的知识产权意识；面向社会，开展知识产权普及日、宣传周等活动，普及公民的知识产权意识；面向企事业单位，开展公开执法、服务上门等活动，强化企事业单位的知识产权意识。

第三节　知识产权行政管理的模式与创新

一、知识产权行政管理模式

关于模式，《辞海》界定为"事物的标准样式"，实质是从生产经验和生活经验中经过抽象和升华提炼出来的核心知识体系，是解决某一类问题的方法论。管理模式是在具体管理理念指导下设计出来的管理主体与管理对象、管理权限、管理内容、管理工具、管理程序和管理制度并将其反复运用于管理活动，使管理主体与管理对象在管理过程中自觉加以遵守的管理规则。知识产权行政管理模式则是在发挥知识产权制度效用最大化理念的基础上，提炼出来的知识产权制度、知识产权行政管理体系、知识产权行政管理手段和知识产权行政管理职能等要素依据法定程序进行组合或运行的管理规则。

（一）知识产权行政管理模式的基本要素

知识产权行政管理模式包括知识产权制度、知识产权行政管理体系、知识产权行政管理职能和知识产权行政管理手段等要素。

1. 知识产权制度要素

知识产权制度要素是知识产权行政管理模式的基础性要素。知识产权制度要素，主要是指知识产权法律制度，不仅包含着知识产权行政管理的理念和宗旨，也决定着知识产权行政管理体系、知识产权行政管理职能和知识产权行政管理手段等其他要素。与其他行政管理不同，在知识产权行政管理与知识产权制度之间，是先有知识产权制度，而后才产生知识产权行政管理机构、职能，逐步建立完善的知识产权行政管理制度和模式。在英国，英国知识产权局的前身是英国专利局，是根据1852年颁布的《专利法修正法令》成立的，后来随着版权、商标等方面的管理职能并入专利局，2007年4月2日正式更名为知识产权局。美国知识产权行政管理制度则可以追溯到1787年《宪法》第1条第8款规定，国会拥有"保障著作家和发明家对其著作和发明在限定期间内的专利权，以促进科学与实用技艺的发展"的权利。根据宪法规定，1790年，美国国会通过了首部专利法。而美国专利商标局成立于1802年，是掌握全国专利及商标申请以及核准手续的重要机关，隶属于美国商务部。1885年（明治十八年）4月18日，日本《专卖专利条例》经元老院通过并颁布实施，这是日本最早的专利法。根据该法，成立了"专卖特许所"，隶属于日本当时的通商产业省，该机构后改称为日本特许厅。在我国，也是知识产权制度催生了知识产权行政管理。1979年1月，中美先后签署了《中美科技合作协定》和《中美贸易协定》。在这两个协定中，出现了知识产权的有关条款。正是在这样的背景下，组建了国家工商行政管理总局商标局、中国专利局，开启了知识产权行政管理的工作。

2. 知识产权行政管理体系要素

知识产权行政管理体系要素，主要是指知识产权行政管理机构的组成，不仅包括横向的知识产权行政管理机构，而且也有纵向的知识产权行政管理机构。知识产权行政管理体系要素强调行政管理机构的有机组成和协调运作。一般而言，横向的知识产权管理机构主要有两类：一类是专业知识产权行政管理机构，包括专利行政管理机构、商标行政管理机构、版权行政管理机构以及知识产权战略实施统筹协调机构等。另一类是其他知识产权行政管理机构，包括知识产权进出口贸易监管机构、知识产权犯罪监管机构等。在专业知识产权行政管理机构中，有的国家采用"二合一"体系。例如，美国的专利和商标行政管理统归美国专利商标局，隶属于商务部；而美国版权局隶属于美国国会图书馆，是负责版权登记和半导体芯片保护的主管部门。有的采用"三合一"。例如，英国专利、商标、版权、外观设计等都归英国知识产权局管理。有的采用"多元分散体系"。例如，我国专利、商标、版权、植物新品种等分别由不同的知识产权行政机构管理。

3. 知识产权行政管理职能要素

知识产权行政管理职能要素，是知识产权行政管理模式的核心要素，决定着知识产权行政管理模式的运行成效。一般而言，知识产权行政管理职能要素主要包括宏观调控、确权管理、保护监管、公共服务四大职能。知识产权行政管理职能的设计与设置取决于知识产权制度及其理念和宗旨，即是否充分发挥知识产权制度的最大效用；也取决于一国知识产权事业发展状况和发展阶段。一国在知识产权事业发展的不同阶段，知识产权行政管理职能的设计也会有所侧重。但无论如何，宏观调控、确权管理、保护监管、公共服务是知识产权行政管理职能要素的基本内容，缺一不可。不过，三大职能的行使应归属于不同的知识产权行政管理机构，无论是二合一、三合一体系还是分散体系。宏观管理职能和公共服务职能一般归属于不同的专业知识产权行政管理机构，如日本特许厅的职责是负责日本的知识产权事务，包括：负责制定、修改和解释《发明专利法》《实用新型法》《外观设计法》和《商标法》；受理和审批发明专利、实用新型、外观设计和商标申请；制定、实施工业产权政策；协调国际工业产权保护、促进工业产权信息的传播、知识产权信息发布与传播及其他国际合作事务等。保护监管职能既可能归属于专业知识产权行政管理机构，也可能归属于非专业知识产权行政管理，如美国知识产权的进出口贸易监管职能主要由非知识产权行政主管部门行使，包括美国联邦贸易委员会（FTC）、美国国际贸易委员会（ITC）、美国贸易代表办公室（USTR）和美国知识产权执法协调委员会。

4. 知识产权行政管理手段要素

知识产权行政管理手段要素也是知识产权行政管理模式的重要组成部分，决定了知识产权行政管理职能要素的运行成效。知识产权行政管理手段要素主要有行政手段、法律手段、经济手段和技术手段四类。知识产权行政管理手段的设计与运用取决于知识产权制度及其理念和宗旨，即是否能充分发挥知识产权制度的最大效用；也取决于一国知识产权事业发展状况。知识产权事业较发达的国家，知识产权行政管理手段的设计与运用则更强调法律手段、技术手段和经济手段，更注意在法律手段和技术手段基础上的四类管理手段的综合运用；知识产权事业欠发达的国家，知识产权行政管理手段的设计与运用则偏重行政手段和经济手段，四类管理手段的单一运用稍显突出。

除上述要素外，知识产权行政管理模式还包括程序要素，即知识产权行政管理职能的行使、知识产权行政管理手段的运用必须符合法律规定的程序。

（二）知识产权行政管理模式的类型

依据知识产权行政管理模式的各要素，可以将知识产权行政管理模式划分为不同的类型。

1. 市场主导型知识产权行政管理模式与政府主导型知识产权行政管理模式

依据知识产权制度运行基础的不同，可以将知识产权行政管理模式分为市场主导型知识产权行政管理模式与政府主导型知识产权行政管理模式。市场主导型知识产权行政管理模式强调市场是第一位的，政府是第二位的，应将知识产权的创造、运用和管理主要交给市场和企业，知识产权行政管理在充分尊重市场规律的基础上加强公共服务和保护监管。这一模式的基础在于有发达和成熟的市场经济，知识产权事业发达的国家多采用这一模式。政府主导型知识产权行政管理模式强调由于市场经济发育不够，市场主体还不能主动地运用知识产权取得市场竞争优势，需要政府运用行政手段和经济手段，充分发挥宏观管理、执法保护和公共服务职能，主动为知识产权的创造、运用和管理提供激励和服务，旨在推动知识产权市场的快速发展。知识产权事业欠发达的国家多采用这一模式。

2. 集中型知识产权行政管理模式与分散型知识产权行政管理模式

依据知识产权行政管理体系的集中度不同，可以将知识产权行政管理模式分为集中型知识产权行政管理模式与分散型知识产权行政管理模式。集中型知识产权行政管理模式表现为将专利、版权、商标等知识产权集中归属于某一个或两个专业知识产权行政管理机构管理，如美国、日本的"二合一"体系，英国的"三合一"体系都属于这一类型。分散型知识产权行政管理模式表现为将专利、版权、商标等知识产权归属于几个不同的专业知识产权行政管理机构管理，如我国的多元分散体系。知识产权行政管理的集中度不同，意味着知识产权行政管理资源利用效率和管理绩效的不同。一般而言，集中型知识产权行政管理模式意味着最大化地节约行政资源，产生最大化的合力效应；而分散型知识产权行政管理模式意味着行政管理成本更高，易造成资源浪费。

3. 直接管控型知识产权行政管理模式与间接引导型知识产权行政管理模式

依据知识产权行政管理宏观管理方式的不同，可以将知识产权行政管理模式分为直接管控型知识产权行政管理模式与间接引导型知识产权行政管理模式。直接管控型知识产权行政管理模式表现为知识产权行政管理多采用行政手段、经济手段，实施宏观管理和执法保护，深度介入企业和其他市场主体的知识产权创造、运用、管理和保护。知识产权事业欠发达的国家多采用这一模式。间接引导型知识产权行政管理模式表现为知识产权行政管理多采用法律手段、技术手段，提供公共服务和监管保护，宏观管理也注重引导企业和其他市场主体的知识产权创造、运用、管理和保护。知识产权事业发达的国家多采用这一模式。

4. 管理型知识产权行政管理模式与服务型知识产权行政管理模式

依据知识产权行政管理在宏观管理与公共服务上的侧重点不同，可以将知识产权行政管理模式分为管理型知识产权行政管理模式与服务型知识产权行政管理模式。管理型知识产权行政管理模式表现为知识产权行政管理多采用直接的经济手段、行政执法手段和其他政策手段，对知识产权的创造、运用与管理进行激励，对知识产权的侵权与违法进行执法打击。服务型知识产权行政管理模式表现为知识产权行政管理多采用法律手段、技术手段和宏观政策手段，为企业和其他市场主体提供知识产权公共服务，对知识产权的创造、保护、运用与管理进行引导。

二、知识产权行政管理创新

（一）知识产权行政管理创新概述

1912年，经济学家约瑟夫·熊彼特首次提出了"创新"的概念。创新一词起源于拉丁语，原意有三层含义：一是更新，二是创造新的东西，三是改变。创新是人类特有的认识能力和实践能力，是人类主观能动性的高级表现形式，是推动民族进步和社会发展的不竭动力，是指以现有的思维模式提出有别于常规或常人思路的见解为导向，利用现有的知识和物质，在特定的环境中，本着理想化需要或为满足社会需求，而改进或创造新的事物、方法、元素、路径、环境，并能获得一定有益效果的行为。从本质上而言，创新是以新思维、新发明和新描述为特征的一种概念化过程。

在当代政治文明国家，行政管理创新既是行政管理体制改革的关键目标，也是实现"善治"的重要路径。所谓行政管理创新，是指依据社会变迁、科技变革和经济文化发展的客观情况，以规范调整新的社会关系，提升政府公共管理能力和政府治理绩效为目标，对现行政府行政管理体系中的决策机制、执行机制、评价机制和监督机制进行调整、补充和完善，促进政府治理的革新与发展。所谓知识产权行政管理创新，是行政管理创新体系的重要内容，是指政府为了全面、高效地完成保护、促进和发展知识产权事业的各项行政管理工作职责，对现有知识产权行政管理要素进行调整、修改和完善，以适应市场经济发展、科技进步和行政管理体制改革的时代需求，具体内容包括知识产权行政管理理念创新、知识产权行政管理体系创新、知识产权行政管理职能创新、知识产权行政管理手段创新等多个方面。

随着科技的快速发展和全球经济一体化的迅速推进，世界各国在经济发展和技术创新上的竞争空前激烈。知识产权已经成为各国国际竞争的核心要素，发达国家为维持其知识产权优势地位，后发展国家为改变其知识产权劣势地位，纷纷对知识产权制度进行调整、修改和完善，以增强知识产权创造能力、运用成效、管理水平和保护效果。知识产权行政管理也必须适应这一发展要求，不断创新知识产权行政管理体系、管理职能和管理手段。

对我国而言，创新知识产权行政管理，是建设创新型国家的客观需要，是转变政府职能、加强市场监管的需要，也是提升企事业单位等市场主体竞争力的需要。创新知识产权行政管理不仅体现了我国行政体制改革的时代特征，体现了我国市场经济的现实需求，体现了我国行政治理理念的深刻变化，也体现了我国依法治国的基本方略，体现了我国民主政治的发展进步，体现了善治目标的价值指向。

（二）知识产权行政管理要素的创新

1. 知识产权制度创新

知识产权制度创新要求：知识产权制度必须适应科技创新和经济发展的最新要求，对知识产权创造、运用、管理和保护制度进行修改、调整和完善。知识产权制度创新是知识产权行政管理创新的基础，知识产权创造、运用、管理和保护制度的不断调整和完善，决定了知识产权行政管理必须依据创新的知识产权制度来改革知识产权行政管理体系、优化知识产权行政管理职能和管理手段，以保障发挥知识产权制度的最大效用。在这方面，美国走在世界的前面。2011 年，美国对《美国发明法案》进行了大幅度的修改和调整，总计修改法条 74 条，其中 4 条被废止，18 条被重新撰写，新增条款 17 条，确立了"发明人先申请"制等，与此同时，赋予美国专利商标局更大的财政自主权。美国专利商标局不仅可以就新增优先审查程序收费，法案还明确规定专利费用调涨 15%，增加了资金来源，扩大了美国专利商标局在财政方面的自主权。此外，该法案还增加了优先审查制度和微小实体的扶持政策，增加了设立美国专利商标局卫星局的规定。

2. 知识产权行政管理体系创新

知识产权行政管理体系创新要求：知识产权管理主体多元化，任何一个单一主体都不能垄断治理资源、独占治理实践过程。各类企业组织、各类知识产权社会组织，甚至包括公民个体都与政府一样，能够深度参与知识产权管理的全过程。而且，应在多元管理主体之间开展平等对话、分工合作与协商互动，管理过程由政府包揽独办向政府主导、社会各方力量协同参与治理转变。知识产权行政管理主体创新还要求，分散的专业知识产权行政管理主体应趋于集中化，专业知识产权行政管理主体与非专业知识产权行政管理主体之间应统筹规划、协调一致。知识产权行政管理体系创新也要求，应知识产权事业发展需要，适当增设新的管理机构。例如，除 2011 年《美国发明法案》增设美国专利商标局卫星局外，为了推动英国创新，英国知识产权局特设创新司。❶

3. 知识产权行政管理职能创新

知识产权行政管理职能创新要求：不断优化宏观管理、公共服务、保护监管三大知识产权行政管理职能，注重宏观管理的引导激励，弱化宏观管理的强制性干预；注重知识产权行政管理体系的市场公共服务，弱化知识产权行政管理体系的控制管理；注重知识产权行政管理体系的日常执法保护，弱化运动式的知识产权执法保护。知识产权行政管理三大职能实施应更注重促进建立健全一国创新体系，不断提升创新质量。

---

❶ 谭增. 创新——始于并不止于知识产权：专访英国知识产权局创新司司长 Rosa Wilkinson 女士［J］. 中国知识产权，2015（12）.

4. 知识产权行政管理手段创新

知识产权行政管理手段创新要求：应从由政府管控所有知识产权事务向多样化治理转变，要求政府在依法行使权力之外，综合运用法律手段、技术手段、经济手段和行政手段，提供公共服务，满足创新需求，尤其要善于运用法治思维和法治方式推动知识产权事业发展，协调利益冲突，促进社会创新发展。知识产权行政管理手段创新还要求：注重发挥行政手段的引导功能，弱化行政手段的干预功能；注重发挥法律手段、经济手段的市场导向功能，注重发挥技术手段、经济手段的公共服务功能。

第二章　国外知识产权行政管理
特点与借鉴及其发展趋势

2008年6月我国《国家知识产权战略纲要》发布、实施以来，知识产权行政管理受到世界广泛关注。知识产权制度当前正处于变革和创新期，我国知识产权工作是国际知识产权制度变革、创新的一部分，不可避免会受到国际知识产权制度其他变革、创新的影响，更要主动关注国际知识产权动态，参与其中，汲取养料，做强自身，赢得主动。

第一节　典型国家知识产权行政管理特点与借鉴

一个国家的知识产权行政应当符合本国国家利益和战略发展目标。美国作为知识产权强国，具有全球引领样本意义；英国在进行法制改革和制度创新方面具有领先地位；德国依靠行政管理体系和法律模式已经形成了较为成熟的行政管理模式；日本在知识产权立国的基础上，进行成功追赶；韩国则依靠制度创新和加强服务提升实力；印度因其运用知识产权制度的独特方式，具有后发优势样本意义。这些国家运用知识产权制度的做法，有着各自不同的特色，对我国具有借鉴意义。

一、全球引领样本：美国特点与借鉴

（一）特　　点

1. 不断完善知识产权战略部署，保持国际领先地位

美国特别重视国家创新战略，是高调提出以创新为知识产权战略核心内容的国家。自2009年至今，美国先后推出《美国创新战略：推动可持续增长和高质量就业》（以下简称《2009年创新战略》）、《美国创新战略：确保经济增长和繁荣》（以下简称《2011年创新战略》）和《美国国家创新战略》（以下简称《2015年创新战略》），以及与两个创新战略相配套的《2010～2015年战略计划》和《2014～2018年战略规划》。并逐渐形成具有特色的美国知识产权战略体系：创新战略—国家知识产权战略—知识产权执法战略—行业知识产权战略。近几年内美国知识产权战略部署主要包括以下几方面：

（1）2010 年 7 月，美国专利商标局公布《2010～2015 年战略规划》，这一规划是该局针对目前美国所存在的专利、商标的审查积压等重大问题所提出的解决方案最为详尽、实施过程监控措施最为明晰的一部计划。这一战略规划在《2007～2012 年战略规划》的基础上有了较大的推进与提高，提出将优化专利、商标的质量和及时性以及完善世界知识产权政策、提升世界知识产权保护和执法水平作为美国专利商标局的战略目标，同时针对这些目标分别提出了所应采取的新方案与新举措，并设计了一套平衡计分卡来跟踪规划的实施情况。值得一提的是，规划中首次提出将制定《21 世纪国家知识产权战略》，该战略将体现美国全面提升自身在知识产权领域全球竞争力和领导力的总体部署。

（2）2010 年 6 月，美国政府公布了《知识产权法联合战略计划》，该战略计划几乎涵盖美国政府知识产权执法的所有领域。采取措施包括阻断假冒药品流通、查找联邦合同中的侵权软件、促进联邦与地方执法机构的合作、减少互联网盗版等。该计划鼓励国外执法部门追究"流氓"网站的相关责任并增加打击知识产权违法犯罪的执法活动数量。计划还将对现有知识产权法律法规展开长达 120 天的全面审查，以确定这些法律法规是否需要改变。美国政府试图通过该战略建立一个多层次、一体化的知识产权保护体系。

（3）2010 年 7 月发布的《制造行业与就业机会转移回国战略》，旨在制定国家制造业战略已创造工作岗位和促进知识产权保护。该法案包括两项重要措施：其一是通过组织专利全文在专利授权前在线公开，保护知识产权；其二是对来自高等学校的专利申请进行有限审查，以帮助加速简单发明的批准，从而更快进入市场。该法案引起了巨大争议，但是足以表明美国已愈发认识到行业知识产权战略对经济影响的重要性。

2. 全面修改专利法，强化行政管理

美国于 2011 年通过了《美国发明法案》，这是自 1952 年以来对美国专利制度最全面的改革，对美国专利政策和实践产生了深刻影响。

《美国发明法案》主要涉及六个方面的内容，即与实体专利法相关的内容、专利授权后的重审程序、专利申请授权程序的修改、美国专利商标局财政和机构的改革、优先审查及对小型实体的扶持措施以及专利诉讼和管辖。

（1）在实体专利法方面，将先发明制改为先申请制、取消现有技术的地域限制、调整宽限期的适用范围、调整最佳实施方式的公开要求、取消在国外完成的发明作为现有技术的限制、调整关于先用权的规定。这些改革与实体专利法的国际协调有密切联系，改革结果将使美国的专利制度与各国专利制度趋于接近，也为美国在实体专利法的国际协调中的一贯积极立场提供了有力支撑。

（2）在授权后程序方面，取消双方再审程序（Inter - Parte Reexamination），设立授权后重审程序（Post - Grant Review）和双方重审程序（Inter Partes Review），改革提案还引入补充审查制度，允许专利权人请求专利商标局考虑、重新考虑或者更正与专利相关的信息。在补充审查中若发现新的关于专利性的实质问题，则可以启动再审程序。利用行政机关便捷、高效的程序将专利纷争有效分流并快速解决，可以更好地维护权利人的权益并为自由竞争创造良好环境。

（3）在专利申请的授权程序方面，调整发明人宣誓或声明的有关要求、允许受让人提交专利申请，以及允许第三方在专利审查期间提交现有技术等。

（4）在财政和机构改革方面，赋予美国专利商标局更大的财政自主权，使其拥有设立、批准和收取费用的权力，提案通过了废止费用转移制度，增加了其资金来源；提案同时要求美国专利商标局在3年时间内建立至少3个卫星局。

（5）在优先审查及对小型实体扶持措施方面，要求美国专利商标局减少某些收费以利于小型和微型实体提交专利申请，利用可用资源设立监察项目（Ombudsman Program），为小型实体和独立发明人提供与专利申请相关的帮助与服务，同时支持知识产权协会建立公益项目，在财力上帮助财力不足的独立发明人和小型实体。

（6）在专利诉讼及管辖方面，规定故意侵权的判定条件，错误标识的处罚，取消各州法院对专利、植物品种保护或版权的法律诉讼的管辖权，赋予联邦巡回上诉法院对专利或植物保护的上诉的独有管辖权等。

3. 构建多层次、一体化的知识产权保护体系

美国涉及知识产权保护的部门众多，包括美国贸易代表办公室、美国贸易委员会、司法部、版权局、专利商标局以及国际知识产权协调员等。多级管理导致知识产权保护的行政资源过于分散，知识产权行政效率低下。针对现有体系的弊端，美国政府除了常规的知识产权保护措施之外，正试图构建多层次、一体化的国内外知识产权保护体制，通过强调机构协作，有效整合政府资源，打破美国知识产权执法机构各自为政的局面。

首先是设立专门机构。2009年12月，根据《2008年知识产权资源和组织优化法》设置的美国首任知识产权执法协调员上任，该职位可直接向总统汇报工作，负责与联邦机构进行协调，担任全国知识产权执法协调委员会主任，制定政策解决国际知识产权侵权问题，执行知识产权法律，在海外实施保护美国知识产权的战略。

其次是强化多部门协作。美国知识产权保护实施多部门协作模式。以专利保护为例，国会负责制定及修改《专利法》；联邦各级法院负责审理涉及专利的案件；联邦巡回上诉法院是最高权威机构；美国专利商标局主要承担专利的审查、公开等项事务性工作，不具备协调、指导全美专利工作的职能；其他政府机构，如国防部、能源部、农业部、宇航局、商务部及卫生部等，都拥有各自的专利管理部门，有权以各自机构的名义申请专利、维护和许可证转让。

为加强各部门之间的协调，2009年年底，美国国会批准了3000万美元资金以支持知识产权法协调员的工作，该笔资金主要用于打击联邦和地方的互联网科技盗版犯罪。联邦调查局、司法部联邦检察官以及联邦和地方执法机构都将获得该笔资金的资助。2010年2月，美国司法部宣布成立知识产权特别工作组与知识产权执法

协调员艾斯比奈尔展开密切合作，以专门打击国内和国际的知识产权犯罪活动为目标。在知识产权协调员这一特定机构的协调下，美国的知识产权执法将更加有力。

最后是统一执法策略。2010年6月公布的《知识产权执法联合战略计划》以战略的形式跨部门、跨地域全面整合了美国只是产权执法资源，彰显美国力图通过构建一个多层次、一体化的知识产权保护体系以全面提升美国知识产权创造、运用、保护和管理能力的决心。

4. 加强服务，注重扶持中小企业的知识产权转化

一方面，美国政府实行多种减少专利积压、提高审查效率的措施。美国专利商标局通过与谷歌合作和合理地方布局的方式，让专利和商标信息更易于公众获取和使用。另一方面，设立创新发展办公室，加大对小企业的信息扶持。推行小企业创新研究试行项目，提供完善的知识产权支持。设立专门的拨款和贷款，为中小企业海外专利申请提供帮助。

（二）启示与借鉴

美国在国家战略、国际协调、贸易救济、重点扶持等方面管理措施都值得我国紧密跟踪、学习借鉴、加以应对。

一是政府在知识产权战略中的作用十分突出。政府不仅是公共政策的制定者也充当干预者，同时又承担谈判者的角色。如2001年年底，美国政府就提出了要改革其现行的专利体系，使其既能进一步促进技术创新又能保护创新技术的知识产权。同时，美国政府从立法上把国内法运用到国际上（如"特别301"的实施）。

二是只有拥有有效的专利战略才能最终形成自己独特的市场竞争优势。这也是世界上一些经济与科技大国同时又是专利大国和强国的缘由。美国是技术输出大国，拥有最多的高科技专利，但是每年仍然还要花巨资引进他国的专利技术。战后的日本，在20多年的时间里，先后引进两万多项专利技术。在此基础上，经过不断地消化、吸收、开发创新，一改技术落后的面貌，成了仅次于美国的技术经济强国。

三是从国家经济安全角度考虑，应避免形成对美专利技术的过度依赖。美国是目前全球知识产权的最大创造国和拥有国，是新产品的研发中心，其政策趋向必然是强化而不是弱化知识产权保护，而且知识产权也一直是中美贸易摩擦升温的一个诱导因素。另外，一个值得注意的新动向就是以美国为代表的发达国家极力主张把自己的产品技术标准推向市场。这种以知识产权和标准问题对我国采取贸易围攻战的方式今后对我国的压力将会越来越大。

四是在强调技术创新制定强化科技计划、知识产权管理体制的同时，应重视专利的整体战略效用。仅有发明与专利权并非就能占领市场，应强化政府、科研部门与企业对专利战略的整体驾驭能力。对新技术发展带来的知识产权法律问题必须开展多方面研究，通过政府对知识产权战略的支持，为我国的科技创新活动与企业产品竞争力的提升创造良好的环境。

二、与时俱进样本：英国特点与借鉴

（一）特　　点

1. 规划知识产权法制改革

以 2011 年《哈格里夫斯报告》（《数字机遇——关于知识产权和经济增长的评论》）为基础，英国政府以激励知识产权对经济增长的推动作用为宗旨，集中推出了一系列相关举措，包括制定《英国知识产权国际战略》《预防与对策：英国 2011 年应对知识产权犯罪战略》、实施旨在帮扶中小企业的以"专利盒子"计划为代表的一揽子计划，以及与他国签署旨在简化申请程序的相关协议。

《哈格里夫斯报告》于 2011 年 5 月完成。报告分 11 章，共提出 10 条建议，旨在确保英国拥有最适合数字时代经济发展及创新支持的知识产权制度。2011 年 8 月 3 日，英国政府根据报告相关建议进行了回复，并公布了英国知识产权立法改革一揽子计划。初步估计通过改革，可使政府增收 79 亿英镑。该计划主要包括以下几点。

（1）数字版权交换机制（Digital Copyright Exchange）。报告建议英国政府应当建立跨部门的数字版权交易机制。至 2012 年年底，一位受政府指派的资深人士负责监督该机制的规划和具体落实。同时，政府应当制定一系列激励和限制措施，在确保兼顾各参与方的利益的同时，促进各方对机制运行和参与方式的实践准则达成一致。英国政府拟建立数字版权交易机制，提供便捷途径促进版权内容使用许可的购买和销售，但政府不参与该交易机制的运作。英政府表示，该机制的运作将和亚马逊网站一样，成为"不依赖于买卖双方的真正的市场"。

（2）版权例外（Copyright Exceptions）。报告建议政府应杜绝过度监管行为，此举非但不会损害版权保护的主旨，反而有利于激励创作人员。政府应当制定国家层面的版权例外，从而在欧盟框架内实现多形式的版权例外，如格式转换、滑稽模仿、非商业化研究和图书馆存档。英国政府于 2011 年秋出台有关版权例外的具体政策，其中包括有限度的私人复制权例外；放宽非商业化研究的例外范围；对图书馆实行更为宽泛的版权例外和滑稽模仿作品的例外。根据该计划，民众复制合法购买的数字产品内容，如将 CD 上的内容复制到计算机、数字播放器等手提设备上的行为将视为合法。此外，政府计划对被称为"文本和数据挖掘"的检索和分析方法实行版权例外。有数据显示，英国主要医学研究数据库中 87% 的数据无法通过合法的文本和数据挖掘途径获取。

（3）孤儿作品（Orphan Works）。报告建议政府应当制定相关法律实现孤儿作品的版权许可。同时，应当明确只有在拟议中的数字版权交易相关数据库中无法查寻到的作品方可被视为孤儿作品。根据英国政府于 2011 年秋出台的相关建议，允许开发孤儿作品的商业和文化价值，版权持有人及其他权利人利益的保护措施亦将予以明文规定，如需在经历"不懈寻找"（Diligent Search）的基础上认定孤儿作品、以市场价格确定许可费用以及在孤儿作品权利人复出后给予其合理利益。同时，英国政府亦着手构建孤儿作品许可和清理程序，这将意味着目前仅限于图书馆和博物馆使用的相关作品将向消费者开放，或用于研究目的。

（4）集体管理组织（Collecting Societies）。报告建议集体管理组织应当受到法律的约束，并受制于经英国知识产权局和英国竞争机构批准的运作准则，进而确保其运作方式与高效和开放市场的发展相一致。英国政府计划于2012年公布集体管理组织自愿行为准则的最低标准，加强对此类组织的标准化管理以及对符合高标准行为的认定。

（5）小标的额程序（Small Claims Track）。报告建议为了支持权利所有人维护其应有的权利，政府应当在郡专利法院（PCC）对涉案金额较低的知识产权案件引入小标的额程序。英国政府计划在郡专利法院针对诉讼金额少于5000英镑（约8000美元）的知识产权纠纷案件启动小标的额程序。此建议有利于简化当事人进入法庭审判的程序，尤其利于中小企业的利益。该程序不太适用于专利纠纷，但有助于版权、外观设计及商标案件。与此同时，郡专利法院的名称拟改为郡知识产权法院（IPCC）。

2. 改革专利制度

在全球专利改革中，英国是一个领导者。其引进的绿色技术快速追踪系统，已被包括美国、日本和韩国在内的很多国家所采用。英国同时一直在全球范围内主张处理积压的重要性，五局合作组织中的各国家局已越来越意识到这个问题。近年来英国专利法规方面的重要革新都是以消除案件积压为宗旨进行。其通过以下方式利用政治影响力来支持专利改革：努力改进《专利合作条约》（PCT），使其成为企业和知识产权局对其具有信心的更有效的机制；改进/简化当前知识产权局之间的双边协议，以分享工作并提高知识产权局之间的一致性，包括将其纳入更广泛的多边协定，涵盖更多的办事处；与值得信赖的合作伙伴进一步发展协作方式。

英国期望以本国为基础推动全球专利改革来建立一个制度，该制度支持创新和增长，但不是一刀切，由于经济发展和使用者类型的不同，专利制度必须确保足够灵活。该制度可实现且价格实惠，为申请者和第三方提供更好的确定性与及时可靠的处理，能得到专利保护和引起刑事诉讼的事务范围的可预见性。该制度以易于使用的法律和程序为基础，而且可以识别专利无用的地方，并提供指示标识以考虑替代模式（如开放式创新和商业机密）。完成这一任务有两个关键性问题，全球专利积压和专利质量，这都需要解决。由于工作积压导致的延迟可能代价高昂，造成新产品投放市场的延迟和专利局工作质量的下降。与此同时，不同的专利局可能会有不同的专利性标准。这些问题会导致在某一特定市场中获得有效专利可能性的不确定性。

3. 实施知识产权战略

英国政府于2011年8月11日公布了《英国知识产权国际战略》（The UK's International Strategy for Intellectual Property）及《预防与对策：英国 2011 年应对知识产权犯罪战略》（Prevention and Cure：The UK IP Crime Strategy 2011）两个附随文本，前者陈述了卡梅伦政府在国际层面上贯彻《哈格里夫斯报告》建议的计划，后者展示了卡梅伦政府在有关跨国治理知识产权犯罪方面的未来整体策略。战略目标旨在对知识产权领域内的相关政策制定，权利授予以及知识产权服务产生影响。具体来说，第一，制定全球以及国内的知识产权政策来促进英国的国家核心竞争力及经济增长，满足客户以及社会的需求。第二，建立世界级的知识产权以及创新权益体系，以专家意见为指导、以客户为导向促进世界创新变革。第三，确定一揽子知识产权产品及服务来满足最新的客户及市场需求并帮助新兴商业地起飞与发展。目前面临的主要问题有，重塑知识产权体系来更好地支持经济的发展和动态的市场；努力成为更加以客户为核心的组织结构，把客户的需求融合在服务设计当中；使服务现代化以提高效率，维护世界级的标准；专注于提高机构的声誉、专业性以及分析能力，增强在国内以及国际上的影响力。英国专利局将在以下几个具体的方面设置及执行一些项目：组织的管理；领导力以及管理变化；人才战略；信息化服务体系；对于申请人以及客户的理解；更广的股东参与机制以及生产力和效率。

英国于 2004 年制定了《应对知识产权犯罪战略》（2006 年修订），确立了一系列行动旨在打击国内网络犯罪。其主要内容为：使产业和执法机构的执法行为在整个英国得以进行并获得支持；通过建立关联网络、鼓励其他人分享信息，以及在操作问题上进行合作来提高实践活动的协调性；在行业和政府机构提高对知识产权犯罪问题及其重要性的认识，通过协同工作解决知识产权犯罪；通过提供对关键问题的训练、指导、实践和信息交换，帮助执行机构配备所需知识和技能，使其更有信心地处理知识产权犯罪案件；建立知识产权犯罪国家情报数据库，直接为调查知识产权犯罪案件的机构提供支援。2011 年颁布了新的应对知识产权犯罪战略，该战略以 2004 年英国知识产权犯罪战略为基础，为立法、技术以及公众、贸易、政府和法律实施的反馈建设做好准备，陈述了政府应对知识产权犯罪的策略、在打击知识产权犯罪中的角色和责任以及付诸行动的一些新领域。其具体内容如下：采取有效且可靠的措施应对知识产权犯罪及其影响；保障和协调应对知识产权犯罪的资源；寻求更有效灵活的工作方式；建立更好、更精密的防治措施；在诸如与有组织犯罪地图标注技术的结合等实践操作的基础上，整合知识产权犯罪实施和其他领域的犯罪行为；持续保持国际水准的出色工作以促进合法贸易并打击违法行为。

英国政府 2011 年公布了《英国知识产权国际战略》（International Strategy for Intellectual Property），该战略提出了英国应对国际知识产权纠纷的整体方法。战略的首要目标是：建立一个被有效、广泛接受的国际知识产权体系，鼓励发明与创新，同时使经济和社会从知识与思想中获益。在此宗旨下，着力于实现以下 3 个主要目标：一是构建完善的国际性框架，增强在欧洲的影响力。实施国际知识产权制度改革，包括完善 PCT 以处理积压的未确认的专利（全球需耗费 76 亿英镑），以及对在历史上财务和管理都曾出现问题的世界知识产权组织进行改革。二是建立良好的国家制度。英国拟通过强化与关键经济体，如中国、印度、巴西和美国之间的关系，在国家体制内推动更为有力而连续的知识产权法律实施政策，并建立知识产权专员工作体系。英国将向海外运营企业提供实际支持。英国知识产权局将同英国贸易投资总署协作，在英国外交与联邦事务部以及知识产权专员网络的支持下提供相应支持。三是促进经济和科技发展。寻求工业和发展重点间的恰当平衡，有助于刺激经济发展，应对全球挑战。调整知识产权政策使之适应国家的发展，协助最不发达国家加强对《与贸易有关的知识产权协定》（以下简称"TRIPS"）的适应性，支持医学和气候变化技术的扩散。

4. 激励中小企业提升创新及知识产权保护能力

英国 99% 的企业为中小企业，其雇用员工近 1300 万名，占据逾半的英国就业岗位，每年创造 1.5 万亿英镑的收益，但仅有 6% 的中小企业对其创新寻求了专利保护。结合这一现状，基于专利制度必须在不同经济发展和使用者类型之间（如中小企业和不同产业之间）确保足够灵活这一战略内容，英国近年来不断修订完善知识产权制度及相关法规，激励中小企业提升创新及知识产权保护能力，从而增强其市场竞争力。其主要举措如下：

一是实施"专利盒子"计划。企业可以为其专利收益申请一个较低的企业税率。英国计划在 2013～2017 年逐步引入该计划。在 2013 年，"专利盒子"计划覆盖 60% 有关的知识产权收益，到 2017 年 4 月该计划完全实施时，企业知识产权收益的税率将降低至 10%。"专利盒子"计划仅适用于专利而非其他形式的知识产权。这对技术行业而言无疑是个好消息。很多部门，尤其是经费不甚充足的中小企业将从中受益。英国政府希望"专利盒子"计划能够激励英国中小企业加大技术创新方面的投入。

二是签署欧盟协定。英国商务大臣文斯·凯布尔于 2013 年 2 月在布鲁塞尔签署一份欧盟协定。该协定的签署意味着企业只需花费 600 英镑便可在欧盟国家一次性注册创新成果，而不再需要像以往那样花费近 20000 英镑在每个欧盟国家逐一进行注册。这一新规则将使英国发明者和企业家为创新申请专利时节省数千英镑。英国政府希望此举将鼓励更多的英国企业增加研发方面的投入，进而促进就业和经济发展。此举非常有利于那些需要在不同欧盟国家申请专利而为费用发愁的中小型企业，还有助于制药公司注册新的挽救生命的药物专利。

三是英国知识产权局和英国公司管理署联手出台一系列企业帮扶举措。发布《从想法到发展：帮助中小企业从知识产权中获益》报告，此报告列举了英国知识产权局帮助中小企业获取知识、技能、最大化知识产权财产以及制定有效的知识产权管理战略的若干计划。英政府还于 2012 年发起名为"你的企业"的活动，其主要目的是鼓励民众创业及进一步发展壮大企业。这些举措旨在向中小企业管理人员提供有关知识产权的管理和保护知识。针对中小企业老板的一系列免费商业支持活动，于 2012 年 4 月由英国知识产权局和公司管理部门在利物浦启动，活动面向寻求保护知识产权和理解新任经理责任的企业老板。

四是开展"调解服务"。该服务旨在让小企业更快速且更经济地解决知识产权纠纷。新的"调解服务"将提供替代性解决方案，代替原本可能引发昂贵且长期法律诉讼的方案。这种调解服务将面向涉及知识产权纠纷但不希望通过费用高昂的法院诉讼体系解决问题的企业。新的机制将向企业提供各种各样的调解服务，包括短期电话会议，大量专家认证调解员以及调解费用优惠等。英国小企业对知识产权局出台现代化的、能够更好满足小企业需求的调解服务表示支持。

五是发布知识产权商业化服务标准。2013 年 3 月，英国标准协会（BSI）发布 BS 8538：2011 知识产权商业化服务标准，旨在明确面向发明人的知识产权服务组织的道德准则和行为规范。这是英国首次设立此类标准，并得到英国知识产权局的批准。该 BS 8538 标准将有助于向发明人提供一致连贯、公平合理的服务，指引发明人在错综复杂的知识产权服务市场中选择正确的需求，以及帮助发明人了解在开始为其创意寻求知识产权保护时应当从服务方获取何种帮助和应采取的举措。BS 8538 标准明确的知识产权服务商的道德准则包括：诚信和资质；费用、成本和资金公开透明；确保信息的机密性和公开性；利益和冲突声明以及投诉处理机制。服务提供程序包括：与发明人签署初步合约；不公开协议（NDA）或机密规定；创意评估以及提供建议或服务的商业协议。

（二）启示与借鉴

通过研究英国知识产权政策，总结出英国在知识产权政策方面一些较好的经验、做法，值得我国借鉴。

一是重视保持知识产权制度的本国特色。不是一味跟随他国知识产权改革步伐，如在版权保护期限上英国就持非常慎重的态度，而不是采纳美国所提出的延长版权保护期的做法。在一些具体知识产权问题上，我国应该向英国学习，表明自己的立场，而不是全盘接受外国关于知识产权制度确立和改革的做法。

二是重视知识产权犯罪对英国经济、社会以及人民的破坏性影响和危害。率先提出了打击知识产权犯罪国家战略，表明其与东亚国家知识产权战略关注焦点的不同。我国所确立的知识产权国家战略中，应当包含打击知识产权犯罪战略的内容，特别是要注意到知识产权犯罪发展趋势的新特点和新变化，从战略的层面重视知识产权犯罪对我国经济的影响，特别是对我国人民生命、健康安全的巨大威胁。

三是重视对国内各界开展知识产权教育与培训。除了在学校开展知识产权教育之外，英国知识产权局还把培训对象扩展到了政府官员、企业组织以及知识产权实施部门的有关人员。必须注意的是，虽然英国在知识产权教育和培训方面如此重视，但根据调查发现，英国企业和国民的知识产权意识仍然停留在较低的水平，这也提醒我们，提高全民知识产权意识将是长期的过程，而不可能在短期内取得让人满意的结果。

三、成熟模式样本：德国特点与借鉴

（一）特　　点

1. 德国知识产权行政管理体系

德国拥有系统的知识产权行政管理体系，除德国专利商标局以外，相关政府部门还包括联邦司法部（BMJ）、联邦经济技术部（BMWI）、联邦教研部（BMBF）等。其各自的职能分别为：联邦司法部总体负责德国政府和欧盟层面的知识产权保护法律和 TRIPS 等；联邦经济技术部负责管理国家社会经济领域和国际贸易政策中涉及知识产权的具体事项；联邦教研部主要负责高等学校、科研院所等公立科研机构研发创新过程中的知识产权保护和知识技术成果转化应用等方面相关管理政策制定及国家总体创新环境建设等。

2. 制定和调整基于本国需要的知识产权法律

目前，德国在知识产权管理保护领域实施的法律法规主要有：《专利法》《版权法》《外观设计法》《实用新型法》《商标法》《反不正当竞争法》《雇员发明法》《专利律师规章》等。

德国十分注重根据本国的经济社会发展需求和企业特点制定和调整相关法律。善于针对本国的强势领域加强知识产权保护，同时不急于对弱势领域给予知识产权保护。例如，德国拥有世界一流的制药工业，于是实施了对药品的专科保护期限在20 年基础上延长 5 年的规定；而考虑到本国软件业和商业方法上与美国的差距，不盲从美国，至今对计算机程序和商业方法不给予专利保护。根据中小企业发展的需要，德国实行了适用于小发明创造的实用新型和外观设计知识产权保护的法律制度。

3. 完善的知识产权社会服务体系

德国知识产权信息中介服务体系由五部分组成：一是德国专利商标局以及与其有合作协议的 24 个专利信息中心；二是各类专利律师事务所；三是专门为公立大学和校外科研单位服务的专利信息服务机构，其中为高等学校服务的有 20 多家；四是公益性科技信息中心，主要有卡尔斯鲁尔专业信息中心和技术专业信息中心协会；五是营利性私营专利服务公司和企业内设的专利服务部门。在知识产权信息数据库方面，德国专利商标局的德国专利信息系统（DEPATIS）是德国最大和最权威的知识产权信息数据库。在专业数据库方面，较有代表性的是在联邦教研部支持建设的德国生物技术数据库，该数据库按照经济合作发展组织（OECD）对生物技术的定义和分类，存储了近 8000 项生物技术专利信息，并为社会公众提供免费全文查询服务。与此同时，德国很多大型公司和企业都建立了内部知识产权管理信息系统，如西门子公司建立的 IPASBUS 专利信息系统，该信息系统存储有来自 40 多个国家超过 1000 万条专利信息。

4. 强化公立科研机构的专利技术成果商业化

自 20 世纪 90 年代后期开始，强化公立科研机构专利技术成果的商业化应用逐

渐成为德国联邦政府科技创新战略的重点。

为了更好保护和管理公立研究机构承担的公共研究项目的专利技术成果，近年来德国联邦政府有针对性地制定实施了系列政策措施。概括起来主要包括：一是定期发布高等学校发明专利申请授权情况的国际比较研究报告；二是在接受各级政府资助的公共研发项目经费预算中增加知识产权申请和保护费用开支项；三是联邦教研部制定出台新的公共研发项研究成果管理与转化应用管理条例；四是联邦教研部与联邦经济技术部联合推出（知识创建市场）行动计划，规定高等学校有权获得其科研人员的发明并有权申请专利。大学教师可从其发明的成果转化收益中获取30%；五是修订《雇员发明法》，将大学教师的发明划分为职务发明和非职务发明两种，大学教师不再对职务发明独享支配权；六是为加强高等学校的专利申请和保护，促进其专利技术成果的商业化应用，通过24家定点专利服务及商业应用代理机构对其进行法律和商业化应用方面的咨询指导；七是实施了《联邦经济技术专利服务计划》《法律咨询与授权服务计划》《知识产权申请费用贷助计划》、"打击产品与品牌侵权行动"等行动计划，为科研机构、中小企业和独立发明人保护知识产权提供支持；八是在全国范围内建设专业化知识产权管理培训和信息服务网，以此为平台分享知识产权管理保护的实践案例和成功经验；九是德国联邦政府会同经济界共同推出旨在进一步加强支持产权保护的"预防战略"，该战略涉及法律、产业、技术和展会等诸多领域。

（二）启示与借鉴

一是树立知识产权意识。德国从立法、司法、行政等方面来鼓励自主创新，企业与员工之间形成双赢的知识产权推进机制，研究机构的知识产权成果能迅速实现产业化以及企业高度重视知识产权的法律保护等，各个方面均表现出全社会已经形成较为成熟的知识产权战略意识。要把创新、应用、管理和保护知识产权作为一个完整的工作体系来考虑，全社会要通过立法、司法政策等多方面的引导，支持实时知识产权战略。

二是重视在保护知识产权中社会各界的共同参与。除了在打击知识产权犯罪国家战略中各部门、各利益群体协同配合，在其他的知识产权实施上，德国政府特别是德国专利商标局能够发挥主导性作用，调动有关力量保护知识产权。如何有效调动全体社会组织、社会公众参与到我国知识产权战略之中，确保知识产权战略实施能够发挥实效，就需要有效的制度安排促进社会全体的共同参与和配合，特别是在涉及影响我国利益的知识产权纠纷时，国家有关部门要能够迅速反应，建立起有效的联动机制，这样才能够调动各群体的积极性。

三是重视其本国知识产权制度与国际社会接轨。目前我国的知识产权制度在很多方面已经或正在逐步与世界接轨。当然与世界接轨不是最终目的，而是要在世界知识产权国际规则的制定上反映中国的观点和意见，以防止我国的国家利益受到损害。

四、成功追赶样本：日本模式与借鉴

日本通过引进消化、吸收创新的技术转移方式，从制造业的底端价值链向附加值较高的顶端转变。日本跨国公司也经历了从最初的缺席诉讼，到之后的积极应诉，再到后来主动在美国申请专利。日本的成功跟随模式，对我国的学习和借鉴大有裨益。

（一）特　　点

1. 围绕国家发展阶段确定工作重心

"二战"后日本知识产权行政管理的演进可以分为四个阶段：第一阶段是战后恢复期（1945~1959年），这个阶段的主要工作是根据战后社会改造、经济恢复的要求制定产业财产相关法律，使产业财产制度正常运行。第二阶段是国际协调期（1960~1994年），这个阶段的主要工作是为适应国内经济高速增长、创新日益活跃以及国际贸易不断增加的需求，实现了国内知识产权制度基本完善和国际知识产权制度的基本协调。第三阶段是国家战略摸索期（1995~2001年），1995年日本实施《科学技术基本法》，开始摆脱赶超式发展模式，探索自主发展模式，知识产权行政管理加大对中小企业和高等大学的支援力度。第四阶段是国家战略实施期（2002年至今），2002年实施的《知识财产基本法》标志着日本从国家战略层面部署和推进知识产权行政管理，力求充分知识产权制度的作用，不断提高企业和国家的竞争力。

2. 强化国家知识产权战略管理

一是设置了知识产权战略本部。2002年日本实施《知识产权基本法》以来，日本知识产权行政管理出现了新格局，即在内阁府设置了知识产权战略本部。知识产权本部的职责是"集中地和有计划地推进关于知识产权创造、保护以及活用的政策和措施"，所管事务有二，"一是编制（知识产权）推进计划、并推进其实施。二是上述一以外的关于知识产权创造、保护和活用的政策措施的调查审议、实施推进以及综合调整。"这样，日本知识产权行政体系就出现了负责系统设计和综合调整的知识产权战略本部、负责关联行政的经济产业省和负责专业行政的经济产业省下属独立局特许厅。

二是发布年度推进计划。从2003年开始，为落实其国家知识产权战略，日本知识产权战略本部每年发布知识产权推进年度计划。日本的知识产权推进计划，是其国家知识产权战略的具体化。2008年以前的推进计划集中在知识产权创造、保护、运用、人才、基础设施等方面，近年来，增加了产业、标准等内容。每年的推进计划都明确提出这些方面的具体推进措施和负责的政府部门。在推进计划正文编开始处，都写有"每项具体对策上标明的担当府省有责任全力执行被编入本篇的相关实施政策。知识产权战略本部在经常、持久地确认担当府省的执行状况的同时，对于政策实施落后的政府机关，会催促其实施进度。此外，因有几个府省担当同一个项目而推迟其政策的实施的话,知识产权总部将进行综合调整"。由于知识产权战略本部的特殊地位,可以把这段文字理解为"督办令"。

3. 注意法律制度建设和落实

在这四个阶段,日本的知识产权行政管理,与所处的发展阶段、采取的发展战略、面临的国际经贸形势都有直接的关系。如果说所处发展阶段、面临的国际经贸形势是客观存在,所采取的发展战略则能体现较大主动性。1995 年的《科学技术基本法》是日本主动实施国家发展战略的起点,2002 年的《知识产权基本法》是日本追求自主发展的又一重要努力。在这个法律要求下,成立以首相为本部长的知识产权战略本部,具体落实国家知识产权战略。自 2003 年起,知识产权战略本部每年发布知识产权推进年度计划,并明确提出每个方面的具体推进措施和相应负责的政府部门。

(二) 启示与借鉴

从日本的知识产权行政管理演进中,可以得到以下启示借鉴。

一是国家发展战略是知识产权行政管理的灵魂。知识产权行政管理要牢牢依靠国家发展战略,坚定地为国家发展战略的实现提供服务。党的十八大提出实施创新驱动发展战略,十九大进一步强调,要坚定实施创新驱动发展战略。如何为"创新驱动发展战略"的实现提供有力支撑和有效服务是当前知识产权行政管理面临的重大任务。

二是知识产权制度是知识产权行政管理的基础。知识产权行政管理首先要根据发展阶段和国内外形势不断调整和完善知识产权制度。组成知识产权制度的法律和政策既是知识产权行政的支点,也可以为知识产权行政发挥杠杆作用。根据任务要求和发展阶段,及时调整、不断充实知识产权制度,是改进和加强知识产权行政管理的必然要求。

三是妥善处理知识产权行政管理与科技、经贸、产业行政管理的关系。我国和日本一样,把科学技术和国际贸易作为实现国家发展战略的重要工具,在科技和经贸行政管理上投入较多行政资源,在知识产权行政管理上投入的资源则相对较少。我国的知识产权行政管理,必须设计自己的渠道,帮助行政管理相对人感受到知识产权行政管理的支持。

五、制度创新样本:韩国特点与借鉴

(一) 特　　点

1. 知识产权战略部署和《知识产权基本法》

2004 年 3 月,韩国知识产权局公布"韩国知识产权管理:愿景和目标"计划。该计划旨在促进韩国知识产权的创造、保护和利用,确立了技术、商标和外观设计的创造与使用方向,并将改进韩国知识产权的基础结构。计划提出了 7 个目标:加速专利审查,强化知识产权保护;强化商标和外观设计的基础性保护政策;加速专利技术商业化和转让；扩大知识产权创造基础；实现知识产权管理的自动化和专利信息的传播使用；加强国际知识产权贸易和合作；加强内部专利管理能力。

2006年6月，第9届韩国国家科学技术会议第二次咨询报告会讨论了"韩国国家科学技术咨询机构"提交的"向着发达经济挺进的韩国知识财产战略构筑提案"。"提案"建议新设一个委员会，负责构筑国家级知识财产政策综合协调和知识财产管理体制；制定《韩国知识财产基本法》；总体规划和协调目前分别由多个政府机构负责制定的知识财产政策制定工作。这实际意味着韩国国家知识产权战略研究、制定工作的启动。

2009年7月29日，韩国公布了《知识产权强国实现战略》，剖析了韩国在知识产权体系方面存在的创造与应用不足、法律不完善、基础设施不健全三大缺陷，并分析了缺陷存在的原因和针对这些缺陷所应采取的政策实施方向及具体措施。包括：通过提供创业支持、建立知识产权金融体系、促进知识产权产业化等来促进知识产权创造与应用；通过改善司法机制、建立公正的交易市场、简化专利申请流程、加强知识产权保护等来健全知识产权司法系统；通过加强文化建设、建立信息化基础设施来完善知识产权基础设施。《知识产权强国实现战略》是对韩国国家层面知识产权战略进行部署的重大举措。

2011年4月29日，韩国国会全体会议通过《知识产权基本法》。该法规定了成立国家知识产权委员会、制定国家知识产权基本计划等推进知识产权工作、整备知识产权环境的多项措施，是韩国国家知识产权战略的基础和支柱。

一直以来，韩国没有负责知识产权的中长期政策、规划的综合性部门，知识产权工作根据知识产权的种类分散在不同的政府部门，比如专利厅负责产业财产权、文化体育观光部负责版权、农林水产食品部负责植物新品种保护等。针对这种过于分散的现象，韩国第十七届国会（2004～2008年）上，多个议员以强化国家层面的统一政策推进、成立跨部门机构等理由提出立法提案，但都没有得到通过。2008年，李明博就任总统，高度重视知识产权对经济发展的重要作用，2009年7月，总统咨询机构国家竞争力强化委员会提出制定国家知识产权基本法的设想。2010年8月，知识产权基本法政府方案提出，其间还有两位议员提出知识产权基本法议案。最终以政府方案为基础，统合了两个议员提案，制定了韩国知识产权基本法。

韩国《知识产权基本法》共5章40条，核心有三点。一是成立国家知识产权委员会，全面负责知识产权的调研、规划和推进工作；二是制定国家知识产权基本计划和施行计划，把知识产权工作落到实处；三是各政府部门和各地方政府指定知识产权政策负责人，把知识产权工作责任落实到人。此外，韩国《知识产权基本法》2011年5月19日正式发布，发布后两个月正式实施。

2. 致力于客户服务，力求实现客户满意

为提升机构形象，完善知识产权制度，2006年6月，韩国知识产权局设立用户支持局，负责以用户为导向的服务体系，以提升客户满意度。韩国知识产权局还积极提供针对中小企业的服务,如通过建立"中小企业专利管理支持小组",为缺乏足够资金和人力资源进行专利管理的中小企业提供"上门专利咨询服务",内容涵盖研发阶段的专利分析、国内外专利安全、仿造对策以及发明制度等;韩国知识产权局自 2006 年 6 月起,加强对卷入专利诉讼的中型企业的法律和专利服务支持力度,为其提供更加完善的专利和法律服务,并提高对中型企业专利诉讼资助的最高额。

3. 设立"外观设计地图"项目

为提升韩国在设计领域的竞争力,早在 2006 年,韩国知识产权局设立了"外观设计地图"(Design Map,DM)项目。DM 与 2000 年建立的专利地图(PM)具有相似的运作和功能:收集审查员在外观设计申请审查过程中引用的参考文献;收集韩国国内外注册外观设计的著录项目信息及其附图,建成设计数据库;对数据进行处理和分析后供公众使用;帮助用户了解相关趋势、类似点与争端。该项目设立时 DM 数据库收藏的外观设计量已近 580 万件。

DM 主要包括两个模块:项目趋势分析和产业趋势分析。该项目计划用 4 年的时间完成 326 个项目趋势分析,以及 13 个产业领域、73 个服务领域和 458 个一般设计领域的产业趋势分析。DM 的设立与运行对客户提高竞争力,了解设计、市场和特定领域产品的变化趋势,决定产品开发方向的基础数据源,以及对本国设计产业提升至发达国家水平发挥出重要作用。

4. 加强国内外知识产权合作

第一,与民间合作。2010 年,韩国首家知识产权管理公司以及创意资本公司"Intellectual Discovery"成立,宣布将由政府与民间合作,强力在市场搜集专利权,期待能在科技专利战中无往不利。公司期望通过购买专利和创意,以提高其附加价值,之后再租借或出售给有需求的企业,从而获取收益的资本。这也为韩国保护国内专利提供了便利。

第二,与地方政府合作。自 1995 年《地方政府法》实施以来,韩国各地方政府均致力于独立完善自身形象定位,提高地方品牌影响力,韩国知识产权局从 2002 年起实施"地方政府品牌支持项目",旨在通过知识财产创造刺激地方经济。项目的主要内容包括:韩国知识产权局就地方政府的商标/外观设计获权事务开展巡回宣传,介绍地方品牌在地区化/全球化时代的重要性;有关地方政府商标/外观设计目前的申请/注册趋势现状和分析报告;介绍自 2005 年开始运行的地方展示集团标志系统(Local Display Group Mar King System)等。

第三,与重点创新单位合作。为提升专利审查质量,韩国知识产权局已与包括国防部发展部门在内的超过 30 个研究机构签署合作协议。2006 年 5 月与韩国最大的钢铁企业、全球十大钢铁企业之一的浦项制铁签署《创新合作协议》,向该企业提供专利信息服务和知识产权教育课程,同时该企业向知识产权局提供创新管理/领导能力方面的培训,并就创新管理领域的具体实践案例给予积极支持。

第四，与科研院校合作。为帮助地方学校提高知识产权管理能力，形成支持高等学校知识产权创造和利用的管理体系，韩国知识产权局自 2006 年初开始，向仁川大学、全南国立大学等高等学校派驻专利管理顾问，专利管理顾问与专利律师等知识产权领域的专家沟通，通过职务发明规章制度化、知识产权管理程序标准化和专利投资战略化等多种措施，实现院校知识产权价值的最大化，从而支持院校知识产权的创造和利用。目前，专利管理顾问已在院校技术转让工作中发挥重要作用。同时，韩国知识产权局计划向高等学校派驻更多的专利管理顾问以加强高等学校的技术开发和利用。

第五，与金融机构合作。2006 年 5 月 24 日，韩国知识产权局与韩国 Woori 银行、工业银行和 Shinhan 银行等银行以及 KIBO、KIST、KISTI、KTTC、KIPA、KDB 和 ETRI 等技术财务支持集团签订协议，向持有优秀专利但无融资能力的中小型企业提供资金支持，鼓励其实施专利，企业可通过专利质押或自身信用担保获得所需资金。韩国知识产权局的这一举措极大地引导并促进了中小企业进行技术融资。

第六，其他的国内合作。除上述合作以外，韩国知识产权局还积极拓展其他国内合作，在促进相关行业发展的同时，加速韩国知识产权局获取相关行业技术信息，提高相应专利的审查质量和审查效率，例如，韩国知识产权局与韩国卫生业发展协会和韩国汽车技术研究院等签署的合作协议。

第七，加强国际合作。韩国积极参与国际知识产权事务，1979 年加入《建立世界知识产权组织公约》，1980 年加入《保护工业产权巴黎公约》（以下简称《巴黎公约》），1984 年加入 PCT，1995 年加入 TRIPS。

2005 年 3 月 2 日，韩国知识产权局宣布与世界知识产权组织联合开发中小企业知识产权交互式多媒体教材，该教材包括 10 个单元，分别涉及专利、商业秘密、设计权利、版权、专利信息和电子商务等。这部教材由韩国发明促进协会的网络空间国际学会开发。2006 年 3 月，韩国知识产权局国际知识产权培训学院成为全球首个"世界知识产权组织指定培训机构"。此外，韩国知识产权局加强与美国、日本、欧洲、中国等国家或地区知识产权机构的合作，推进专利国际合作，扩大其影响。

（二）启示与借鉴

韩国的战略实施经验是具体、可资借鉴的，我们应吸收其养分服务于《国家知识产权战略纲要》实施。

一是结合产业实际需要及时调整知识产权战略侧重点。使之与产业政策和经济体制相匹配，成功实现了促进知识产权开发、保护和利用的战略目标，同时也促进了韩国产业结构调整。

二是韩国知识产权制度对经济发展的促进作用并不体现在制度本身，而是体现在制度推进环节，这个环节就是知识产权战略的全面实施。我国《国家知识产权战略纲要》已发布实施，我们的注意力应放在"如何实施知识产权战略"这一问题上，根本的出路是提高知识产权创造、运用、保护和管理的能力。

三是韩国知识产权战略实施加大对中小企业知识产权发展的扶持。虽然韩国发展曾一度牺牲中小企业，走的是"扶强"之路。但近年来其对中小企业知识产权发展给予了支持，其中包括减收专利费，促进专利技术市场化，加大法律援助力度等。中小企业知识产权发展应成为我国知识产权战略实施的一部分。

六、后发优势样本：印度特点与借鉴

印度自20世纪90年代初推行经济改革以来，以其后发优势迅速崛起，在经济增长上凸显出知识经济的贡献，促使印度不断运用知识产权制度的新策略。印度软件产业、国际服务外包以及生物医药产业获得长足发展，为印度赢得了"世界办公室"的美名。印度后来居上，我国应当认真研究，取其精华。

（一）特　　点

1. 完善知识产权体系

为吸引国外投资，刺激国内经济，印度政府制定了知识产权保护体系。自1995年加入世界贸易组织签订TRIPS后，对国内各种知识产权法律都进行了修订。目前，印度主要的知识产权法有：《专利法》《版权法》《商标法》《外观设计法》《书籍出版与登记法》《电子商务支持法》《商品地理标志（登记与保护）法》等；参加的国际条约包括《巴黎公约》《专利合作条约》《伯尔尼公约》和《国际版权公约》等。

印度的知识产权行政管理部门包括印度专利、设计及商标管理总局（以下简称"CGPDTM"），印度版权局及版权委员会，印度知识产权申诉委员会和印度警察局。CGPDTM下设专利局、专利信息系统、商标注册局、地理标志注册局和知识产权学院五个机构，主要负责专利、设计、商标及地理标志的申请、审查、核准等管理事务，向政府提交知识产权相关事务的政策建议，承担印度作为《巴黎公约》及PCT成员的联系协调工作。但是目前看来，CGPDTM面临着因缺乏人力资源而被自身文书工作压垮的困境，其改革与重组一直未能成功，截至2012年初，已经积压75000份待审核的专利申请。印度版权局及版权委员会是印度受理版权登记注册、发放版权证书等相关事务的主管机关。印度知识产权申诉委员会负责受理专利、商标、设计及商标等案件的申诉。印度警察局是印度知识产权保护执法的重要力量。

2. 修订知识产权法律

为履行TRIPS的相关内容，印度在2005年全面修改了其知识产权法，尤其是专利法。印度独立后第一部《专利法》成立于1970年，之后分别于1995年、2002年和2004年进行修订。在最新版本的《专利法》（2004年修订并于2005施行）中，废除了不允许诸如食品、药品等产品获得专利权的禁止条款；禁止对已有产品的"新用途"进行授权，意味着仅将已有产品用于新用途不能获得专利权；将专利权的生效日期改为公开日；提交微生物材料的条款经修改后与《布达佩斯条约》相一致；对专利审查流程进行了时间结构上的优化，提出实审请求的时间从申请日起48个月提前到36个月；提出分案申请的时限起算点从收到申请之日推迟到授权日；新颖性例外的宽限期从原来的6个月延长到12个月。

印度现行《商标法》是于2003年9月15日起施行的，增加了服务标志保护条款，引入授权许可协议无须备案原则，确立了驰名商标界定标准并重新定义了侵权范围。2010年印度政府修改2000年商标条例，8月10日，印度议会联邦院（上院）通过《商标修订法案2009》，这意味着印度政府加入《马德里议定书》的议会程序已全部完成。

2010年5月10日印度政府通过版权修正案。修正案重新界定了歌曲词作者、作曲家和电影及音乐剧制片人之间的权利，强制规定各方要平等分享所有的版权使用费；允许不经过作者同意，将任何版权材料转换成其他如盲文、视频和音频格式以供残疾人士使用；并提出彻底修改管辖版权协会创设的规定以及向电影或录音中包含的文学、戏剧、音乐和艺术作品授予许可的规定。

3. 知识产权促进及保护策略

2008年11月印度政府出台科学家创新收入提成法案，允许公共科学研究机构的科学家从他们的创新成果所得中获取一部分收入，即在抵扣专利保护与应用的相关费用后，科学家可以从其创造的知识产权收入中得到至少30%的份额。2011年政府启动"技术提炼与营销计划"（TREMAP），旨在对印度国民的创新能力予以表彰，并鼓励创新团体创造出更为实际且能满足工业和社会需求的创新。

2000年印度政府提出要成为"知识大国"和建立"知识社会"，2002年印度计划委员会提出未来印度的发展从货币资本驱动转向知识资本驱动，发展面向全球的服务性质经济。2005年3月，印度政府宣布成立一个由28名成员组成的总理科学顾问委员会，并授权委员会对与国家科技发展有关的任何议题，直接向总理提出建议。2005年5月，政府宣布成立一个国家知识委员会，成员来自印度知名高等学校和企业的代表，并任命一位著名企业家作为委员会的主席。2010年，印度政府提出"从世界办公室迈向创新型国家"的国家战略，总理辛格宣布2010~2020年为印度"创新的十年"，并推出"印度十年创新路线图"。为了服务印度企业转型升级，推动产业发展，在总理的亲自提议和推动下，2010年印度政府成立了国家创新委员会，以政府扶持的形式促进知识产权运用，并作为印度中央政府推行的"国家制造业竞争力计划"的一部分。

另外，为加大知识产权申请提交、审理及授权过程的透明度和效率，印度政府于2007年7月20日开通专利与商标电子申请系统。2007年12月18日，CGPDTM被世界知识产权组织认可为国际检索单位（ISA）和国际初审单位（IPEA），至此，印度企业可以向CGPDTM提交国际专利申请。为保护印度国内流传千年的地区疗法，2009年建立了一个有关各种疗法的数据库，其范围包括从各类瑜伽姿势到具有医疗作用的果汁等，目前已经得到解释范围多个专利核准机构的使用。

为了应对"专利蟑螂"，印度政府出台一系列防御性专利策略。从 2000 年开始，印度政府启动 TKDL 数据库（传统知识数字图书馆）项目的建设。首先，政府组织 1000 多名专家建立英语、日语、法语、德语、西班牙语 5 种语言的电子数据库，记载了包括印度现有技术，印度公开使用而未有文字记载的一些现有技术，以及可以提交专利申请的大量创新技术，并设置了强大的搜索引擎，供各国知识产权部门检索使用。其次，印度政府在国内组建了 400 余名专家组成的团队，负责"全球范围内侵犯印度技术的专利性审查"，即跟踪、监视全球范围内可能抄袭印度公知技术的专利申请，把检索、分析报告抢先发送给各国专利管理机关，帮助其驳回相关专利申请。最后，印度联邦最高法院对类似"专利海盗"行为的判决也明确宣告，印度政府有义务发现侵犯印度技术、威胁印度产业安全的专利并出面阻止或撤销其授权，或申请其无效。

（二）启示与借鉴

印度依据本国产业发展实际合理确定知识产权保护强度的做法，特别是利用知识产权规则全面保护本国传统知识和资源优势的经验，对我国有着一定的借鉴意义。

一是建立国家创新生态系统的战略，灵活运用知识产权制度。确立首先成为世界最大的技术制造、技术服务中心，然后才成为专利保护中心。建立高效务实的科研组织机构，建立强大的高等教育研究体系，建设国家知识网络等创新基础设施。加大投入和税收减让，促进知识应用和转化，政府直接参与知识产权交易，将先进的专利权买进以供国内企业使用。

二是合理设定知识产权保护范围，旗帜鲜明保护本国优势产业。①专利法制定了一个范围非常广泛的排除专利保护的清单，2005 年印度新修改的《专利法》才增加了包括保护医药产品专利在内的新条款。②印度《专利法》规定了世界上最宽泛的强制许可的范围，促进专利应用。印度成功地运用专利制度培育了国际领先的本土医药和软件产业，极大地降低了本土产业被外国知识产权人打击的概率。

三是保护本国传统知识和资源，积极参与国内外的知识产权维权。①建立对传统知识进行保护的防御性公开数据库，阻击外国企业申请与印度民间传统技术相冲突的专利。②组建全球专利预审团，负责全球范围内侵犯印度技术的专利性审查。③开展大规模分析草药的活性组分研究，在全球范围内积极抢注草药核心专利。④在国内外主导一些针对国外企业的知识产权法律诉讼，重点对欧美专利提出挑战。

第二节　国外知识产权行政管理最新发展趋势

从上述各发达国家和新兴经济体国家发展动态来看，国际知识产权行政管理呈现出新的发展趋势：一是重视国家利益，加强战略部署，通过制定实施国家知识产权战略，维护国家利益；二是注重根据本国的经济社会发展需求和企业特点制定和调整相关法律，针对本国的强势领域加强知识产权保护，同时不急于对弱势领域给予知识产权保护；三是重视服务企业，建立完善的知识产权社会服务体系，注重服务企业和产业发展；四是积极调整，构建综合性管理体制，向承担更多的政治、经济发展职责转变；五是强力营造知识产权舆论氛围，激发民众的热情。

一、注重知识产权宏观管理

（一）加强知识产权战略管理

根据上一节各国推进知识产权战略的经验，在推进知识产权战略实施方面，主要可以分为以下几种类型。

1. 全面规划，重视创新战略

美国将知识产权战略视为整合现有国家资源的成本最低和效率最高的方式，认为其不仅能够加强对知识产权的保护，更能够增加新的工作岗位，拓展新的经济增长点。美国专利商标局于 2003 年 2 月提出《21 世纪战略计划》，强调提高专利质量、协调美国专利法与其贸易伙伴专利法的必要性。《2009 年创新战略》强调，加大对基础性研究的投入和支持，培育竞争性市场；强调政府在推动创新中的作用。其最引人注目的两大特点在于，一是强调政府应该在科技创新中发挥积极作用；二是加大对重点技术领域，尤其是"绿色"技术和信息技术领域的政策倾斜和扶持力度。《2011 年创新战略》细化了《2009 年创新战略》的内容，进一步明确了以基础设施建设为塔基，以促进企业创新为塔身，以重点技术领域的突破为塔尖的金字塔形创新战略体系。而《2010～2015 年战略计划》使创新战略更具有可操作性。《2014～2018 年战略规划》致力于加强美国专利商标局自身实力、激励创新以及支撑经济增长。

2015 年 2 月，美日两国官员在日内瓦会见了世界知识产权组织总干事弗朗西斯·高锐，并通过向世界知识产权组织总部交付官方文书的方式加入工业品外观设计国际注册海牙体系。两国的加入扩大了工业品外观设计的地理保护范围，使《工业品外观设计国际注册海牙协定》（以下简称《海牙协定》）的缔约成员增至 64 个。

为顺应当前创新态势的新变化及应对新挑战，在《2009 年创新战略》和《2011 年创新战略》的基础上，2015 年 10 月，美国国家经济委员会和科技政策办公室联合发布了新版《2015 年创新战略》。新版战略紧密结合创新态势的新变化，进一步强调科技创新对于经济社会发展的重要推动作用，大力支持先进制造业复苏，促进国家优先领域的重大突破，最终目标在于依靠科技创新实现持续经济增长和繁荣。

《2015 年创新战略》的主要内容有：①更加重视营造创新生态，更加重视应对重大挑战。新版战略将政府对于创新的促进作用提高到前所未有的高度。政府更加重视营造创新生态，不仅重申联邦政府在投资创新基础要素方面的重要作用，而且还提出要刺激私营部门创新的动力、激励全民创新。新版战略提出要加大四个方面的投资力度，一是加强在基础研究领域的投资，二是加大和保持对高质量的科学、技术、工程和数学（STEM）教育的投入，三是投资建设 21 世纪先进的物质基础设施，四是投资发展下一代数字基础设施。强调联邦政府应着力解决阻碍创新的市场失灵问题，确保有利于研发和创新的框架条件。②首次提出发展"包容性创新经济"，将创新的参与者和受益者扩大到前所未有的范围。新版战略提出，要激励全民创新，使更多的美国人成为创新者。联邦政府将继续推动重大措施，使奖励措施成为各个部门的标准工具；同时不断探索新途径，通过支持创客、众筹和全民参与科学等措施充分发挥创新者的聪明才智，并鼓励更多学生参与科技工程和数学领域的学习和创业活动。此外，新版战略还支持区域创新生态系统的发展，明确要保障区域创新活动集聚所需的基本条件和"桥接式社会资本"，并加强知识和数据共享等；提出建设制造业创新网络和联邦实验室创新网络，凝聚各方力量参与创新。③首次提出政府服务创新，将政府自身的创新提高到前所未有的位置。新版战略首次将提供创新的政府服务与促进国家优先领域重大突破、创造高质量工作岗位和持续经济增长并列。通过人才、创新思维和技术手段的适当结合，提高政府绩效，并为私营部门营造更好的创新环境。创新战略还首次提出通过建设联邦实验室创新网络，促进联邦各部门的创新文化。④对新技术和新产业的支持力度提高到前所未有的水平，旨在抢占未来制高点。新版战略不仅继续支持 2011 年提出的先进制造、清洁能源、纳米技术、生物技术、空间技术、卫生保健相关技术和教育技术，而且进一步提出了建设由 45 家制造业创新研究所组成的制造业创新网络的目标，并强调了国家高度重视的一系列重大计划和 11 项战略目标。这些领域涉及国家纳米技术计划；材料基因组计划；国家机器人技术计划；大数据研发计划；融计算、网络和物质系统于一体的信息物理系统，如自动驾驶汽车、智能建筑等下一代智能系统；生物技术；先进能源研究计划局资助的具有变革意义的先进能源技术等。同时，新版战略更加重视应对重大挑战，表示要支持各部门的"大挑战"项目，利用科技创新解决国家和全球性问题；通过投资"精准医疗计划"认识疾病的复杂机理，寻找更有效的治疗办法；通过"脑计划"加快神经科学的新发展；建设智慧城市等。

美国创新战略升级对代表未来科技发展方向的先进制造、下一代智能系统、精准医疗、"脑计划"等重点领域作出重大部署，凸显了美国对有望成为未来产业并对经济社会产生重大影响的优先领域的高度重视，显示了美国抢占新一轮竞争制高点、依靠创新保持世界霸主地位及推动经济增长和繁荣的重大承诺和战略意图。

德国也非常重视创新。2013 年，德国政府将工业 4.0 实施架构纳入《德国 2020 高技术战略》，高技术战略的主要内容有：①高技术战略汇集了德国联邦政府各部门的研究和创新举措，确定了不同领域创新目标的优先顺序和新方式，如集群竞争、创新联盟等。②关注联邦政府忽略的创新政策问题，如资金问题及相关政策改善。③强调德国经济可持续发展的关键取决于生物技术与纳米技术、微电子与纳米电子、光学技术、计算机系统、材料与生产技术、服务研究、空间技术及信息与通信技术等领域的领先地位。关键技术发展的优势取决于其在商业应用上的成功转换，以及产品对人类健康和环境的安全性。因此，需要推动能够解决需求领域具体问题的关键技术。④加强创新教育。应当在高等学校和研究机构寻求创业精神和创业文化，通过合理建议和基金资助加强科学研究。把创业教育作为中小学校、职业学校和高等学校课程的组成部分。⑤不断提高中小企业的研发参与度和中级创新能力，形成商业与科学之间彼此可持续的中级商业网络。根据联合协议开放以市场为导向的技术创新，开展中小企业创新项目和中小企业持续创新的启动基金，同时加强竞争前研究和咨询与信息服务。⑥必须为具有国际竞争力的风险投资和公平的资本市场创造条件。联邦政府支持高等学校、非高等学校研究机构和企业之间的交流，进一步推动知识和技术的转让，以期更快地把创新研究成果向市场、社会和终端用户转化。

2. 关注保护，推进知识产权国际战略

英国和新加坡分别于 2011 年和 2013 年发布了知识产权国际战略，其目的是进一步加强国家知识产权体系建设，推动经济增长。

2011 年《英国知识产权国际战略》提出了英国应对国际知识产权纠纷的整体方法。其首要目标是：建立一个被有效、广泛接受的国际知识产权体系，鼓励发明与创新，同时使经济和社会从知识与思想中获益。在此宗旨下，着力于实现以下三个主要目标：①构建完善的国际性框架。包括：提高 PCT 的接受率；在多边经济论坛中强调知识产权，继续增强双边及多边影响力；努力推进欧盟专利统一性协议；支持研发合作，特别是私人与公共部门间的合作。②建立良好的国家制度。包括：强化与关键经济体之间的关系；发展具体的一揽子计划及针对关键市场的具体国家计划；与战略伙伴合作推动更加有效和持续的知识产权执法；对知识产权密集型的中小企业提供帮助；构建一个能够使知识更加广泛地被应用的国际知识产权框架；向海外运营企业提供实际支持。③促进经济和科技发展。包括：单独制定知识产权政策及其实施方式；适当地、在可利用的资源范围内提供技术支持；提供一个平衡的知识产权体制以作为气候变化技术向其他技术转移的前期准备。

2013 年 4 月 1 日，新加坡公布了其未来十年的知识产权总体规划，目标是使新加坡成为亚洲的全球知识产权中心。该规划确定了三项战略目标，分别为使新加坡成为知识产权交易和管理中心、优质知识产权申请中心和知识产权纠纷解决中心。①建立知识产权交易和管理中心。新加坡将通过吸引知名知识产权中介机构等，促进知识产权市场的形成；通过增加知识产权融资渠道和增强知识产权交易的透明度和可靠性，促进知识产权交易。具体执行措施有：联合成立规划办公室；引入一套知识产权融资方案；建立全新的知识产权评估中心；鼓励上市公司公开其拥有的知识产权。②建立优质知识产权申请中心。新加坡将通过提供世界一流服务、加强与其他国家知识产权局的国际合作，建立强有力的价值主张以吸引知识产权申请。具体执行措施有：投资 5000 万美元用以增强其科技领域的专利检索和审查能力；与其他国家知识产权局建立强有力的合作关系。③建立知识产权纠纷解决中心。新加坡将通过建立可靠的知识产权法庭以及深入采用知识产权非诉讼解决方式，将新加坡打造为解决知识产权纠纷的选择地之一。另外，该规划还制定出两项助推措施，分别是培养拥有专业技能的人力资源和为知识产权活动营造有益环境。该规划围绕以上五项内容亦制定了若干关键战略以及具体执行措施。

3. 突出管控，分步骤实施贴近自身情况的知识产权战略

确定年度知识产权工作重点，加快推进专利制度建设和知识产权战略实施，是日本、欧盟的主要特色。

日本自 2002 年提出"知识产权立国"，并制定《知识产权战略大纲》和《知识产权基本法》以来，每年都制定了《知识产权推进计划》，确定每年的知识产权工作重点，大力推动日本知识产权事业的快速发展，有力地促进了日本从"技术立国"到"知识产权立国"的战略转移。

与日本全面推进知识产权战略相比，欧盟年度知识产权推进计划更侧重欧盟单一专利制度建设和知识产权执法保护。

2014 年 1 月，欧盟委员会将监督加快实施欧盟单一专利制度和推进版权改革列入 2014 年知识产权工作重点，而实施欧盟单一专利制度的关键在于统一欧盟单一专利制度相关费用收取标准。据欧盟委员会估测，随着单一专利制度的引入，在过渡期内，1 件专利若在欧盟 27 国生效，其费用将从以往的 32000 欧元锐降至 6500 欧元，节省近 80% 的费用。

（二）加强宏观政策管理

提升专利质量和促进专利应用，是美国、欧洲、日本、韩国等国家和地区的政策重点和中心，发达国家强调提升专利质量，推动研发机构的专利应用、重要产业的专利应用和小企业的专利应用，而韩国、印度等新兴经济体更注重全面推进知识产权的产业化。

1. 全面制定知识产权新政策，提升国家创造力

2015 年 1 月，印度公布了由印度知识产权专家组成的智囊团制定的国家知识产权政策草案，这份 30 页的政策草案规定了策略的愿景、使命和目标，不仅提供了更宽广的视野，还提出了许多可采取的具体措施。政策草案充分反映出印度调整知识产权体制以适应其国内需求的这一大方针，显示出印度的知识产权保护将发生重大变革，如努力实现强有力的知识产权执法等目标。该政策的主要内容有：①强调知识产权政策的宗旨和目标。该草案指出，一个包罗万象的知识产权政策将有利于整体良好的生态系统的发展，以发挥知识产权的全部潜力，促进印度的经济发展和社会文化发展。这样的政策将有利于培育知识产权文化，解决知识产权体制中包括法律、行政、执法基础设施、人力资源、制度支持系统以及国际层面等在内的所有方面的问题。②列举出了将开展的实质性项目。包括：在不同部门开展全面的知识产权审计或者基线调查以评估实力和潜力领域，确定发明者和创造者的目标群体，为

他们制定计划；将采取措施促进在国家研究实验室、高等学校等机构的知识产权产出；知识产权将成为政府资助的研究和发展的一项关键绩效指标；建立知识产权促进中心，创建鼓励大型企业参与其中的行业—学术互动活动；通过一部有关实用新型专利的新法；制定首次专利费减免规定以及以其他方式降低成本，提供税收激励措施；促进地理标志和其他知识产权的注册，创建保护传统知识的专门体制。此外，该政策草案列举了许多改革和改善法律、司法框架、行政行为以及提高知识产权商业化的措施。

印度的这份政策草案显示出印度的知识产权正不断发展，同时，为其他发展中国家展示了能够确保知识产权体制以最有利于本国的方式存在的模式。印度知识产权政策于 2016 年 5 月 15 日正式通过。

2. 注重加强审查管理，促进专利质量提升

美国专利商标局拟制定新的专利质量项目，将提升专利审查质量，尤其是授权专利质量确定为 2015 年的重点工作，旨在优化客户服务和衡量专利质量。

美国专利商标局相关人士一直在关注专利质量问题。作为提升专利质量工作的一部分内容，美国专利商标局将征求审查员的意见，同时兼顾不断增加的案件受理量，评估专利审查员的工作以及对新员工进行培训。美国专利商标局已于 2015 年 3 月召开了为期两天的专利质量峰会。

此外，美国专利商标局设置一个副局长职位专门对专利质量进行监督。自从美国国会在 2011 年通过《美国发明法案》后，美国专利商标局有了更为便利的条件应对长期存在的对专利质量的批评。该法案赋予了美国专利商标局设置用户费用标准、保留运作储备金等权利，使美国专利商标局能够对自己的预算拥有更大的自主权。长期以来，由于政策的不确定性以及有限的财政资源，美国专利商标局不得不以极少的资源完成既定任务，新法案颁布后这一状况得到极大改观。

3. 全面推进知识产权产业化，提升专利运用能力和水平

近年来，新兴经济体采取多项举措来促进知识产权的产业化，以求创造更大的市场价值。一是为技术转让和实施提供资金支持。韩国将技术转让和实施的预算占研发总额的比例，在 2013 年提高到了 3%。同时，对绿色、新增长动力的知识产权，在新技术产业化、走向市场之前提供小型项目约 7.5 亿韩元、大中型项目约 25 亿～100 亿韩元的资金支持。二是强制推行专利的实施应用，充分挖掘知识产权的市场价值。韩国规定对授权后 3 年内闲置的国家所有专利，任何人可以免费使用 1 年，之后 3 年享受 50% 专利许可费的优惠，韩国知识产权局为此专门建立了方便国家所有专利交易的在线交易系统。而印度则要求专利权人以及被许可人须在 2010 年 3 月 31 日之前向 CGPDTM 提供其专利发明在印度的应用情况，否则将面临 100 万印度卢比（约合 2.2 万美元）的罚金以及专利强制许可令。2012 年 3 月，CGPDTM 颁布了印度首个药品强制许可——允许本国仿制药厂商 Natco 生产索拉非尼（拜耳公司拥有专利权的一种抗癌药物）。

4. 提升科研机构专利运用能力和水平，促进专利的转化应用

科研机构是专利创造的重要力量，但其在专利应用上却存在明显不足。近年来，美国、韩国等国在促进科研机构的专利应用上推出一系列新政，令人瞩目。

（1）设立促进科研机构专利转化的新机构。美国于 2011 年 10 月新设了美国国立卫生研究院（NIH）国家促进转化科学中心，旨在协助生物制药企业分析阻碍发展的原因，提供科学解决方案，进而帮助其缩短药品研制和发展诊断方法的时间并降低成本。

（2）为科研机构专利转化提供资金支持。2011 年，美国还先后推出了高等学校科研成果商业转化奖和发展以将实验室创新成果转向市场为重点的高等学校捐款行动。高等学校科研成果商业转化奖由 Coulter 基金会和国家科学基金会（NSF）与美国科学发展协会（AAAS）联合设立，旨在激励高等学校科研成果商业化。发展以将实验室创新成果转向市场为重点的高等学校捐款行动，由 Coulter 基金会与约翰斯·霍普金斯大学、路易斯维尔大学、密苏里州大学和匹兹堡大学 4 所高等学校合作开展项目。参与该项目的每个院校将筹集 2000 万美元的捐助资金，鼓励生物医学工程师与临床医生间的合作，以此研制改善患者治疗和人类健康的新技术。转化研究将促使处于大学院校实验室里的新创意和新发现，转化为可直接增进人类健康的新产品和服务。

（3）推进产学研一体化。2011 年，美国推出了高等学校校长承诺商业化行动。在与美国政府的合作下，美国大学联合会、美国公立和赠地大学联盟和来自美国全国的 135 位大学校长承诺将与企业、发明人和相关机构展开更密切的合作，从而支持企业创新、促使知识产权产品市场化和推动经济发展。韩国则一方面通过立法明确科研机构的专利归属，另一方面通过设立专利技术产业化基金、提供专利技术融资贷款、政府优先采购等推进产学研一体化。

（4）开展科研机构专利转让试点项目。韩国推行高等学校和公共研究机构的专利捆绑销售计划。该专利组合转让项目旨在通过捆绑销售高等学校和公共研究机构所持有的单件专利，达到分享公共组织技术并向有需求的公司进行技术转让的目的。2012 年，此项目成功完成了价值 37.7 亿韩元（约合 2100 万元人民币）对公司的技术转让。

5. 推动重要产业的专利转化应用，加快产业发展

美国、日本、韩国等国出台了一些新兴产业的专利应用新政，通过推动新兴产业的专利转化应用，加快产业发展。

（1）推进生物医药产业的专利应用，谋求新兴产业的竞争优势。日本于 2010 年设立了专用于生化医药的知识财产基金，日本政府和著名企业在 3 年内总投资额达 10 亿日元（约合 7923 万元人民币）。该基金为日本首家旨在应用知识财产的基金，将向医药厂商提供授权专利，以充分应用高质量却未获利用的日本科研成果，提高日本生物产业和尖端医疗技术的竞争力。该基金主要收购高等学校和研究机构

处于休眠状态的癌症、痴呆症、胚胎干细胞等 4 个技术领域的相关专利，汇集其信息、内容，再有偿提供于需要相关专利的医药厂商和风险企业。美国于 2012 年 1 月制定了一份生物经济蓝图，详细规划了政府在利用生物研究创新方面的举措，以应对国家在健康、食品、能源和环境方面所面临的挑战。该蓝图除加大战略研发投资以促进创新外，特别强调加速产品商业化和开辟新市场。

（2）分区域推进特色产业的专利应用，提升各地区的知识产权竞争力。2010年，韩国选定 5 个市级行政区为"知识产权市"，被选定的行政区可以获得为期 3 年的专项资金。被选定的行政区将通过颁布有关促进知识产权发展的法令、为战略性产业提供专利信息、鼓励技术转化等，发展当地品牌，提升知识产权竞争力。被选定为"知识产权市"的 5 个市级行政区分别为原州市、堤川市、安东市、釜山市的南区和大邱市的达西区。各行政区的知识产权发展重心各有不同，其中，原州市计划创建医药设备高技术方面的全球品牌，堤川市将致力于医药生物技术发展，安东市将努力依托知识产权推动传统文化资源与当地特色产业的商业转化。

6. 出台专利应用资金支持政策，促进小企业专利转化应用

近年来，美国、韩国推出了小企业专利应用的资金支持政策，旨在促进小企业专利转化应用。

2011 年，美国国立卫生研究院技术转让办公室制定了面向新兴企业的许可协议。新兴企业可获取由国家卫生研究所和药物管理局内部研究人员研制的处于早期的生物医学发明。有资格使用该"新兴企业评估许可协议"和"新兴企业商业许可协议"的企业应满足两个条件：成立时间不超过 5 年和雇员人数不超过 50 人。上述协议允许新兴企业利用未投入使用的创新，并可以获取额外投资用以将上述发明转化为药物、疫苗、治疗设备。

韩国则是提供专利技术融资贷款，帮助中小企业实现技术产业化。贷款一方面用于制造专利样品支出，另一方面用于专利评估支出。

7. 实现税收优惠政策

2010 年 6 月，新加坡出台一项新的税收激励计划以鼓励公司进行设计创新。"设计投资生产力及创新优惠计划"是预算中"生产力及创新惠计划"的一部分，该预算对创新价值链，包括对设计中大部分活动的投资提供重大的课税减免。这一计划将由新加坡设计理事会执行。"设计投资生产力和创新荣誉"的存续时间为 5 年，从课税年 2011 年到 2015 年。

（三）完善专利立法

为了加强专利保护，促进专利的有效应用，提升本国或本地区的竞争力，美国、欧洲、韩国等国家或地区或是对专利法进行全面修订，或是制定新的专利法令。

1. 全面修订专利法，加强专利应用与保护

（1）美国全面修订专利法

2011 年 9 月 16 日，美国通过了全面修订的《美国发明法案》。2013 年 3 月 16

日，该法案全面实施。《美国发明法案》共 37 条，对美国专利法进行了大幅修改，总计修改法条 74 条，其中 4 条被废止，18 条被重新撰写，新增条款 17 条。其主要改革内容包括：①确立"发明人先申请"制。②赋予美国专利商标局更大的财政自主权。美国专利商标局不仅可以就新增优先审查程序收费，法案还明确规定专利费用调涨 15%。该法案同时废止了原有的转移费用制度。该法案通过废止费用转移制度、增加美国专利商标局资金来源扩大了该局在财政方面的自主权。此外，该法案还调整了有关现有技术、先用权、最佳实施例等专利审查实践的制度，增加了优先审查制度和微小实体的扶持政策，增加了有关虚拟标识的规则、设立美国专利商标局卫星局以及囊括商业方法专利的过渡程序和派生诉讼的规定。

这是近 60 年来美国专利法修改力量最大、修改内容最多的一次修订，给美国专利制度带来了深远影响。奥巴马签署《美国发明法案》时表示，该法案的通过将加快专利成果转化进程，有助于发明者和企业家更快投入新的发明创造。

（2）俄罗斯大幅修改知识产权法

2014 年 3 月 12 日，俄罗斯通过了"关于联邦法律《俄罗斯联邦民法典》第 1 章、第 2 章和第 4 章及其他法律行为的修订"，修订于 2014 年 10 月 1 日起生效（部分条文于 2015 年 1 月 1 日起生效）。《俄罗斯联邦民法典》第四部分的修正案给俄罗斯联邦知识产权立法中的各个领域都带来了实质性的变化。其主要内容有：①确立发明与实用新型的保护标准。修正案对实用新型不受保护的对象进行了非穷尽式列举。同时，明确了发明的新颖性标准。②确立外观设计的保护标准。修改了外观设计的定义，明确了申请外观设计的对象和外观设计的显著性。③引入从属发明、实用新型和外观设计新概念。④确立了发明专利、实用新型和外观设计申请之间的可转化。⑤修改了许可与转让合同的登记程序。⑥确立了惩罚性的侵权赔偿责任。修正案规定，专利侵权中的赔偿金额可按法定赔偿 1 万 ~ 500 万卢布或是发明、实用新型或工业设计许可使用费的 2 倍来确定。

2. 推进单一专利制度，增强全球竞争力

2013 年 1 月 20 日，欧盟单一专利保护和专利文本翻译的条令正式生效，这标志着欧盟专利制度一体化取得了重大进展。

2013 年 4 月 16 日，欧洲法院就欧盟理事会启动"强化合作程序"是否与欧盟现行法律相抵触作出裁决，认为在多次促使欧盟 27 国就推进欧盟单一专利制度达成相关协议未果的情况下，欧盟理事会批准在欧盟 25 国范围内启动"强化合作程序"的做法"可以接受"。这是欧盟在推进单一专利制度立法进程方面取得的重大进展，从根本上消除了创建单一专利制度和统一专利法院是否违背欧盟现行法律的顾虑。这有利于激励和推进科技创新，增强欧洲企业的全球竞争力。

3. 制定实施高标准的法律制度，加强外观设计专利保护

韩国是世界上的外观设计申请大国，公共外观设计权、外观设计权管理以及外观设计权保护战略等是韩国企业关注的焦点。为更好地适应这种发展趋势，满足外

观设计申请人的需求，韩国于 2010 年 1 月 1 日修订了《外观设计法实施细则》，其主要内容有：①允许提交三维图像申请、放宽提交图片的限制和扩大非实审制以及可合案申请的产品范围；②扩大了非实审制的外观设计产品范围，将袜子、手套、鞋子、教学用具以及办公用品等亦纳入非实审制产品范围；③可合案申请的成套产品范围由此前的 31 种扩至包括固定式厨房用品以及室内用品在内的 86 种。这使韩国成为全球首个受理三维图像外观设计申请的国家。

2012 年 6 月，韩国加入了《海牙协定》以及洛迦诺分类体系，引入外观设计国际申请以及国际注册体系等全球化外观设计保护标准，扩展了外观设计权保护范围，将外观设计权保护期限由目前的自注册日起 15 年改为自申请日起 20 年，将多重外观设计申请的数量限制由目前的 20 项增至 100 项，使其外观设计权保护制度进一步与国际接轨，进一步提升其外观设计大国形象，使国内外申请人享受到更为便利的程序。

4. 完善专利异议制度，提升专利质量

2014 年 5 月 14 日，日本公布了包括《日本特许法》（特指发明专利）在内的有关知识产权法的修订内容，修订后的各项法律将于公布之日（2014 年 5 月 14 日）起 1 年内政令规定之日起施行，其中，《意匠法》（特指外观设计专利）将于日本加入《海牙协定》后，在日本生效之日起施行。这次修法的重点是专利异议制度，目的是进一步提升专利授权质量。

专利异议制度与专利无效审判制度以及公众意见提交制度并列，是日本专利行政机关提供给第三者参与专利有效性判断的制度之一。该制度的目的并不在于解决具体权利纠纷，而是为了便于日本特许厅接到专利异议后，通过再次审理专利授权是否适当，修正所存在的瑕疵。

这次修订的主要内容有：①专利异议的时效为从专利授权公报发行之日起 6 个月内。②专利异议的范围涉及对于如新颖性、创造性、权利要求不清楚、修改超范围等有关公共利益的瑕疵。③专利异议采用书面审理。④专利异议的费用为 1.65 万日元（约合人民币 1000 元）。这与专利权无效请求相比，减轻了请求人的经济负担。此外，专利异议的提出，不具有一事不再理效力。日本特许厅在审理专利异议期间，以及发明人不服专利权被无效而进行诉讼期间，不能申请订正审判（修改权利保护范围的审判制度）。

5. 调整职务发明专利归属，加强企业利益保护

日本特许厅 2014 年 10 月召开讨论企业员工职务发明专利权归属问题的专家会议，提出了《日本特许法》修正草案。草案调整了现行制度中专利权为"员工所有"的规定，让从申请之初即为"企业所有"成为可能。同时还规定企业有义务制定劳资双方都能接受的内部奖励规定。2015 年 7 月 3 日，日本参院全体会议通过了新《日本特许法》，允许员工在工作中发明的专利归企业所有。新法在公布后 1 年内生效。今后，若企业依据就业规章等告知员工，那么专利从最初就属于企业。法

律还规定发明该专利的员工"拥有获得相当金钱或其他经济利益的权利",要求企业完善回馈员工的机制。

二、推进知识产权制度创新

（一）应对专利运营公司对创新带来的挑战

专利运营公司本身不制造产品,而是通过收购专利并以此向其他公司提起诉讼为生。尽管专利运营公司所持有的专利可能很薄弱,但其依旧可以通过说服被告接受和解来获利。而对被告来说,和解的方式可以避免时间、费用的消耗以及败诉的风险。2015 年初,美国参众两院就改进美国专利制度、抑制无限制的专利滥诉,分别提交了一份法案。众议院的提案称为《专利改革创新法案》（Patent Reform Innovation Act）,❶ 着眼于改进专利诉讼程序本身。其立法动机在于过多的企业已经被迫在专利诉讼上花费大量资源而不是把这些资源用于创新,专利诉讼在现有的法律框架下被滥用。参议院的提案称为《加强专利法案》（Strong Patents Act）,❷ 着眼于提高授权专利质量。其立法动机在于消除专利滥诉不能以削弱对专利权人的保护为代价,而是应该通过强化专利审判与上诉委员会（PTAB）的作用,来挑战专利运营公司以薄弱专利提起滥诉的行为。

2015 年 6 月,美国众议院司法委员会以 24∶8 通过了讨论已久的《创新法案》

---

❶ 众议院《专利改革创新法案》重要条款:

众议院法案要求原告在最初的诉状中提供更多的细节。具体来说,诉状中需要说明如下事项:①每项声称被侵权的权利要求;②每条声称间接侵权（故意地诱使或帮助第三方侵权）的行为;③说明侵权一方的主要业务;④针对相同专利所提出的每条诉状。该法案亦要求法院判决由败诉方承担胜诉方的律师费,除非败诉方的行为合理正当。这种律师费承担义务转移的做法在美国诉讼中并不常见。因此,该法案的提出者相信支付被告律师费的风险会减少专利运营公司以薄弱专利提起滥诉的行为。

《专利改革创新法案》将证据公示程序（在该程序中当事人会被要求提供信息、文件、证明给对方）限制在法院解读专利权利要求之后。证据公示程序在美国诉讼中是花费最大的部分,通过将这一程序押后,将大大削弱专利运营公司用来逼迫被告接受早期和解协议的几率。《专利改革创新法案》亦对专利审判与上诉委员会的行政程序提出了一些建议。例如,要求专利审判与上诉委员会在确定专利有效性时考虑联邦地方法院作出的对权利要求的解释。最后,《专利改革创新法案》提出要允许法院在一定条件下中止对制造商产品的终端消费者的诉讼,该条件包括法院终局判决将对终端消费者产生约束作用。这一提议同样将显著限制专利运营公司在诉讼早期逼迫被告接受不平等的和解协议。

❷ 参议院《加强专利法案》重要条款:

参议院法案聚焦于:①改进在专利审判与上诉委员会请求宣告薄弱专利无效的程序;②增加行政程序用于破坏专利运营公司恶意发函索取和解费的战术。与众议院法案一致,该法案要求专利审判与上诉委员会在其复审程序中考虑联邦地方法院之前作出的对权利要求的解释。其不同之处在于,《加强专利法案》假定专利是有效的。因此,无效请求人需要在专利审判与上诉委员会程序中以清楚且有说服力的证据来证明专利无效。《加强专利法案》禁止专利审判与上诉委员会中参加作出允许复审请求决定的法官再参与对复审程序的实质性内容进行判断的工作。另外,《加强专利法案》将可以提起授权后复审程序的请求人资格限制为能证明有合理可能被控告侵权的个人和实体。

值得注意的是,《加强专利法案》将赋予联邦贸易委员会（FTC）对某些恶意律师函的执法权,这将是对专利运营公司最严厉的措施。例如,如果专利运营公司以不能实施权利或者无效的专利恶意发出律师函索取赔偿,那么联邦贸易委员会可以认定其有"失诚信或欺诈的行为"。在某些条件下,可对其采取民事处罚。

修正案，共有 19 个修正条款在司法委员会会议上被讨论，其中 5 个获得通过。与此同时，美国参议院司法委员会投票通过了旨在遏制专利投机公司的《保护美国人才和企业家法案》。该法案针对的是把侵权诉讼作为主要商业模式的专利投机公司。法案要求在专利侵权诉讼中，当法院认定一方当事人为无理行动时，法官应判定无理方支付另一方的律师费。法案还要求企业提交专利许可申请书来提供涉嫌侵权的细节，而不是模糊的诉求。该法案在一些专利侵权诉讼中也将推迟昂贵的举证过程，并会防止客户因使用涉嫌侵权的产品而被诉讼。一些技术团体支持该项专门针对专利投机公司的立法，但也有意见认为该法案将损害小专利持有者对侵权者提起诉讼的能力。美国消费电子协会在声明中称该法案关闭了专利投机公司以前使用的法律漏洞，即个人和公司没有发明或制造任何有用的东西，而是滥用专利制度来勒索美国创新者。代表高科技和制造企业的创新联盟执行董事 Brian Pomper 指出该法案还需要大量的工作，认为应当在不损害知识产权和削弱美国创新及创造就业能力的前提下来加强美国专利法保护力度。

（二）支持创新生态链形成

美国是当代创新体系构建最成功的国家。凭借其丰富的自然与社会资源，美国培育与吸纳了全球最多的创新人才，形成了创新产业的完整生态链。

这一链条可以被简单描述为：全社会激励创新者创立创新企业，吸引天使投资者的参与；当创新企业具备雏形、市场前景开始明晰时，风险投资机构进入，大企业觊觎收购，天使投资逐渐退出；新增的各种资源使得创新企业进一步做大，进入良性运行轨道；到资本市场上市，风险投资退出。

构建上述创新生态链的基础是相关的法律制度，这其中包括两个主要的组成部分，即对知识产权的有效保护以及对创新生态链的全方位支持。

单独的知识产权，其投资价值通常难以确定，而需要透过其指向的客观对象，如某一专门技术或某一符号所表征的商业内涵，看其拥有者和经营者所能够构建的投资价值。在创新成果的商业化过程中，逐步汇入了人（创新者、股东、管理层、员工）的因素，以及形形色色的各种物质和非物质因素，形成了各种复杂的受法律保护的权利义务关系，并以现代企业的形式表现出来，也就是投资者和资本市场直接关注的对象——公司。对于一家创新型企业来说，知识性质的权利已经超过了各种肉眼可辨的物质性质的权利（如厂房、设备等），成为最核心的企业资源。

创新公司的股权收购是各种形式的产权交易市场的重要组成部分，而证券交易市场，即资本市场，是其最高端的形式。资本市场是权利价值的标杆，它引领着整个创业发展过程的价值追求。这种金字塔顶的炫目效应，能够传递到整个塔身和塔基，为全社会的创新活动与投资活动提供指引。

美国的知识产权法律制度正是为产权交易市场的壮大提供了这样的支持。尽管法律对所有人一视同仁，但美国的法官从对科技创新的支持角度来说，相对而言更偏向于保护创新型的中小企业，对大企业侵犯中小企业知识产权的行为处罚更为严厉和苛刻。只有这样，大企业才有足够的动力不断地高价收购创新型的中小企业，为天使投资提供宽阔的退出通道，激励大批新的天使投资者产生，从而形成全社会科技创新的良性循环。

（三）投资与融资机制促进创新

近些年来，欧盟正越来越多地采取公共投入带动私人参与的方式来促进中小企业科技创新。欧盟在帮助支持科技创新中小企业融资方面已经形成了一整套行之有效的政策框架体系和实施办法。2012 年 6 月，欧盟委员会推出了鼓励和支持科技创新型中小企业发展的投资与融资机制。该机制采取的政策措施包括：

一是欧盟第七研发框架计划创建的工业企业研发创新风险分担基金，在 2013 年底前投入 60 亿欧元公共资金支持工业企业的研发创新活动，其中约有 1/5 的资金（12 亿欧元）用于支持科技创新型中小企业发展。

二是欧盟竞争力与创新框架计划的投资机制（风险投资、贷款贴息和贷款担保等）拿出 11 亿欧元公共资金，通过市场杠杆效应吸引私营金融机构和社会向创新型中小企业投资 300 亿欧元，可望使近 32 万家欧盟企业受益。

三是欧洲发展小额贷款基金针对个体提供小额贷款，贷款最高额度可达 25000 欧元，优先用于职业培训，以帮助已经失业或即将失业的个人重新进入就业市场。

四是欧洲投行加大对创新型中小企业的资金支持力度，主要集中于绿色经济、低碳经济和关键技术等新兴产业，预计有 12 万家中小企业从中受益。

五是欧盟委员会正在制定下一财政期（2014～2020 年）支持创新型中小企业发展的投资与融资新机制，公共财政投入资金将得到大幅增加。如新设立的中小企业竞争力（COSME）机制计划每年投入 14 亿欧元解决创新型中小企业之间的相互拖欠和风险入股，欧盟竞争力与创新框架计划将新创立一项支持创新型中小企业发展的投资与融资机制。

三、优化知识产权公共服务

（一）优化专利审查服务

为了提高专利审查的效率，提升专利审查质量，各国或地区纷纷推出了一系列改革专利审查制度的新政策。

1. 缩短审查周期，提高审查效率

（1）缩短审查周期。美国《2011 年创新战略》强调，要改革专利审批制度，提高审批效率，将平均审批时间从目前的 35 个月缩短到 20 个月。日本则计划将专利审查时间从目前平均近 2 年半减少至约 14 个月，这是世界最短的审查期限。日本希望建立世界上最快和最好的专利审查制度。据日本特许厅称，日本 2012 年平均专利审查期限是 29.6 个月，比美国（31.7 个月）和欧盟（36.2 个月）时间短。但比

2011 年的韩国（22.8 个月）和中国（22.9 个月）时间长。2011 年，英国将审查周期超过 42 个月的案件都处理完毕，并且完成了 90% 的案件在 4 个月内作出检索报告的目标。而且，基于用户对可靠的检索和审查报告的需求，英国知识产权局致力于保障高质量授权，所审理案件的质量保障率达到 96%，超越了其制定的质量保障率 95% 的目标。韩国专利和实用新型申请"一通"平均周期从 2010 年的 18.5 个月缩短为 2012 年的 14.8 个月，商标及外观设计"一通"周期从 2010 年的 10.6 个月分别加快到 2012 年的 8.9 个月和 8.8 个月。专利和实用新型的总审查周期平均为21.6 个月，外观设计为 10.5 个月，商标为 13.5 个月。新加坡修订后的专利审查指南将与积极评价体系同时实施。在新体系下，如果专利申请符合要求，申请人将在12 个月内获得授权，大大短于之前 3 ~ 4 年的审查周期。

（2）完善"专利审查高速路"。日本已与美国、中国、德国、哥伦比亚等 29 个国家建立了上述通道，未来还将与巴西等经济高速增长的国家建立快速审批通道。英国也在改进/简化当前知识产权局之间的双边协议，希望以在各国专利局间寻求更多合作为目标，减少重复率和工作积压，提高一致性与质量。韩国则持续加强与其他国家/地区的专利机构之间的双边合作。其"专利审查高速路"合作国家从 2008年的 2 个增加到目前的 14 个，包括日本、美国、丹麦、英国、加拿大、俄罗斯、芬兰、德国、西班牙、中国、墨西哥、匈牙利、新加坡、奥地利；PCT –"专利审查高速路"合作国家从 2011 年的 1 个增加到目前的 3 个，包括美国、中国、日本。2014 年 2 月，韩国与阿联酋签署了知识产权合作谅解备忘录，由韩国为阿联酋提供专利审查服务。2014 年 3 月 25 日至 4 月 4 日，韩国知识产权局知识产权研修院（IIPTI）为沙特阿拉伯专利审查员开设培训课程，讲解韩国知识产权体系和专利审查制度。新加坡已与美国、日本、中国、韩国、墨西哥签订了"专利审查高速路"合作协议，并建立了一个用于创新者进入东盟市场的专用专利工作交流平台——东盟专利审查合作机制（ASPEC）。通过这些举措，创新公司进入世界主要市场的时间有望节省约 50%，即从新加坡进入东盟各国的预计周转时间为 3 ~ 4 年（节省约 4年），进入日本、美国的预计周转时间为 2 ~ 3 年（节省约 2 年）。

（3）提供多样化审查服务。英国已为要求加快审理其案件的申请人开辟"绿色通道"，主要对"绿色"技术以及环保类技术开放此通道。英国引进的绿色技术快速追踪系统，已被包括美国、日本和韩国在内的很多国家所采用。韩国为申请人提供定制化审查服务，专利和实用新型的审查采用加快、普通及减慢三种程序并行的"三轨制"（three – track），商标和外观设计的审查则采用加快及普通两种程序供选择的"双轨制"（two – track）。新加坡自 2014 年 2 月 14 日起，将其专利审查体系逐步由当前的自我评估体系转为"积极审批体系"。"积极审批体系"的实施，要求一件在新加坡获得授权的专利将必须满足所有可专利性标准，该标准由一个新成立的隶属于新加坡知识产权局的专利检索审查机构制定。这将整体提高新加坡专利授权质量并使之更加接近欧洲、日本、美国等世界主要市场。

（4）简化专利申请流程。新加坡知识产权局将启用一个新的综合电子申报门户网站（IP2SG），以简化电子申请流程，并方便专利、商标、外观设计等知识产权信息的获取。同时，也可使申请人节约专利维护成本。IP2SG 将分阶段推出。在第一阶段中，与专利相关的功能已经生效。新加坡知识产权局已经采取措施制定文件和系统的备份模式，确保过渡期内该工作平台的平稳运行。

（5）实施专利共同审批。2015 年 8 月起，日本特许厅和美国专利商标局对在日美两国提出的专利申请开展共同审批合作，在世界范围内尚属首次。日本、美国两局将共享调查信息，互相参考判断结果，以大幅提高工作效率，加快审批过程。预计两国企业申请专利所需的时间也将缩短。由于两国的审批将同时结束，企业在两国同时推出新产品将变得更加容易。

2. 推行审查程序质量认证，提高审查质量

2014 年，欧洲专利局监管包括检索、审查、异议、审限和撤销等专利审批程序的"质量管理系统"获得国际质量标准 ISO 9001 的认证，由此成为美国、日本、欧洲、中国、韩国五局中首个就审批全流程获得此认证的单位。与此同时，新的管理系统亦安装到位，旨在加强对不合格产品的辨别、纠错和管理，以确保产品质量和流程得以不断改进。该系统由包括用户调查结果、内部审计和运作质量控制在内的一系列关键效能指数予以支撑，进而对审批程序进行全过程监督并设定合理的流程优先顺序。

3. 更新合作专利分类体系，提高工作效率

2015 年 10 月，欧洲专利局和美国专利商标局签署谅解备忘录，对专利分类体系（以下简称"CPC"）进行更新，并拓展专利分类体系方面的合作。CPC 是美国专利商标局和欧洲专利局合作开发的一套建立在国际知识产权分类体系项下的、国际兼容的分类体系，其可以让全球审查员和专利使用者搜索获取同一分类的专利文献集。CPC 将带来更高效的现有技术搜索，通过旨在减少不必要的重复劳动的工作共享行动来提高工作效率。自 2013 年 1 月 1 日该联合项目正式启动以来，已取得巨大的成功。这在保证持续高质量的专利系统方面具有里程碑意义。目前，全球包括中国和韩国在内的 19 个专利局已承诺运用 CPC。

4. 利用新的合作搜索试验项目，加快专利审查

2015 年 8 月 1 日，美国专利商标局和日本特许厅之间的合作检索试验项目（以下简称"CSP"）上线。2015 年 9 月 1 日，美国专利商标局和韩国知识产权局的 CSP 上线。这些免费的项目将会使专利申请者有机会在美国、日本和韩国加速相关专利申请的审查。与"专利审查高速路"不同的是，在另外一个知识产权局加快审查之前不要求已经获得其中一个知识产权局的授权。CSP 让美国、日本、韩国各自为其待决申请进行现有技术检索，并在将第一次审定书邮寄给申请者前告知申请者检索结果。CSP 的试点性质将有助于各局评估共享检索是否能改进审查程序或提供更一致的检索结果。另外，CSP 之下的美国专利申请将被授予特殊法律状态并被置放在

审查员的特别备审目录中，以此有效推动申请获得快速审查。

（二）强化专利信息服务

1. 提供外文检索服务，提高专利申请质量

欧盟于 2013 年 12 月底推行了惠及申请人和企业的"专利翻译"服务项目。该项目由欧洲专利局与互联网搜索引擎服务商 Google 公司合作，覆及《欧洲专利公约》38 个缔约国所使用的 28 种语言，以及中文、日语、韩语、俄语在内的 32 种语言，这即意味着可实现 31 种语言和与英文的互译，较预期完成时间提前 1 年。日本从 2015 年 1 月起将有关专利的中韩文献译成日文并提供搜索途径。韩国 2014 年已向 74 个国家的所有外国人和外国审查员提供英文摘要。通过这项服务检索英文摘要的数量 2012 年为 120 万，2013 年检索量截至 8 月底为 250 万。由于国外对韩国专利英文摘要的需求增加，为改善摘要译文质量，韩国知识产权局在 2013 年之前校对人员中英语母语的比例由 5% 增至 50%，并引入实名制以保证摘要质量，而且对摘要产生、翻译和校对的整个过程进行管理。韩国知识产权局还建立了计分制和导师制以更好地改善翻译。为更快提供英文摘要，韩国知识产权局在 2012 年底之前通过文件传送协议（FTP）向中国、俄罗斯和西班牙等 9 个国家和地区扩大其目前英文摘要的在线供给。2013 年开始，韩国知识产权局亦提供韩文摘要附图的英文翻译，以便读者理解韩国专利技术。

2. 推行科研成果开放获取计划，服务研究创新需要

近年来，欧盟和韩国推行了一系列科研成果开放获取计划，这将有利于研究人员和企业在公共资助研究成果的基础上展开深入研究，从而获得更多创新和更高回报。

（1）政府或政府与社会联合推出科研成果开放获取计划。2012 年 7 月，欧盟委员会和英国宣布了一系列便于用户开放获取科研成果的计划。从 2014 年开始，由"展望 2020"项目资助产生的所有科技文章均可以通过以下两种体系在线获取：①"金色"开放获取体系，即文章可立即访问，提供此服务的出版商将有权获取由欧盟委员会补偿的前期出版费用；②"绿色"获取体系，即研究人员需在其作品出版之后 6 个月内通过一个开放信息库公开其作品。此外，社会科学和人文科学类出版物应当在出版后的 12 个月内公开。

2013 年 4 月，韩国知识产权局与韩国企业联盟、韩国专利律师协会、三星电子公司、Kim & Chang 法律事务所、Lee & Ko 法律事务所、"第一特许法人"事务所、韩国志愿者中心和韩国志愿活动委员会签署了有关"知识产权专业知识共享工程"的工作协议。根据协议，韩国企业联盟将借助大型企业的退休专家将知识共享领域扩大到企业知识产权的管理咨询；韩国专利律师协会亦将为推广并支持此工程提供专业律师；三星电子公司将在其专利库中选取一些合适的专利向中小企业提供授权许可；就职于 Kim & Chang 法律事务所、Lee & Ko 法律事务所和"第一特许法人"事务所的知识产权领域律师和专家将对此项工程的受众遇到的任何困难提供帮助。

另外，韩国知识产权局还将援助弱势群体或小企业，助其成功创业并走上发展之路。

（2）研发机构推出的科研成果开放获取计划。2012 年 8 月，欧洲粒子物理研究所（CERN）推出"轻松获取知识产权"（Easy Access IP）计划，以免收许可费的形式向外界提供其部分专利技术。根据该计划，企业可通过与该所签署"排他性"或"非排他性"的免费许可协议，以获得对某项专利技术的使用（包括再许可）、制造、改进和开发权。被许可方应尽力实现对该项技术最大程度的开发和利用，并在协议签署后的 3 年内每年就技术使用状况和所产生的经济效益向欧洲粒子物理研究所提交书面报告。欧洲粒子物理研究所对协议所涉技术保留专利权、对其用途拥有话语权、无义务实施或维持与协议所涉技术相关的专利或专利申请。

3. 发布专利状况报告，服务企业和社会需要

（1）发布知识产权年度报告。2015 年 2 月 26 日，欧洲专利局在其官方网站上公布了 2014 年度报告。从申请提交数量（直接申请和 PCT 申请总和）上看，2014 年来自中国大陆的申请（共计 26472 件）占到欧洲专利局该年度申请总数（共计约 274000 件）约 9%，较上一年度有显著增长，在全部申请来源地国家和地区中名列第四。在各国家和地区的欧洲专利申请中，欧洲仍维持其优势地位。报告指出，为进一步满足企业对欧洲专利局公共服务供给的需求，欧洲专利局已经在一些关键领域启动了一项雄心勃勃的改革和现代化计划。这一计划包括与其成员国的合作、欧洲专利局的 IT 基础设施建设和人力资源政策。这些措施是实现成本控制并高效地提供高质量服务的关键。欧洲专利局日益完善的服务为欧洲经济的创新需求提供了最新的战略工具。2014 年，该计划取得的收益已经显著超过 2013 年度。

2015 年 4 月 30 日，德国专利商标局在其官网公布了 2014 年度报告。源自中国大陆的申请人的发明专利 2013 年在发明专利申请量来源国榜单中榜上无名，而 2014 年以 524 件的申请量获得第八位。源自中国大陆的实用新型（547 件）和外观设计（590 件）也分别在各自的榜单中名列第四位和第五位。此次年度报告中并未公布商标申请量来源国榜单。报告总体主要可划分为两大部分：针对各类工业知识产权的年度情况的介绍和针对德国专利商标局及其他相关信息的介绍。

2015 年 6 月，俄罗斯联邦知识产权局公布了 2014 年度报告。该报告从完善知识产权法律保护服务体系、联邦预算框架内研发成果法律保护和利用监管活动、国际交流与合作、自动化系统的升级和完善、专利文献收集的发展和维护以及信息服务提供、为提高知识产权领域专业技能展开的科学活动和培训六个方面对俄罗斯联邦知识产权局 2014 年的工作进行了全面回顾。

（2）发布知识产权产业报告。2013 年 10 月，欧盟内部市场协调局（OHIM）与欧洲专利局合作完成题为《知识产权密集型产业：促进欧洲经济表现及就业》的研究报告。这是首次在全欧盟范围内，从国内生产总值（GDP）、就业、工资及贸易等角度研究知识产权对欧洲经济的影响。报告主要结论包括：①2008～2010 年，欧盟约 40% 的 GDP（约每年 4.7 万亿欧元，折合人民币 39.5 万亿元）由知识产权密

集型产业产生，其中专利密集型产业贡献了 14%（约 1.7 万亿欧元，折合人民币 14.3 万亿元）；②2008～2010 年，知识产权密集型产业平均每年直接或间接提供约 7700 万个工作岗位，占总数的 35%，其中专利密集型产业创造了 3500 万个，占比为 16%；③知识产权密集型产业中的平均薪酬比其他产业高约 40%，欧洲进出口贸易额中的 90% 由知识产权密集型产业贡献。

2015 年，隶属于欧盟内部市场协调局的欧洲知识产权侵权观察站发布题为《欧洲知识产权和企业绩效：一份经济分析》的统计报告。该报告则侧重于展现拥有知识产权是否与企业的经济效能相关联。报告主要结论有：约 10% 的欧盟企业拥有知识产权，拥有知识产权的企业员工年均收益高出 28.6%，拥有知识产权的中小企业员工年均收益高出 31.7%，拥有知识产权的企业员工年均工资高出 19.8%，拥有知识产权的企业员工数量高出近 6 倍，拥有知识产权的企业平均企龄较高，制造业知识产权拥有量居各产业之首。欧洲知识产权侵权观察站在报告中表示，将把探索知识产权对中小企业和初创企业的影响、知识产权质量高低对提升企业业绩的影响作为未来的研究方向。

2015 年 7 月，欧盟内部市场协调局完成受托于欧洲知识产权侵权观察站的题为《服装、鞋类和饰品领域知识产权侵权造成的经济损失》的统计报告。数据显示，2007～2012 年，假冒服装、鞋类和饰品（如领带、围巾、腰带和手套）的生产和销售每年直接致使欧盟同类市场合法贸易损失逾 263 亿欧元（约合人民币 1765.19 亿元），其销售额占据了欧盟 28 国同类市场销售量的 9.7%。同时，损失的收入直接导致欧盟 36.3 万个就业岗位化为泡影。该报告将假冒产品对经济造成的影响，以及对合法的服装、鞋类和饰品贸易领域产生的收入降低和工作岗位流失等后果予以充分展现。统计结果不仅能帮助决策制定者更好地履行职责，亦能让消费者在购买商品时作出更明智的选择。

（3）发布小企业专利状况报告。2012 年 2 月，美国专利商标局按照《美国发明法案》要求，就《美国发明法案》第 31 条有关小企业专利的国际保护展开调查研究。《小企业专利国际保护报告》针对如何更好地帮助小企业在国外保护其专利，包括是否应该就专利申请、维持和执行费用以及相关技术支持建立贷款或授权项目以帮助小企业。该报告包括 10 项调查结果以及 4 项建议。同年 5 月，英国发布了《从想法到发展：帮助中小企业从知识产权中获益》报告。该报告列举了英国知识产权局帮助中小企业获取知识、技能、最大化知识产权财产以及制定有效的知识产权管理战略的若干计划。英国政府还于 2012 年发起名为"你的企业"的活动，其主要目的是鼓励民众创业及进一步发展壮大企业。

（4）发布专利法律专项报告。2012 年 2 月，美国专利商标局按照《美国发明法案》要求向国会提交两份知识产权法研究报告，就《美国发明法案》第 3 条关于工业化国家中先用权抗辩的范围展开调查研究。《先用权抗辩报告》由美国专利商标局与美国国务院、司法部和贸易代表合作完成，包括对工业国家中在先使用人权利的比较，先用权对创新、新建企业、小型企业、个体发明人以及高等学校的影响，对于将商业秘密列入专利法的法律和宪法问题分析，先申请制与先用权的关系分析。《先用权抗辩报告》包括 10 项具体的调查结果以及 5 项建议。

（5）发布专利申请宽限期和专利聚合趋势分析研究报告。2015 年 5 月，欧洲专利局经济和科学咨询委员会（ESAB）就 2014 年度确定的研究方向，即欧洲专利申请宽限期以及专利聚合（Patent Aggregators）趋势有可能产生的经济影响发布两份研究成果报告。报告列举了宽限期对欧洲创新有可能带来的益处，并认为引入宽限期存在增加授权专利的法律不确定性、使现有技术的确定甄别更加复杂烦琐以及增大非有意侵权的风险等潜在问题。报告同样列举了专利聚合所产生的积极影响。同时，专利聚合亦有可能形成市场垄断、许可费用升高以及专利组合中专利质量鱼龙混杂等不利问题。

（6）发布国际知识产权指数报告。美国商会全球知识产权中心 2014 年 1 月发布题为《描绘路线》的国际知识产权指数报告（第二版）。该报告基于指标得分对相关国家知识产权环境取得的进展和存在的不足进行分析，旨在成为国家政策制定者具有建设性意义的统计工具。与 2012 年公布的第一版相比，该版报告将关注的国家从 11 个增至 25 个，评价指标也增至 6 个项目下的 30 项。2014 年度，指标总分为 30 分，25 国的平均得分为 16.59 分，占总分的 55.3%。其中，美国得分为 28.52 分，居 25 国之首，但执法得分居英国、法国之后；中国的总体得分为 11.62 分，占总分的 38%，较 2012 年度的统计数据提高 1 个百分点，但总体知识产权环境仍面临挑战，尤其是在商业秘密保护和知识产权执法方面；印度得分为 6.95 分，仅占总分的 23%，总体知识产权环境得分最低，尤其是在专利、版权和国际条约相关领域。

4. 开放专利数据库，服务社会需要

韩国知识产权局创建了韩语与英语对照的标准化申请人名称数据库，开创了全球所有知识产权局构建该类型数据库的先河。自 2014 年 12 月 23 日起，公众可通过韩国知识产权局专利信息网络服务（KIPRISPLUS）进行免费访问。标准化申请人名称数据便于用户检索专利和其他知识产权，无论其持有者是个人还是公司。增强知识产权持有者信息的精确性，有利于技术交易并加强对持有者的权利保护。韩国知识产权局还将收集韩英对照标准化申请人名称的原始数据并允许公众进行处理，这将使得个人和企业能够开发出多种知识产权产品和服务。韩国知识产权局在建立标准化申请人名称数据库上迈出了探索的一步，并表示将尽最大努力推进专利信息自动化建设，积累能满足用户需求的专利信息数据。

2015 年 4 月 15 日，欧洲专利局宣布其 Global Dossier 服务已扩展至涵盖日本特许厅与韩国知识产权局的数据。此项目是由五大知识产权局（IP5，以下简称"五局"）——欧洲专利局、日本特许厅、韩国知识产权局、中国国家知识产权局以及美国专利商标局发起的。五局同意提供各个专利局在同族专利申请（向多个专利局提起的针对同一发明的专利申请）中所生成的信息。该项目目标是简化对于用户和公众两者均重要的信息的获取途径，并且提高专利系统的透明度。Global Dossier 在去年六月提供欧洲和中国的档案内容时首次启动，在 2015 年下半年增加了美国专利商标局的数据。

5. 推动自动化办公，提高服务效率

俄罗斯计划于 2020 年前在信息自动化方面完成如下三个主要目标：电子处理、电子交流以及开发支持决策生成的系统。其主要方式是逐渐减少纸质文件的数量，使得电子文档代替纸质文档成为常态。至 2014 年 12 月，电子文档已经广泛运用于发明和实用新型专利的审查以及授权、计算机程序注册、数据库和集成电路设计的审查、国际商标申请和注册。电子文档在其他领域的运用在 2014 年取得大幅进展，超过 90% 的文档已经实现电子化，审查部门超过 90% 的员工参与到文档的电子化工作中。关于发明和实用新型专利文档电子化进程的努力也在进行之中，俄罗斯联邦知识产权局推出了实现该工作的处理系统协助实施该项工作。

（三）为企业提供服务

1. 提供资金支持，提高企业创新能力

（1）创新投资融资机制。2014 年 4 月，新加坡政府推出了一项总值为 1 亿新元（约合 4.9 亿元人民币）的知识产权融资计划，以协助新加坡本地的企业通过所持有的知识产权来获得银行的融资。根据这项计划，新加坡知识产权局将委托当地的三家专业机构，为那些拥有知识产权的企业进行估值，而相关企业则可以知识产权为抵押，向参与该计划的三家当地银行申请企业贷款，用以扩展企业业务。而新加坡知识产权局将依据不同企业贷款的申请情况，承担部分违约风险。

2015 年 5 月，日本特许厅宣布将正式启动对中小企业拥有的知识产权进行评估，帮助其从金融机构获得融资的措施。该厅将委托调查公司制定评估报告并提交给地方银行等。此举除了帮助企业融资之外，也意在对缺乏评估专利技术人才的金融机构的审查能力进行补充。在 2014 年度的试验项目中，共向 22 家金融机构提交了评估报告，其中 2 家公司成功从日本商工中金银行获得了贷款。2015 年度面向全国金融机构征集相关项目，按先后顺序制定 150 个项目的评估报告。日本特许厅委托与作为事务局的三菱日联调查咨询公司（东京）签约的 8 家公司进行调查，每个项目 30 万日元（约合人民币 1.5 万元）的费用由日本特许厅承担。

（2）提供拨款、贷款、补偿金。2012 年 1 月，美国专利商标局联合美国小型企业管理局（SBA）向国会提交相关建议，作为《美国发明法案》的实施组成部分。该建议的主要内容是向小型企业提供联邦教育拨款和贷款，帮助其在海外申请专利和维权。这有助于小企业通过正常的支出在海外进行专利申请和维权，从而占据竞争优势。

2013 年 4 月 1 日，韩国开始实施"对提供工作发明补偿金的优秀企业认证制度"。该制度对于在政府支持项目中的公司参与行为提供激励机制，并对执行工作相关发明补偿金制度的中小型企业颁发证书。补偿金制度，即根据雇佣合同，通过对可获利的发明给予适当补偿金，公司可以拥有由其员工在工作中创造的专利。被认证为优秀企业的公司将获得一些激励，以表彰其参与由中小企业管理机构执行的中小企业创新技术发展项目、地区知识产权创新扶持项目以及由韩国知识产权局执行的专利技术战略性商品化扶持项目。

（3）减免专利费用。2011 年的《美国发明法案》规定"微实体"企业可以减免 75% 的专利费用。2013 年 2 月，英国签署一份欧盟协定。该协定的签署意味着企业只需花费 600 英镑便可在欧盟国家一次性注册创新成果，而不再需要像以往那样花费近 20000 英镑在每个欧盟国家逐一进行注册。这一新规则将使英国发明者和企业家为创新申请专利时节省数千英镑。2014 年 1 月，日本内阁会议决定，为促进中小企业、风险企业和个人的专利申请等创新活动，自 2014 年 4 月开始实施 2013 年秋季日本临时国会拟定的"《加强产业竞争力法案》中的'减免专利费用'条款"：中小企业、风险企业等申请日本专利，其"实审请求费"将从原 38 万日元减至约 13 万日元（约合 7670 元人民币），申请 PCT 的"检索和邮寄、初审手续费"则从原 11 万日元降至 3.5 万日元。之前，一件日本专利申请（含国内申请和 PCT 申请）的平均申请费用为 60 万日元。新费用制度下，该费用降至 21 万日元（约合 1.24 万元人民币）；对于日本国内申请，第一年至第十年专利年费亦将降到原费用的 1/3 左右。新费用制适用期至 2018 年 3 月。日本特许厅将是五局中专利收费最低的专利机构。2015 年 7 月生效的《专利法》将专利申请费下调 10%。

韩国也于 2012 年 7 月 1 日起降低 33 项使用电子文件进行在线专利请求的注册费用，包括优先权声明请求在内的各项费用降幅均超过 10%。除了纸件和电话通知，韩国知识产权局还将通过电子邮件和手机短信的方式告知申请人有关费用返还的情况。同年 8 月 2 日，韩国开始使用新的支付系统，该系统允许客户使用其信用卡积分支付所有专利费用。由韩国国民银行、三星以及韩国外换银行发行的信用卡有资格使用此项新业务。这些信用卡持卡人可以使用信用卡积分支付与专利申请审批相关的所有费用，包括申请费、审查请求费、注册费等。由于信用卡积分通常有固定的有效期，此系统通过允许使用积分的方式减轻了客户的经济负担，并提升了便利性。

2. 提供知识产权咨询服务，提高小企业知识产权管理能力

（1）成立知识产权服务中心。2014 年 4 月，新加坡正式成立了一个知识产权服务中心，为有意开发专利的企业提供商业与法律咨询。2015 年，新加坡通过新加坡知识产权局国际部拟为企业提供新模式专利服务，旨在提供一流的专利相关服务，例如现有技术检索和审查、专利愿景和分析、新兴市场的知识产权职业培训等，其重点关注亚洲范围。该机构可帮助客户通过在新加坡提交专利申请从而享受"专利审查高速路"和东盟专利审查合作等合作项目的便利。该机构的建立是为了使公司更易于得到知识产权服务，期望通过提供高质量的专利检索、审查和分析，使客户能够得到其所需的真实可靠信息以作出正确的市场决策，并对其知识产权管理战略的实施产生更多新思路。

（2）为中小企业提供一揽子服务。欧盟委员会采取多种政策措施帮助中小企业提高竞争力，包括进行人员培训、设立企业创新中心等，向中小企业以较低费用提供信息、咨询、政策指导、法律咨询等方面的服务。2012 年 4 月，英国知识产权局和英国公司管理署联手出台一系列企业帮扶举措，旨在向中小企业管理人员提供有关知识产权的管理和保护知识。同年，韩国知识产权局与韩国企业孵化协会（KOBIA）签署了一份工作协议。根据协议，韩国知识产权局和韩国企业孵化协会将在以下领域开展合作项目：在企业孵化项目中向公司提供知识产权培训、加强企业孵化管理者的知识产权能力、利用韩国知识产权局的专家资源开展知识产权和技术协商。合作项目的具体内容有：为企业孵化管理者开设知识产权课程、为参与企业孵化项目的公司提供知识产权培训机会、组织设立各技术领域的知识产权咨询委员会、在协会举办的各类活动中提供知识产权相关领域的支持、对企业孵化项目中的中小企业主动提供政策帮扶。

（3）为中小企业的技术转让提供咨询服务。为帮助中小型企业和个人发明人，2011 年，韩国知识产权局启动了综合性咨询服务项目，旨在调查中小型企业的专利需求，为其寻找与其业务相匹配的专利。此外，该项目亦提供价格谈判、合同签订以及专利转化策略方面的服务。

（4）鼓励中小企业参与知识产权管理计划。自 2007 年以来，新加坡知识产权局推出了"知识产权管理计划"，积极鼓励中小企业参与其中。新加坡的中小企业管理知识产权的出发点主要是将营业额提高，它们所展开的知识产权管理项目有七成同建立及加强品牌有关，25% 为特许经营项目。

3. 确立知识产权商业化服务标准，提升知识产权服务质量

2013 年 3 月，英国标准协会发布 BS 8538：2011 知识产权商业化服务标准，旨在明确面向发明人的知识产权服务组织的道德准则和行为规范。这是英国首次设立该类标准，并得到英国知识产权局的批准。BS 8538 标准明确的知识产权服务商的道德准则包括：诚信和资质，费用、成本和资金公开透明，确保信息的机密性和公开性，利益和冲突声明以及投诉处理机制。服务提供程序包括：与发明人签署初步合约，不公开协议或机密规定，创意评估以及提供建议或服务的商业协议。该 BS 8538 标准将有助于向发明人提供一致连贯、公平合理的服务，指引发明人在错综复杂的知识产权服务市场中选择正确的需求，以及帮助发明人了解在开始为其创意寻求知识产权保护时应当从服务方获取何种帮助和应采取的举措。

（四）开展知识产权人才服务

1. 建设国家知识产权培训总体规划，培养创新人才

2015 年 2 月 12 日，韩国知识产权局局长金荣敏公布了 2015 年"国家知识产权培训总体规划"，致力于实现韩国创新经济并培训能在未来全球知识产权领域引领韩国的创新人才。该总体规划概述了 197 门集中培训课程和 203 门在线培训课程，适用于政府机关工作人员、一般公众、办公室职员、中小学生和国外人员。"发明

教育和知识产权培训"课程包括有关专利法的课程，将提供给约 481000 位受训人员，其中参加集中培训课程的为 11000 人，接受在线培训的为 470000 人。隶属于韩国知识产权局的国际知识产权培训学院（IIPTI）正与其他韩国政府代理机构合作以向更多人群提供知识产权教育机会，包括办公室职员和研究人员。为支援受到知识产权纠纷困扰的韩国中小企业，该学院与韩国中小企业管理局（SMBA）进行合作，计划提供为中小企业量身定制的知识产权培训，以指导其在纠纷中作出有效回应。培训学院亦与韩国教育部紧密合作，拟创立一种知识产权终身学习法。为实现该目标，现有的"知识产权学分银行"将进行扩大和重组以包含知识产权网络公开课（IP－MOOC），以此向所有感兴趣的人提供知识产权培训课程。

2. 建设知识产权职业能力标准体系，明确知识产权人才培养标准

2013 年，新加坡投资 6500 万美元（约合 4 亿多元人民币）用于加强知识产权人力资源和能力建设，致力于将知识产权生态体系职业化。"知识产权职业能力框架"由 1 个指导委员会和 9 个由企业专家组成的工作委员会所制定，被认为是协调新加坡知识产权人力资源发展的总体框架，其中包括知识产权专业人才的标准制定、认证、资格条件和培训。该框架对知识产权生态体系中的五类核心职业类型设置了标准，即专利代理、知识产权律师、知识产权主管、知识产权战略分析师和知识产权评估师的专业知识库。

3. 开展校园竞赛，培养专利创造人才

2013 年 3 月 25 日至 4 月 30 日，韩国举办 2013 年度韩国"专利战略校园大学生竞赛"。竞赛分为两个环节——"现有技术检索"和"专利战略制定"。在第一个环节中，参赛队从赞助商提供的题目中选取一项进行现有技术检索和分析以判断专利注册的可能性；在第二个环节中，参赛队拟定专利战略以获取潜在核心专利。通过竞赛，赞助企业得以强化知识产权人力资源建设，而大学生和毕业生则通常得以获取就业机会。为培养在大学生竞赛中脱颖而出的知识产权人才，韩国知识产权局将为竞赛参与者和获奖者提供专门培训。2012 年，来自 101 所大学的 4158 名大学生和毕业生参加了竞赛，其中拥有学士学位的获奖者的就业率达到 92%，相比拥有工学学士学位的毕业生就业率（67.5%）高出很多。

4. 行政与司法合作，培养知识产权专业服务人才

2012 年 8 月 29 日，韩国知识产权法庭与庆北国立大学法律学院签署了一份谅解备忘录（MOU）。该备忘录是政府与高等学校为进行联合研究并合作培养知识产权专家人才而签订的，主要内容包括开展知识产权相关主要问题和最新案例联合调查研究并举办合作研讨会、互相交换知识产权教育项目的讲师、学生通过实际知识产权审判进行实践培训等。这种合作将增强知识产权法庭的理论基础以改善其判决质量，而法律学院的学生将增加实践培训机会。2013 年，新加坡知识产权局也与新加坡专利代理协会、新加坡法律学会、律师协会和新加坡商业咨询顾问委员会等专业机构进行合作，以便培训机构取得相应资格，并确保生态体系中的知识产权员工

获得专业认证。

5. 开展知识产权专门人才培训，培养高素质专利人才

新加坡知识产权局和新加坡劳动力发展局（WDA）合作的一项新的针对实习专利人才的转业计划开始启动。该计划旨在两年内培训 70 名专业人才，以满足知识产权行业不断增长的人力需求。这些人才将加入 10 万余名从事知识产权行业高附加值工作的员工队伍中。

该计划由新加坡知识产权局主管，以帮助在新加坡设总部的公司培养投身于专利行业的新雇员。其采取"先任职后受训"的形式，即受训人员首先在参与此计划的雇主公司任职或受雇，随后接受享有补贴的知识产权培训以提高技能。受训人员在正式培训结束后，需进行一段时间的实践训练。参与计划的公司将得到有关受训者开销的资金。

该计划的出台得益于新加坡打造职业化知识产权生态系统、创造更多高附加值工作机会、使新加坡定位于向本国和其他国家传递高质量知识产权服务而作的努力。

6. 建立专业咨询服务机构，发挥专家作用

2012 年初，欧洲专利局新组建经济和科学咨询委员会，以期为应对与专利有关的重要经济和社会问题提供更好和更专业的解决途径。该委员会将就研究内容和方式向欧洲专利局提供独立建议。同时，该委员会还将就某些敏感问题提供预警信息，并制定政策建议。该委员会成员来自企业、研究所、高等学校和欧洲、亚洲及美国相关机构，均为精通专利体制并受到国际社会认可的专家，任期 3 年。

四、强化知识产权保护监管

（一）改革专利法院体系

1. 欧盟建立统一专利法院，实施单一专利制度

建立欧盟统一专利法院，加强司法保护，是欧盟专利事业快速发展的重要标志。在《欧洲专利公约》已有安排的基础上，2012 年 6 月 29 日，欧盟理事会对统一专利法院的驻地事宜作出了决议。主要内容有：一审法院中央法庭设于巴黎；涉及特定主题的专利案件将交由中央法庭设在伦敦和慕尼黑的分法庭集中处理，其中慕尼黑分院管辖机械工程领域的案件，伦敦分院管辖化学（包括医药）和人类生活必需品领域案件；上诉法院设于卢森堡。同时，统一专利法院法官培训中心将设于布达佩斯，专利仲裁和调解中心设在里斯本和卢布尔雅那。2013 年 2 月 19 日，在欧盟竞争理事会会议上，除西班牙、波兰和保加利亚外，欧盟 27 个成员国中的 24 个就建立统一专利法院签署协议，由此进一步为在欧盟范围内实施单一专利制度清除了障碍。

2. 俄罗斯设立知识产权专门法院，提高诉讼效率

俄罗斯知识产权法院成立于 2013 年 2 月，于同年 7 月开始正式审理案件。知识产权法院在俄罗斯法院体系中扮演着双重角色，既是一审法院，也是二审上诉（翻

案）法院。知识产权法院的所有案件将由 3 名或更多法官组成的小组进行审理。知识产权法院常务委员会对针对专利局所作的决定提起的上诉和知识产权侵权案件的裁决均可被上诉到最高仲裁法院。

（二）改革诉讼程序

近年来，美国、英国等国在专利诉讼程序方面出台了一些新的规定。

1. 改革诉讼程序，提高诉讼效率

《美国发明法案》将"双方再审"程序一分为二，成为新的"授权后重审"及"双方重审"程序，授权后 12 个月内可提出任何理由，12 个月后则只限于新颖性、创造性理由。两个重审程序均由专利审判与上诉委员会审理。针对该委员会在这两种重审程序中作出的决定，均可向联邦巡回上诉法院上诉。《美国发明法案》还引入补充审查制度，允许专利权人请求美国专利商标局考虑、重新考虑或者更正与专利相关的信息。在补充审查中若发现新的关于专利性的实质问题，则可以启动再审程序。英国于 2011 年引入了小标的额程序。该程序主要针对诉讼金额少于 5000 英镑（约 8000 美元）的知识产权纠纷案件。该程序有利于简化当事人进入法庭审判的程序，尤其利于中小企业的利益。

2. 韩国整合专利诉讼制度，完善诉讼机制

2014 年 4 月，韩国知识产权委员会（PCIP）提交了一份整合韩国现行专利诉讼制度的建议案。该提案指出，在现行专利诉讼制度下，专利侵权案件和无效案件分别由不同机构负责审理，这种分立的诉讼制度不利于审判过程中专业知识的运用，而且会导致诉讼期限延长。因此，建议指定首尔中央地方法院和大田市地方法院专属管辖专利侵权案件；扩大专利法院的职权范围，增加上述两个地方法院对专利上诉案件的审判权。

该提案旨在提高解决知识产权纠纷的专业水平和处理速度，应对知识产权纠纷数量的急剧增加。整合专利诉讼制度可以有效解决两大问题：第一，可以解决大部分地方法院审理专利侵权案件过程中专业知识和经验缺乏的问题。目前，除首尔中央地方法院外，大部分地方法院审理侵权案件的经验都十分有限。第二，可以加速案件审判进程。现行制度下为了避免审判标准的不一致，地方法院经常暂停侵权诉讼进程，以等待知识产权法庭或专利法院对专利有效性的认定。

3. 建立诉讼服务新机制，便利化解纠纷

英国先后于 2011 年、2012 年推行允许诉讼免除保证形式的知识产权许可和"调解服务"机制。允许诉讼免除保证形式的知识产权许可向购买者赋予的不对其侵犯保证中所涉专利的行为进行诉讼的保证。诉讼免除保证与专利许可的功能大致相同，是由专利持有者起草，承诺对购买方使用免除保证中所涉专利的行为不进行起诉，可自由使用专利的保证协议。尽管其不等同于许可协议，但与决议和协议具有同等的法律效力。首次推出的诉讼免除保证涉及半导体、电池、显示技术、闪存、存储器、微处理器以及电信等多领域技术的 4200 件专利和未决专利申请。此类形式的专利使用许可彻底改变了企业在管理知识产权维权方面不可预知的市场风险的方式，从而消除了在许可磋商和专利诉讼过程中的各种不确定因素，或表明知识产权领域许可使用和诉讼新时代的到来。

英国"调解服务"机制作为昂贵且长期的法律诉讼方案的替代性解决方案，主要面向涉及知识产权纠纷但不希望通过法院诉讼体系解决问题的企业。该机制向企业提供各种各样的调解服务，包括短期电话会议，大量专家认证调解员以及调解费用优惠等。该服务机制的建立有利于小企业更快速且更经济地解决知识产权纠纷。

（三）规制专利滥用

专利蟑螂形容一些没有实体生产的公司，而是通过抢注、从他人购买专利，然后专门通过专利诉讼赚取和解金、赔付款的专业团体。为了应对已泛滥成灾的专利蟑螂，2013 年 6 月 4 日，美国政府宣布了旨在打击专利蟑螂、提高专利质量、促进专利创新的 5 项行政措施和 7 项立法意见，旨在提高专利系统的透明度、清晰度，提供一系列的教育与服务，以便为创新者提供良好的创新环境。同一天，美国总统行政办公室发布报告《专利主张与美国创新》，描述并分析了采取立法及行政措施的必要性。5 项行政措施包括明确真正的利益主体、限缩功能性权利要求、保护下游使用者、扩大专业的宣传和研究、加强"337 禁令"的执行程序。7 项立法意见包括披露真正的利益主体、在赔偿费用方面赋予法院更大的自由裁量权、扩大美国专利商标局关于商业方法专利的过渡程序、限制消费者或商业经营主体在产品使用中的责任、修改美国国际贸易委员会签发禁令的标准、提高专利侵权警告函的透明度以遏制滥用诉权、改进美国国际贸易委员会对行政法官的聘用。

与此同时，美国国会 2012 年和 2013 年两度提出旨在遏制专利蟑螂恶意诉讼的《保护高技术创新者免遭恶意诉讼法案》（以下简称《创新法案》）。2013 年 12 月 6 日，美国国会众议院以 323 票赞成、89 票反对的绝对优势，通过了该法案。《创新法案》在《美国发明法案》的基础上，对多项涉及专利蟑螂的专利诉讼程序等有关规定进行了修改，涉及各类法律条文近 30 条，包括原告必须提供额外的必要诉讼细节、提高专利权属的透明性、败诉方承担诉讼费用、重新塑造证据开示程序、终端用户诉讼例外及商业方法专利诉讼的规制问题等。《创新法案》的通过将打破专利侵权诉讼中权利人与侵权人之间的平衡关系，建立起一套新的规则体系以遏制专利蟑螂。这些措施产生了不错的效应。2015 年，美国普华永道会计师事务所发布题为《2015 年专利诉讼研究：专利权利人命运的改变》的统计报告。报告指出，2014 年美国的专利诉讼案件总量约为 5700 件，相比 2013 年的 6500 件下降 13%。报告指出，以往，侵犯诉讼案往往让一家公司付出大量的资金，特别是当其决定参与诉讼的时候。但近年来随着美国政府和各大企业的一系列举措，这一情形有了很大改观。

（四）加大知识产权行政执法保护力度

加强知识产权保护是美国、欧洲、英国、日本、韩国、新加坡等国家或地区的共同做法。欧盟、英国、新加坡等针对自身实际情况，将知识产权保护提高到战略高度，制定知识产权保护专项战略或政策，进一步强化知识产权保护力度。

1. 制定知识产权保护专项战略

自2011年以来，欧盟先后制定了《2014年应对欧盟知识产权侵权的行动计划》《2014年知识产权保护和执法战略》等多个文本。

《2014年应对欧盟知识产权侵权的行动计划》主要聚焦于针对"最具危害性"的大规模侵权行为的执法政策，即"跟随资金流向"策略。该行动计划明确了欧盟委员会于2014~2015年实施的应对知识产权侵权行为的10项行动措施，具体内容有：①敦促欧洲知识产权侵权观察站和欧盟成员国机构发起并监督采取新一轮具有针对性的沟通行动；②展开各利益相关方参与的一系列广泛磋商；③构建新的涉及在线广告服务商、支付服务提供商和运货商的利益相关方对话机制；④对现行国家知识产权措施进行分析和报道，以寻求改进中小企业知识产权维权程序；⑤发布"绿皮书"，就未来欧盟行动需求咨询相关利益方的意见；⑥发布"绿皮书"，就拒绝支付以及其他应对大规模知识产权侵权相关方案的影响咨询利益相关方；⑦组建欧盟成员国知识产权执法专家组；⑧为成员国相关机构制定覆及各部门的知识产权执法一揽子培训项目；⑨制定、推广和刊发面向公共机构的最佳实践指南，以帮助其避免购买假冒产品；⑩就欧盟知识产权政策产生的经济影响发布题为《欧盟经济中的知识产权》两年期报告，作为评估欧盟新知识产权执法政策的有效监督工具。

《2014年知识产权保护和执法战略》旨在改进欧盟委员会当前的相关措施，提升欧盟国家在第三国的知识产权保护标准，阻止侵权产品的贸易流通。具体措施有：①继续展开多方合作，完善国际知识产权保护框架；②通过知识产权对话和知识产权工作团体，继续与伙伴国家密切合作；③展开定期调查以制定"优先关注国家"名单，明确欧盟实施第三国知识产权保护的针对方向；④基于知识产权Helpdesks服务等措施向中小企业和知识产权权利人提供帮助，同时扩充和加强欧盟知识产权专家及各成员国在第三国派驻知识产权代表的实力；⑤向第三国提供适当的知识产权技术援助，并提升其对知识产权技术支持必要性的意识，如培训、能力构建和如何扩充知识产权财产。

无独有偶，英国在2011年也发布了《应对知识产权犯罪战略》，它是英国在知识产权未来发展蓝图的重要内容之一。该战略以2004年英国知识产权犯罪战略为基础，为立法、技术以及公众、贸易、政府和法律实施的反馈建设做好准备，陈述了政府应对知识产权犯罪的策略、在打击知识产权犯罪中的角色和责任以及付诸行动的一些新领域。其具体内容有：①采取有效且可靠的措施应对知识产权犯罪及其影响；②保障和协调应对知识产权犯罪的资源；③寻求更有效灵活的工作方式；④建立更好、更精密的防治措施；⑤在诸如与有组织犯罪地图标注技术的结合等实践操作的基础上，整合知识产权犯罪实施和其他领域的犯罪行为；⑥持续保持国际水准的出色工作以促进合法贸易并打击违法行为。该战略与《哈格里夫斯报告》提出的建议保持一致，给出了一个以教育和度量方法为基础的高度整合的方法，旨在加强法制机制。

2. 构建全球保护体系

致力于构建全球知识产权保护体系，是逐步走向知识产权大国和强国的所有国家的共同做法。美国利用其经济优势地位，强推区域知识产权保护升级。2015 年 10 月 5 日，历经 13 年的谈判后，TPP 取得了实质性突破，美国、日本和其他 10 个成员就 TPP 达成一致意见。TPP 不仅规定取消或降低商品关税，还涵盖知识产权、技术贸易壁垒、竞争政策、食品安全、政府采购以及绿色增长和劳工保护等，覆盖领域之广远超一般的自贸协定。TPP 第 18 章专门论述了知识产权，涵盖了专利、商标、版权、工业设计、地理标志、商业秘密等，以及知识产权执法和各方同意合作的一些内容。在有关专利规定方面，TPP 与世界贸易组织 TRIPS 相比，提出了新的要求，包括将延长专利权的保护期限。在提高知识产权保护标准方面，TPP 提出，希望允许海关官员扣押在运的涉嫌知识产权侵权的药品，哪怕这些药品仅仅是过境该国，只要该批药品有仿冒的嫌疑或容易与已注册的商品混淆都将赋予海关官员权力扣押。而 TRIPS 的规定是，假冒产品只是指那些会引发刑事责任的商标侵权产品，并且具备必须是故意的且是商业行为两个条件。

为了有效保障国家利益和促进经济发展，近年来，韩国也开始构建全球知识产权保护体系。在国内方面，韩国采取了五项举措：建立从中央到地方、从政府到协会协同配合的知识产权保护机制；韩国知识产权局与地方政府、警察厅等部门合作，定期召开联席会议，在全国范围内开展打击假冒活动；加强对知识产权侵权物品的边境监管，加强海关、法院、贸易委员会等部门之间的协同配合；加强对通过互联网流通的假冒、盗版商品的监管，建立网上跟踪系统，实行有奖举报制度；加大培训力度，提高执法人员的素质。

在国外方面，韩国采取了三项举措：深入分析海外知识产权纠纷信息，建立国际专利纠纷应对体系；对韩国企业海外知识产权保护提供"一站式"支援服务，先后在中国、泰国、越南和美国的 8 个城市开设了知识产权保护支援中心；开展知识产权诉讼保险，开发适合企业规模、权属、投资地区等试点企业出口状况的保险品种，向中小企业支援部分保险费。

五、国际知识产权行政管理最新发展对中国的启示与借鉴

借鉴美欧等发达国家和新兴经济体国家的专利管理政策和举措，结合中国国情可以有如下启示和借鉴。

（一）加强专利宏观管理

1. 建立健全专利宏观管理体制机制，保障和激励"大众创业、万众创新"

进一步加大改革力度，建立健全我国专利宏观管理体制机制，加快建设知识产

权强国，是实施创新驱动发展战略和激励"大众创业、万众创新"的重要支撑。创新知识产权管理机制，引导建立专利、商标、版权等集中统一管理的知识产权局，形成权责一致、分工合理、决策科学、执行顺畅、监督有力的知识产权行政管理体系。探索实行国家、省、市、县知识产权局四级垂直管理，形成各部门密切配合、中央和地方紧密互动、政府和企业紧密联系的知识产权管理体系。深化知识产权管理体制改革，建立完善知识产权权力清单和责任清单制度。以组建精干高效的专业性管理机构为目标，结合知识产权行政管理和执法工作需要，根据职责、人员、编制相统一的原则，合理增加相应人员编制，为知识产权工作开展提供强有力的人才和组织保障。

2. 制定知识产权基本法，强化知识产权制度顶层设计

应借鉴日本的合理做法，加快制定知识产权基本法，强化知识产权制度顶层设计。统筹协调知识产权相关法律法规，通过法律形式将知识产权从部门主管事务上升到国家性事务高度，为知识产权强国战略的推行及相关措施的实施提供有力的制度保障。

3. 修订完善专利法，促进专利实施运用

在我国经济发展进入新常态之际，修改专利法，推动专利的转化应用，是我国创新驱动发展战略的中心和关键。专利法的生命力在于实施。专利法的实施，是落实专利制度、激励科技创新的重要前提，是促进专利运用和产业发展的关键支撑，是营造良好专利保护氛围的必要举措。

我国《专利法》修改所涉及的主要内容包括：加大专利权保护力度，建立对恶意侵权行为的惩罚性赔偿制度；完善专利诉讼举证责任制度；加大对严重侵犯公共利益的专利侵权行为的执法和惩处力度；完善促进专利实施与运用的法律规范。专利法实施的重心在于保护发明创造专利权。公正高效的专利司法和灵活有力的专利行政执法，是保护专利权的主要手段，是专利法实施活动的主要内容。

此外，还应修改完善专利无效宣告制度，提高专利质量。近年来，在我国专利权无效宣告程序中，相关专利权人反复以存在专利权属纠纷为由，请求中止专利权无效宣告程序的情况时有发生，导致相关无效宣告程序无法正常进行，不仅使相关各方的合法利益受损，也造成行政和司法资源的严重浪费。因而，有必要进一步完善相关规定，通过修改《专利法实施细则》或者审查指南，使得中止程序被启动前对于是否滥用予以审查，或者国家知识产权局专利复审委员会根据已经审查的工作能够作出宣告专利权无效或者部分无效的决定的，可以不中止程序。

4. 尽快加入《海牙协定》

通过引入《海牙协定》以及洛迦诺分类体系，引入外观设计国际申请以及国际注册体系等全球化外观设计保护标准，扩展外观设计权保护范围，使其外观设计权保护制度更趋全球化，进一步提升其外观设计大国形象，使国内外申请人享受到更为便利的程序。

5. 加快制定《职务发明条例》，大力推动职务发明的创造和运用

我国《专利法》《植物新品种保护条例》等法律法规已确立了职务发明的基本制度，但职务发明立法规定较为原则抽象，可操作性不理想。现实中，单位忽视和侵害发明人权益的现象时有发生，挫伤了发明人的专利创造和运用的积极性。因此，有必要完善立法，加快制定《职务发明条例》，建立完善职务发明制度。一方面，进一步细化职务发明制度，增强可操作性并补充程序性规定，明确发明人权利救济措施和途径，确保发明人的合法权益落到实处；另一方面，建立发明报告制度，明确职务发明成果的权益归属，规范收益分配比例。鼓励企事业单位建立职务发明管理制度，就单位和发明人间的权利与义务作出明确约定。充分激发研发人员的创新活力，从而激励更多的职务发明产生和运用，实现创新驱动发展。

6. 加快实施创新驱动发展战略和专利发展战略，助推强国战略和"中国制造2025"

加快实施创新驱动发展战略和专利发展战略，应抓紧制定和落实创新驱动发展战略，充分发挥专利制度作用，支撑经济社会发展的指导意见，深入推进年度专利发展战略推进计划；应将我国知识产权强国战略、"中国制造2025"和"一带一路"融入实施创新驱动战略和专利发展战略推进年度计划，强化电商、大数据等新领域、新业态知识产权保护，建立重大经济活动知识产权评议制度，提高创新效率，激励创新，将创新作为支撑经济发展的源动力，不断提高经济发展的质量；还应致力于加强国家知识产权局自身实力，加强与利益相关方进一步的合作，以优化专利质量和专利实施为战略目标，发挥专利政策制定、保护和实施方面的引领作用。

（二）提升专利公共服务质量

高质量的专利公共服务，是建设有效的专利制度运行保障体系的重要内容，对提升全社会的创新能力和促进专利的转化应用，具有非常重要的保障功能。

1. 提供高标准审查服务，提高专利审查质量

提供高标准审查服务，提高专利审查质量，是美国、欧洲等国家或地区的通行做法，这对保障专利质量具有重要作用。

应把握全球审查发展新趋势，提高审查质量和效率，打造世界一流的知识产权审查机构和审查机制。第一，要缩短审查周期。应借鉴美国、欧洲等国家或地区的做法，缩短发明专利和实用新型专利的审查周期。第二，进一步完善专利审查业务指导体系和审查质量保障体系，提高专利审查水平。第三，严格控制实用新型和外观设计申请的审查质量标准。第四，提高审查质量，加强专利申请质量监测与反馈，强化对专利申请的监控和处理。第五，提供多样化审查服务。为申请人提供定制化审查服务，对发明专利、实用新型和外观设计采用不同的多样化的审查服务。第六，加强国际合作，加大"专利审查高速路"和PCT–"专利审查高速路"项目的开展力度，建设全球化专利审查协作平台和电子化申请平台。

2. 加快专利服务体系建设，提升专利服务质量

应以全面落实《全国专利事业发展战略推进计划》为出发点，在加强国家专利数据中心对公共服务体系内各中心的数据支持和业务指导、加快推进 5 个区域专利信息服务中心建设工作、加强地方专利信息服务中心的规范与管理的基础上，加快制定专利服务标准体系，加大财税、金融等政策支持，建设知识产权信息和运营交易服务平台，建立财政资助项目形成的知识产权资金来源信息披露制度，明确分期分批的专利信息公布清单，定期发布不同行业、不同规模企业的专利状况报告，推动专利基础信息免费或低成本开放，活跃创业创新；通过政府立项和资金扶持，引导相关知识产权信息服务机构开展面向全球重点行业、重点领域的专利技术态势分析，绘制专利地图，指明技术发展方向，跟踪竞争对手，研判技术潜在风险，提供布局策略建议，为创新主体开展知识产权全球布局提供支持；建立防御性公开数据库，加强与各国知识产权部门联动和信息分享，建立异议、无效、诉讼救济机制，为中国知识产权全球布局排除障碍。

3. 加大为企业服务力度，提高企业专利创造运用能力

我国可借鉴发达国家高度重视在知识产权方面对中小企业帮扶的做法，实施知识产权助推企业成长项目，把知识产权政策融入中小企业发展的各个阶段，设立与中小企业发展专项资金、科技型中小企业技术创新基金类似的由中央财政预算安排的专项资金，通过无偿资助、贷款贴息和资本金投入等方式，支持中小企业知识产权创造、运用和保护，培育一批具有中国特色的知识产权优势中小企业。在企业创新研究和专利申请阶段，启动小企业创新研究试行项目，帮助小企业挖掘科技潜能；设立申请专利补助项目，重点支持中小企业围绕核心技术形成专利网、申请国外专利，重点支持初创企业比较集中的孵化器、创业中心开展知识产权托管工程。在企业成长阶段，设立专利实施转化项目。重点支持技术含量高、具有竞争力、市场前景好、在经济结构调整中发挥重要作用的专利技术项目。在企业壮大阶段，设立知识产权质押贷款贴息项目。重点支持中小企业使用专利权等专利质押贷款贴息。

同时，我国应借鉴新加坡的做法，进一步完善我国《企业知识产权管理规范》认证体系、贯标服务体系和配套支持体系，鼓励中小企业贯彻落实《企业知识产权管理规范》；出台中小企业人员培训、设立企业创新中心等措施，向中小企业以较低费用提供信息、咨询、政策指导、法律咨询等方面的服务。

4. 多措并举，推动专利转化应用及产业化

当前，应结合"中国制造2025""一带一路"，选定一些重要的新兴产业，或者具有地域特色的知识产权产业，设立专项基金，并提供相关政策支持，提高这些产业的专利转化应用能力和水平，抢占产业发展的制高点。

另外，在推进产学研一体化的基础上，深入实施《促进科技成果转化法》。同时，为科研机构专利转让应用设立专项资金，试点开展科研机构专利转让项目，推

行高等学校和公共研究机构的专利捆绑销售计划。

5. 加强政府与高等学校等的合作，建设专利人才体系

拥有一批高水平专利人才队伍，是实现知识产权强国建设的人才保障和智力支撑。应制定专利人才发展规划，围绕知识产权事业发展的总体目标，以人才资源能力建设为核心，以人才培养、使用为中心环节，以高层次人才和实务型人才为重点，建立专利人才职业能力标准体系以及专利人才培训相关标准体系，大力建设专利人才队伍；应将高等学校知识产权学科分类由二级学科升级为一级学科，涵盖与知识产权相关的法律、经济、管理、理、工等二级学科，支持有条件的高等学校设立知识产权硕士、博士学位授予点，建设高水平的知识产权高等学校；加强高等学校知识产权研究中心、院、所、基地等智库建设，推动知识产权智库建设，围绕知识产权强国建设等战略性、全局性和关键性问题，深入开展调查研究，积极提出高水平的咨询意见和建议，共同推动知识产权事业科学发展；应加强专利管理机构与高等学校的密切合作，开展专利竞赛，培养具有创新意识和创新能力的专利人才。

（三）强化专利保护监管

1. 加大对专利侵权行为的治理力度，提高专利保护水平

加强专利保护，几乎是发达国家和新兴经济体国家的共同做法，这对促进专利创造、管理和运用具有非常重要的意义。

首先，应该制定专利保护战略，实行严格的专利保护制度，建立适应新的技术发展与生产交易方式的专利执法监管方式，推进建立健全专利执法监管规则。其次，应构建一体化的专利保护体系，完善专利保护领域事中事后监管政策体系，建立国内专利保护与国际专利保护相协调的机制，加强对我国企业在海外市场专利布局的指导。完善专利海关保护体系，创新海关专利执法监管机制。最后，应加大对专利侵权行为的治理力度。实行更加严格的知识产权保护，完善快速维权机制，加大侵权行为查处力度，建立健全行政执法部门专利侵权损害赔偿数额的行政裁决和调查取证制度。提高法定赔偿上限，建立恶意侵权行为惩罚性赔偿制度和恶意侵权败诉方承担律师费和诉讼费制度。将恶意侵权行为情况作为企业信用评价标准，与企业信贷、上市等审批挂钩。依法查处滥用知识产权排除和限制竞争等行为。

2. 推进行政、司法有机衔接，形成专利保护合力

严格专利保护，必须要进一步发挥行政保护的优势，加快完善行政和司法两条途径优势互补、有机衔接的保护模式。首先，发挥行政执法在快捷调处纠纷、及时制止侵权方面的优势，推进民事保护在专利侵权赔偿救济中发挥重要作用。其次，推进诉调对接和司法确认工作。支持对专利纠纷进行诉前、诉中调解，促成当事人和解或达成调解协议，引导当事人依法申请司法确认。针对专利侵权案件执行难问题，积极开展强制执行申请工作，推进强制执行"责令停止侵权"行政决定工作。最

后，加强行政执法和刑事执法的有机衔接，查处专利违法行为时，依法做好案件移送工作，严禁以罚代刑。积极利用行政执法与刑事执法信息共享平台，推动实现涉嫌假冒专利犯罪案件网上移送、网上监督，完善线索通报、证据移交、案件协查等协作机制。加快建立相关的信息沟通、风险研判、办案协作等机制，进一步提高治理各类侵权假冒行为的协同性。

第三章 中国知识产权行政管理的实践与探索

第一节 中国知识产权行政管理的发展历程

我国知识产权行政管理体系自 20 世纪 80 年代初步确立以来，保持了基本稳定的态势，虽有变化，但整个架构没有发生根本性改变。管理体系的发展大体上可以分为以下四个阶段：筹备初建阶段（1978～1984 年）、完善发展阶段（1985～1997年）、调整强化阶段（1998～2007 年）和战略实施阶段（2008 年至今）。

一、筹备初建阶段（1978～1984 年）

1978 年，党的十一届三中全会确立了改革开放的方针政策，作出了"全党工作的着重点应该转移到社会主义现代化建设上来"的决定。然而此时，我国刚从"文化大革命"十年动乱中走出来，百废待兴，市场经济、知识产权是何物在我国人的头脑中还没有概念，我国的经济体制正面临着脱胎换骨的变化，商品经济和市场机制开始进入经济领域。我国对外开放的不断扩大，亟须建立一个与国际接轨的知识产权制度。

1979 年 1 月，邓小平同志访美，开启了中美科技合作和贸易合作，先后签署了《中美科技合作协定》和《中美贸易协定》。在这两个协定中，出现了知识产权的有关条款。私有财产权的保护开始进入法律制度，智力成果开始成为一种特殊的商品和财产进入社会生活各个领域并要求得到法律的确认和保护。正是在这样的背景下，我国适时成立了商标法、专利法起草小组，组建了国家商标局、专利局，开始了我国知识产权制度的建设工作，也开启了知识产权行政管理的工作。

在行政机构建设上，多元知识产权行政管理机构体系雏形初现。1978 年在国家工商行政管理总局内设置了商标局，1979 年 11 月恢复商标全国统一注册制度。1980 年 1 月 14 日，经国务院批准，成立了中国专利局。1984 年 8 月，国家经委、国家科委、劳动人事部、中国专利局联合发布了《关于在全国设置专利工作机构的通知》。在行政职能上，初步确定了地方专利和商标行政机构的管理和查处职能。

在制度建设上，1982 年 8 月 23 日第五届全国人民代表大会常务委员会第二十四次会议审议通过《商标法》，1984 年 3 月 12 日第六届全国人民代表大会常务委员会第四次会议审议通过《专利法》。同年 6 月 3 日，我国加入《建立世界知识产权组织公约》，成为世界知识产权组织成员国。

二、完善发展阶段（1985～1997年）

这一阶段，我国对内改革国有企业经营制度，对外推行沿海开放城市，改革开放不断扩大，亟须健全完善与国际接轨的知识产权制度。

在行政机构建设上，多元知识产权行政管理机构体系已经形成。1985年在文化部下设立国家出版局（国家版权局），1987年设立直属国务院的副部级新闻出版署（国家版权局）。1993年中国专利局列为国务院公务员管理的直属事业单位。1994年建立国务院知识产权办公会议制度并下发了《关于进一步加强知识产权保护工作的决定》。

同年7月，国务院决定建立国务院知识产权办公会议制度并下发了《关于进一步加强知识产权保护工作的决定》。随后，各省市区相继建立了省级知识产权办公会议制度。1994年1月1日，中国成为专利合作条约（PCT）成员国。1997年农业部设立了植物新品种保护办公室。在行政管理上，知识产权管理工作逐步加强，特别是在加强执法保护等方面做了大量的工作，使得知识产权的作用得到初显。

在制度建设上，1985年4月1日，《专利法》开始实施，开展专利申请、审查、授权等各项事务，我国专利确权工作正式开始。专利法实施第一天，中国专利局共受理专利申请3455件，被世界知识产权组织誉为创造了世界专利历史的新纪录。1989年11月，中国专利金奖设立，这是对我国传统科技奖励制度的一个突破。1990年9月7日第七届全国人民代表大会常务委员会第十五次会议审议通过《著作权法》，1991年6月1日起实施。

1992年党的十二大第一次提出"不断完善保护知识产权的制度"。1992年、1993年先后对《专利法》《商标法》进行了第一次修订。后国务院于1995年7月5日颁布《知识产权海关保护条例》，于1997年3月20日颁布《植物新品种保护条例》，原国家质量技术监督局开始探索建立我国地理标志产品专门保护制度。知识产权法律体系基本形成。

三、调整强化阶段（1998～2007年）

进入21世纪，产业结构的调整和优化已经成为我国经济发展的主题，科学技术进步和创新成为促进国家经济发展的重要因素。为了适应加入世界贸易组织和TRIPS，以及为了融入一体化程度日益加深的世界经济环境的需要，我国全面加快了知识产权制度调整强化的步伐。

在行政机构建设上，1998年在国务院机构改革大力压缩编制、精简机构的背景下，中国专利局更名为国家知识产权局，作为国务院直属行政机构，增加了统筹协调涉外知识产权事宜，并承担国务院知识产权办公会议办公室的职能，充分体现出党中央、国务院对知识产权工作的高度重视，反映出经济社会发展全局对知识产权工作的迫切需求。2001 年新闻出版署（国家版权局）升格为正部级的总署。地方知识产权行政机构全面建立起来。1999 年国家林业局成立了植物新品种保护工作领导小组及植物新品种保护办公室，正式受理植物（林业部分）新品种权申请，发布了首批植物新品种保护名录。

在制度建设上，1999 年 7 月 30 日，原国家质量技术监督局颁布了《原产地域产品保护规定》，开始认定并管理原产地产品专用标志。2001 年 12 月 11 日，我国加入了世界贸易组织，签署了 TRIPS，知识产权在经济全局中的作用更加凸显。2000 年、2001 年，先后对《专利法》《商标法》进行了第二次修订，2001 年对《著作权法》以及《知识产权海关保护条例》等其他知识产权相关法律法规也进行了修改，做到了与 TRIPS 保护规则相一致，基本形成了符合国际通行规则和我国国情、门类比较齐全的知识产权法律体系。

在管理职能上，针对多元分散的知识产权行政管理体系，知识产权综合协调管理职能开始确立。在管理能力上，经费投入大幅度提高，开展了一系列专项知识产权工作，大大增强了知识产权行政机构的行政能力，知识产权行政管理的成效显著。2002 年，中国共产党第十六次全国代表大会报告提出要"完善知识产权保护制度"，对我国知识产权制度建设和行政管理提出了新的更高的要求。2007 年 10 月，中国共产党十七大报告明确提出"实施知识产权战略"。

四、战略实施阶段（2008 年至今）

随着改革开放，我国国民经济获得了持续高速的增长，知识产权总量亦大幅度提升。但总的来看，我国的经济发展是以自然资源的大量消耗和环境污染日益严重为代价换来的，是不可持续发展的。另外，自己掌握的核心技术知识产权很少，每年要向发达国家缴纳巨额的知识产权费用，如果我们不能通过自主创新掌握大量所需技术的知识产权，就不可避免地受制于人。如何充分发挥知识产权制度的作用，更好地促进我国经济发展方式的转变，推动我国经济社会协调、持续发展，向我国知识产权宏观管理者提出了新的课题。

这一阶段，党的十七大提出提高自主创新能力，建设创新型国家，加快转变经济发展方式推进经济结构战略性调整，推动我国经济社会全面、协调、可持续发展。如何充分发挥知识产权制度的作用，对我国知识产权行政管理提出了新的课题。

2008 年，根据国务院机构改革方案，国家知识产权局增加了新的管理职能，承担已撤销的国家知识产权战略制定工作领导小组和国家保护知识产权工作组的工作，负责组织协调全国保护知识产权工作和会同有关部门组织实施国家知识产权战略纲要，增强了统筹协调知识产权工作的职责，增加了指导和规范知识产权资产评估的管理职能。建立了由国家知识产权局主持的国家知识产权战略实施工作部际联席会议。2011 年，在商务部成立了全国打击侵犯知识产权和制售假冒伪劣商品工作领导小组。

2008 年国务院发布实施了《国家知识产权战略纲要》，确定了"激励创造、有效运用、依法保护、科学管理"的方针。知识产权行政管理的工作重心发生改变，由注重知识产权制度的构建转为知识产权战略的实施，由单纯的加强保护转为创造、运用、保护和管理协同推进。知识产权的影响也从经济发展扩展到更为广阔的社会领域。

在这一阶段，知识产权法律体系进一步完善。2008年12月27日，《专利法》第三次修订。此次修改更多的是满足我国经济社会自身发展的内在需要，更全面地保护国内外专利权人的利益，同时也兼顾了公众利益的平衡。鼓励创新和加强保护贯穿始终。2010年2月26日，《著作权法》再次修订。

《国家知识产权战略纲要》颁布实施，知识产权行政管理工作按照"激励创造、有效运用、依法保护、科学管理"的方针，步入了全面、协调、可持续发展阶段。这一阶段，知识产权工作的重点也发生了改变，由注重制度的构建转为注重制度的实施，国家知识产权管理部门开始加大知识产权执法的力度。推动知识产权行政管理向前发展的动力更多的是来自我国国内经济自身发展的需要，而不是来自发达国家施加的压力。知识产权管理的主体由政府主导转变为政府引导，引导各方力量积极运用知识产权制度。知识产权的影响也从日常的经济生活扩展到更为广阔的社会领域。

李克强总理在2014年11月5日国务院第68次常务会议上明确指出，要努力建设知识产权强国，催生更加蓬勃的创新、创造、创业热潮。国务委员王勇在国家知识产权战略实施工作部际联席会议上要求，谋划我国建设知识产权强国的发展路径。国务院办公厅发布的《深入实施国家知识产权战略行动计划（2014~2020年）》也提出努力建设知识产权强国目标，并明确要求知识产权局组织开展知识产权强国建设研究，提出知识产权强国建设的战略目标、思路和举措，积极推进知识产权强国建设。2015年，国务院办公厅印发《国务院关于新形势下加快知识产权强国建设的若干意见》，紧扣优化环境、强化能力、提升绩效三大主线，锐意改革、着眼未来、放眼全球，知识产权强国建设走进新时代、迈入新征程。围绕知识产权强国建设，知识产权战略部际联席会议制度进一步完善，《专利法》第四次修改全面启动，知识产权体制机制改革持续推进。

习近平总书记高度重视知识产权工作，2016年12月5日，习近平在中央全面深化改革领导小组第三十次会议上指出，开展知识产权综合管理改革试点，要紧扣创新发展需求，发挥专利、商标、版权等知识产权的引领作用，打通知识产权创造、运用、保护、管理、服务全链条，建立高效的知识产权管理体制，构建便民利民的知识产权公共服务体系，探索支撑创新发展的知识产权运行机制，推动形成权界清晰、分工合理、权责一致、运转高效的体制机制。2017年7月17日，习近平总书记在中央财经领导小组第十六次会议上指出，产权保护特别是知识产权保护是塑造良好营商环境的重要方面，要完善知识产权保护相关法律法规，提高知识产权审查质量和效率。要加快新兴领域和业态知识产权保护制度建设。要加大知识产权侵权违法行为惩治力度，让侵权者付出沉重代价。要调动拥有知识产权的自然人和法人的积极性和主动性，提升产权意识，自觉运用法律武器依法维权。

第二节　中国现行知识产权行政管理体系

改革开放以来，我国逐步建立了一套知识产权行政管理体系。该体系主要表现为条块管理模式，不同的知识产权事务交由不同的部门机关管理。而且，在这个体系内，专利授权、商标注册、版权登记、植物新品种注册、集成电路布图设计登记由中央一级的行政机关负责，地方各级行政机关仅负责各自行政区域内的知识产权管理工作。

在中央政府行政管理机构中，拥有知识产权直接管理权的部门近 10 个，与知识产权密切相关的管理部门有 20 余个。除常设管理机关外，2009 年 10 月 9 日，国务院批准建立国家知识产权战略实施工作部际联席会议制度，形成了司法和行政执法两条途径、协调运作的知识产权管理体系。

一、国家知识产权行政管理机构与职能

（一）国家知识产权局与专利、集成电路布图设计管理

1. 管理职能

国家知识产权局（副部级）为国务院直属机构，其主要职责为：

（1）负责组织协调全国保护知识产权工作，推动知识产权保护工作体系建设。会同有关部门建立知识产权执法协作机制，开展相关的行政执法工作。开展知识产权保护的宣传工作，会同有关部门组织实施国家知识产权战略纲要。

（2）承担规范专利管理基本秩序的责任。拟订专利知识产权法律法规草案，拟定和实施专利管理工作的政策和制度，拟定规范专利技术交易的政策措施，指导地方处理、调解侵犯专利的纠纷案件以及查处假冒他人专利行为和冒充专利行为，会同有关部门指导和规范知识产权无形资产评估工作。

（3）拟定知识产权涉外工作的政策。研究国外知识产权发展动态。统筹协调涉外知识产权事宜，按分工开展对外知识产权谈判。开展专利工作的国际联络、合作与交流活动。

（4）拟定全国专利工作发展规划，制订专利工作计划，审批专项工作规划，负责全国专利信息公共服务体系的建设，会同有关部门推动专利信息的传播利用，承担专利统计工作。

（5）制定专利和集成电路布图设计专有权确权判断标准，指定管理确权的机构。制定专利和集成电路布图设计专有权侵权判断标准。制定专利代理中介服务体系发展与监管的政策措施。

（6）组织开展专利的法律法规、政策的宣传普及工作，按规定组织制定有关知识产权的教育与培训工作规划。

（7）承办国务院交办的其他事项。

2. 机构设置

国家知识产权局设 7 个内设机构。

办公室负责文电、会务、机要、档案等机关日常运转工作；承担信息、安全、保密和信访工作；承担政策研究、政务公开以及局机关财务、行政事务等管理工作；组织开展知识产权宣传工作。

条法司负责协调提出有关知识产权国际条约拟定、修改及有关知识产权对外谈判的方案；拟定有关专利的知识产权法律法规草案；提出修订专利法、集成电路布图设计保护条例和专利代理条例及相关法规、规章的建议和草案；组织拟定专利等确权及侵权谈判标准；拟定专利代理中介服务体系发展的政策。

保护协调司负责承担组织协调全国保护知识产权的有关工作；承担知识产权执法协作机制的相关工作，承办行政执法有关工作；承担实施国家知识产权战略纲要的有关工作。

国际合作司（港澳台办公室）负责拟定知识产权涉外工作的政策；研究国外知识产权发展动态；承办统筹协调涉外知识产权的事宜；承办专利工作的国际联络、合作与交流活动；承办涉及港澳台的专利及有关的知识产权事项。

专利管理司负责拟定和实施专利管理工作的政策和措施；拟定规范专利技术交易的政策；指导和规范知识产权无形资产评估工作；指导地方处理和调解专利纠纷、查处假冒他人专利行为和冒充专利行为。

规划发展司负责组织拟定全国专利工作发展规划和局年度工作计划及基本建设计划；拟订局年度财务计划，编报预决算，监督预算执行；制定计划、财务和资产管理的规章制度并监督执行；负责全国专利信息公共服务体系建设工作，审核全国专利信息公共服务体系建设规划和年度计划，对局重大项目组织论证和审核，监督计划执行；承担局国有资产管理、政府采购工作的政策、制度制定及监督等管理工作；指导和监督直属单位的财务管理工作；承担全国专利统计工作，负责专利统计信息的统一管理、编报和发布工作；完成局交办的其他工作。

人事司负责承办机关和直属单位的干部队伍建设及有关人事管理、机构编制事项；拟定有关知识产权的教育与培训工作规划；承担机关离退休干部工作。

（二）国家工商行政管理总局与商标管理

1. 机构设置

国家工商行政管理总局下设商标局，负责全国商标注册和管理工作；同时设立商标评审委员会，负责处理商标争议事宜。商标管理实行中央统一注册、地方分级管理的原则，从中央到省、市（地）、县级的工商局，都设有商标管理机构。

商标局内设综合处、申请受理处、审查一处、审查二处、审查三处、审查四处、审查五处、审查六处、审查七处、审查八处、地理标志审查处、国际注册处、异议裁定一处、异议裁定二处、异议裁定三处、商标信息档案管理处、变更续展处、法律事务处、商标监督管理处、商标审查质量管理处、计算机系统管理处。

2. 管理职能

负责商标注册和管理工作，依法保护商标专用权和查处商标侵权行为，处理商标争议事宜，加强驰名商标的认定和保护工作，负责特殊标志、官方标志的登记、备案和保护。研究分析并依法发布商标注册信息，为政府决策和社会公众提供信息服务。实施商标战略。

3. 主要工作

一是推动商标注册便利化水平不断提升。近几年，商标注册申请量继续保持快速增长态势，中国商标申请连续 14 年位居世界第一。

二是推动商标法治化水平不断提高。2014 年 5 月 1 日，新修订的商标法及其实施条例同步施行。全国各级工商行政管理和市场监管部门按照国家工商行政管理总局统一部署，切实做好商标法治宣传培训工作，推进新商标法顺利实施。

三是推动商标专用权保护不断强化。全国各级工商行政管理和市场监管部门按照工商行政管理总局统一部署，着力加强商标行政执法，深入开展打击侵权假冒工作，持续保持打击侵权假冒违法行为的高压态势。

四是推动商标公共服务水平不断提高。国家工商行政管理总局通过加强软硬件建设，严明工作纪律，规范工作流程，不断优化商标注册大厅、商标局驻中关村办事处窗口服务，提升商标对外咨询服务水平。

（三）国家新闻出版广电总局与著作权管理

1. 机构设置

国家新闻出版广电总局（国家版权局）下设版权管理司，主管全国的著作权管理工作，各省（自治区、直辖市）和较大的市也建立了版权局，主管本行政区域的著作权管理工作。

2. 管理职能

（1）拟定国家版权战略纲要和著作权保护管理使用的政策措施并组织实施，承担国家享有著作权作品的管理和使用工作，对作品的著作权登记和法定许可使用进行管理；

（2）承担著作权涉外条约有关事宜，处理涉外及港澳台的著作权关系；

（3）组织查处著作权领域重大及涉外违法违规行为；

（4）组织推进软件正版化工作。

3. 主要工作

一是完善制度建设。加强新媒体的开发与利用，出台《音像制品进口管理办法》，制定《网络出版服务管理规定》《出版物市场管理规定》等部门规章和规范性文件。

二是积极回应社会关切。通过召开新闻发布会、"剑网行动"案件通气会等，主动向社会公开新闻出版（版权）等重点工作开展情况。举办"版权热点问题媒体研修班"，邀请媒体实地考察版权示范建设工作。积极回应公众关切，及时公开受理群众举报的查办情况。

三是开展专项行动。开展了"剑网""净网"等专项行动，加大对规范网络转载的监管力度。

（四）国家质量监督检验检疫总局与地理标志产品保护

1. 机构设置

国家质量监督检验检疫总局是国务院主管全国质量、计量、出入境商品检验、出入境卫生检疫、出入境动植物检疫、进出口食品安全和认证认可、标准化等工作，并行使行政执法职能的正部级国务院直属机构。科技司是国家质检总局内设的 19 个司（厅、局）级机构之一，具体落实国家质检总局承担的地理标志管理工作。

2. 管理职能

国家质量监督检验检疫总局在地理标志产品保护管理工作中的主要职责是：

（1）配合立法部门，开展地理标志保护法律法规的调研、起草；

（2）制定、发布地理标志产品保护规章、制度，制定地理标志发展规划、计划并组织实施；

（3）组织协调和指导地理标志保护的行政执法活动；

（4）负责地理标志产品保护申请的形式审查，办理地理标志产品保护申请的受理事项，发布受理公告；

（5）组织对地理标志产品保护申请的异议协调，组织和管理专家技术队伍开展技术审查；

（6）办理、发布地理标志产品保护的批准公告，核准地理标志保护产品专用标志的使用申请；

（7）组织开展地理标志产品保护的宣传和培训；

（8）组织开展和参加地理标志保护国际合作与交流活动，代表国家参加世界贸易组织地理标志谈判，办理国外地理标志保护注册申请，组织开展互认合作。

3. 主要工作

一是完善地理标志保护专门制度。开展立法调研，推进地理标志保护专门立法进程。积极推行专用标志使用管理改革，进一步便利企业的标志使用。推进涉外地理标志产品保护规定的发布。

二是加强地理标志产品获保后监管。推动地理标志保护示范区建设，对获批的示范区加强指导和监管，发挥示范引领作用。组织地理标志产品保护监管能力调研，部署保护监管检查专项行动，开展符合性监督抽查，探索地理标志约谈与退出机制。

三是推进地理标志国际化运用。出台中欧"10＋10"地理标志保护互认试点中方产品国际化运用实施意见，推进获保中国地理标志产品在海外使用专用标志，协调推进地理标志产品的出口和国际保护。

四是推进地理标志国际合作与交流。配合外交外贸，积极参与地理标志业务的国际多、双边磋商，推进国际地理标志保护合作交流。在商务部的牵头下，积极推进中欧协议谈判进程，开展中欧"100 + 100"欧方产品技术审查。开展中欧地理标志交流活动。

五是加强地理标志宣传推广。建设"中国地理标志产品保护网"，打造国家级专业网络宣传平台。开展地理标志品牌评价活动。支持地方开展地理标志产品宣传培训。

（五）农业部、国家林业局与植物新品种及地理标志管理

1. 机构设置

（1）农业部主要机构设置

农业部内设科技教育司及种子管理局。科技教育司内设综合处、政策体系处、技术引进与条件建设处、高新技术处、产业技术处、技术推广处、转基因生物安全与知识产权处、教育处、资源环境处及能源生态处。种子管理局内设综合处、种业发展处、品种管理处及市场监管处。

农业部设立农产品质量安全中心。农业部农产品质量安全中心内设办公室、体系标准处、审核处、监督处、地理标志处及追溯管理处。建有农产品地理标志登记专家评审委员会。

农业部设立农业部植物新品种保护办公室。该办公室设立秘书处、审查部门、测试机构和保藏机构。农业部植物新品种保护办公室秘书处设在农业部种子管理局品种管理处。农业部科技发展中心植物新品种保护处受农业部植物新品种保护办公室委托作为品种权申请审查部门。农业部科技发展中心植物新品种测试处受农业部植物新品种保护办公室的委托作为品种权申请测试机构。农业部植物新品种保藏中心受农业部植物新品种保护办公室委托作为农业植物新品种有性繁殖材料接收与保藏机构。

农业部设立农业部植物新品种复审委员会。其由主任委员、副主任委员、秘书长和委员组成。主任委员由农业部主管领导兼任，副主任委员由科技教育司司长和种植业管理司、产业政策与法规司主管副司长兼任，秘书长由农业部科技教育司知识产权处负责人兼任。复审委员会下设大田作物、果树、观赏植物及草类、蔬菜作物四个复审小组。复审委员会秘书处设在农业部科技教育司知识产权处。

（2）国家林业局主要管理机构

国家林业局内设科学技术司，下设综合处、计划处、推广处、标准处及油茶办。

国家林业局设立科技发展中心（国家林业局植物新品种保护办公室），为国家林业局具有行政职能的正司局级事业单位，归属科技司领导，下设综合管理处、新品种保护处、生物安全管理处、认证管理处、执法管理处和引智管理处。

2. 管理职能

（1）农业部主要管理职能

农业部科技教育司负责农业转基因生物安全监督管理；指导协调农业知识产权

工作，负责农业植物新品种保护工作；负责农业科技成果管理和科技保密工作。

农业部种子管理局负责组织农作物品种管理，拟定农作物品种审定和农业植物新品种保护的办法、标准，承担农作物品种审定、登记和农业植物新品种授权、复审工作，组织、指导品种退出工作。

农业部农产品质量安全中心负责农产品地理标志登记审查、专家评审和对外公示工作；组织制定农产品地理标志登记管理技术规范；负责农产品地理标志公共标识使用监督管理；对口指导地方各级农产品质量安全工作机构、无公害农产品工作机构和农产品地理标志登记保护工作机构工作；组织实施农产品地理标志证后监督管理等。

农业部植物新品种保护办公室负责《植物新品种保护条例》《植物新品种保护条例实施细则》（农业部分）的组织实施工作。

农业部植物新品种保护办公室秘书处负责具体指导和协调农业植物新品种保护各项工作，主要承担：

① 协助立法部门制定农业植物新品种保护法律、法规，制定并组织实施农业植物新品种保护相关的规章、制度和发展规划。

② 负责农业植物新品种权申请的受理、审查、测试和繁殖材料保藏的协调管理；负责农业植物新品种 DUS 测试指南研制的组织管理和品种保护名录发布的相关工作；负责农业植物新品种保护的信息管理与发布工作；组织农业植物新品种保护的宣传、培训工作。

③ 组织和指导农业植物新品种权的行政执法工作；协助司法部门处理农业植物新品种权的相关司法事务；负责与最高人民法院、国家知识产权局、国家林业局、国家工商行政管理总局、海关总署等相关部门的归口联络并处理相关事务。

④ 组织农业植物新品种保护的国际合作与交流，负责与国际植物新品种保护联盟（UPOV）的联络工作并处理相关事务。

农业部科技发展中心植物新品种保护处作为品种权申请审查部门，具体承办以下工作：

① 负责农业植物新品种权申请的受理、初步审查、实质审查等所有品种权受理审查工作；监控审查状态、期限及费用，提供各种统计数据；承办授权后的著录项目变更等品种权管理相关事务；负责品种权档案管理工作。

② 负责编辑、出版、发行《农业植物新品种保护公报》；印制、发放品种权证书；建设及管理维护农业部植物新品种保护办公室网站及相关办公自动化信息平台。

③ 协助科技教育司做好植物新品种保护的宣传、培训、咨询工作；协助收取、核对农业植物新品种保护的申请费、审查费、测试费和年费的相关工作。

④ 受植物新品种复审委员会委托，代收复审材料，承办指定复审案件的前置审查等工作。

农业部科技发展中心植物新品种测试处作为品种权申请测试机构，具体承办以下工作：

① 安排、落实 DUS 测试任务，监管 DUS 测试工作，审核 DUS 测试报告，分析相关测试数据并及时向品种保护处提交测试报告。

② 起草农业植物新品种 DUS 测试指南研制规划等相关文件，组织、承担指南的研制和修订；组织开展测试、鉴定新技术和新方法的研究工作及测试技术交流与培训；建设与管理测试信息系统；承担植物新品种侵权、假冒和复审案件的技术鉴定工作。

③ 组织品种权申请相关的无性繁殖材料的长期保藏工作；组织收集、整理、繁殖、纯化、保存、发放 DUS 测试所需的国内外植物品种；根据测试指南确定每种作物的繁殖材料提交数量，测试取种数量和执法鉴定提取繁殖材料数量。

④ 维护与管理测试中心试验基地，指导、管理、监督检查各测试分中心的业务工作；开展与测试技术有关的国际合作与交流工作；承担全国植物新品种测试标准化技术委员会秘书处的工作。

植物新品种保藏中心作为农业植物新品种有性繁殖材料接收与保藏机构，具体承办以下工作：

① 接收、检测并长期保藏与品种权相关的有性繁殖材料。及时向申请者或代理人及相关部门反馈繁殖材料的接收及检测结果情况。

② 负责核对实际收到的繁殖材料名称与《提供繁殖材料通知书》中的材料名称是否相一致，以通知书中的正确名称将其登记入库和录入数据库。

③ 在规定时间内，按《国家种子检验规程》对每份送交繁殖材料进行生活力检测，并及时将检测结果提交品种保护处和反馈给申请者或代理人。

④ 根据需要测试的品种清单，协助测试部门分装繁殖材料。

⑤ 根据品种保护办公室的《提取繁殖材料通知书》，向法院等单位提供保藏的繁殖材料。

⑥ 编写年度工作总结和制定次年工作计划，并于 12 月底前报品种保护办公室。

⑦ 确保贮藏冷库温湿度的稳定以及防火、防盗的安全生产，以保证繁殖材料的长期安全保藏等。

农业部植物新品种复审委员会负责审理驳回品种权申请的复审案件、品种权无效宣告案件和新品种更名案件，主要职责是负责审理农业部植物新品种保护办公室在初步审查和实质审查程序中驳回品种权申请的复审请求；负责审理无效宣告和品种更名请求；依据职权宣告品种权无效，以及对授权品种予以更名。

（2）国家林业局主要管理职能

国家林业局科学技术司负责林产品质量监督和有关植物新品种保护、管理有关工作。

国家林业局科技发展中心（国家林业局植物新品种保护办公室）具体承担林业植物新品种权的授予和管理工作，主要职责包括：

① 提出《中华人民共和国植物新品种保护条例》及林业实施细则修改建议，拟定有关管理办法并监督贯彻执行。

② 提出林业植物新品种保护名录，负责林业植物新品种权申请的受理、初步审查、实质审查（测试）工作。

③ 承担报批、颁证、登记、收费、出版公报、档案管理等林业植物新品种权授权的具体工作和植物新品种保护复审委员会交办的具体事务。

④ 负责林业植物新品种权申请代理人、执法人员、测试人员培训工作；组织建设新品种测试体系、代理机构和保藏机构；查处及指导下级查处林业植物新品种权侵权、假冒授权品种案件。

⑤ 承办林业植物新品种保护参与国际公约事务，开展植物新品种保护国际合作交流工作。

⑥ 负责局直属单位知识产权的管理工作并指导林业系统专利等知识产权管理工作。

⑦ 提出林业转基因生物安全管理法规建议，参与制定林业转基因生物安全管理办法并监督贯彻执行，承担林业转基因生物安全管理工作。

⑧ 参与森林认证管理法规的制定修改，承担森林认证评估、颁发证书、复评估、贴标签等具体工作，参与森林认证的国际合作。

⑨ 开展林业科技成果转化和产业化的技术服务工作，建立示范样板，举办技术培训等。

3. 主要工作

（1）农业部主要工作

一是推动保护制度不断完善，组织体系初步形成。根据《植物新品种保护条例》及《国际植物新品种保护公约》，农业部先后制定了《植物新品种保护条例实施细则》（农业部分）、《农业部植物新品种复审委员会审理规定》《农业植物新品种权侵权案件处理规定》《农业植物新品种权代理规定》等规章制度；组建了植物新品种保护办公室和复审委员会。

二是开展农业植物新品种申请受理和审批工作。农业部负责农业植物新品种权申请的受理与审查，并对符合规定条件的植物新品种授予植物新品种权。

三是深入开展种子流通环节品种权执法检查。重点打击恶意、群体及反复侵犯他人品种权和将授权品种的种子套用其他品种名称（"伪"品种）销售的行为。

四是加强对生产源头监管。加强对种子生产许可证发放的管理，申请授权品种生产许可证的，申请人应当提供品种权人同意的证明，不能提供有关材料的，农业部门不予发放许可证；强化对生产许可证发放后的监督，开展制种基地摸底排查工作，依法打击无证和"偷梁换柱"生产授权品种的行为；加强对授权品种种子收购秩序的管理，打击抢购套购授权品种种子行为，查清授权品种种子的市场流向，及时通知流入地的省级农业植物新品种保护管理部门。

五是加大保护品种权宣传力度，强化品种权意识。以"4·26"世界知识产权日为契机，集中开展以"保护品种权、促进育种创新"为主题的宣传活动。

（2）国家林业局主要工作

一是完善制度。根据《植物新品种保护条例》，国家林业局颁布实施《植物新品种保护条例实施细则》（林业部分），并开通了"中国林业植物新品种保护网"，创办了《林业植物新品种保护公报》，制定了《林业植物新品种保护行政执法办法》。

二是审批林业植物新品种权授予、终止、更名、复审、宣告无效等工作。截至2015年底，国家林业局累计受理林业植物品种权申请1788件。国家林业局已陆续发布5批《植物新品种保护名录》（林业部分），共包含198个属或者种，林业植物新品种的保护范围显著扩大。

三是加强行政执法力度。开展林业植物新品种保护和林业转基因生物安全管理执法工作，督办查处重大案件，发布执法通报。

四是开展林业植物新品种保护代理人、执法人员和测试人员培训工作，负责新品种测试机构、保藏机构建设和管理工作。

（六）海关总署与知识产权边境管理

1. 机构设置

海关总署是国务院下属正部级直属机构。海关总署内设政策法规司，政策法规司内设知识产权保护处。

2. 管理职能

海关总署是国家进出境监督管理机关，承担知识产权海关保护职责。

海关总署政策法规司知识产权保护处是知识产权海关保护工作专门机构，主要职责包括：受理知识产权海关保护备案申请；组织实施《知识产权海关保护条例》。直属海关法规处（或法规室）是本关区负责知识产权海关保护工作的专门机构。

知识产权海关保护，指海关依法禁止侵犯知识产权的货物进出口的措施。我国海关保护的知识产权应当是与进出口货物有关，并受中华人民共和国法律法规保护的知识产权，包括：商标专用权、著作权和与著作权有关的权利、专利权、奥林匹克标志专有权、世界博览会标志专有权。

3. 主要工作

海关总署根据《知识产权海关保护条例》的规定，积极开展知识产权海关保护工作，主要是对即将进出口的涉嫌侵犯受中华人民共和国法律、行政法规保护的知识产权的货物依法采取扣留、调查认定、处置和对货物收发货人进行处罚的措施。具体工作举措：

一是确定监管重点，加大执法力度。海关总署根据进出口环节侵权违法活动的特点，积极主动地开展执法活动。针对电子商务发展迅猛，一些不法分子采取互联网下单，通过邮递、快件渠道跨境运输侵权商品增势明显的情况，各地海关都有针对性地加大了对邮递环节出口侵权货物的查缉力度。海运环节，口岸海关加大了对输非、输美和输欧航线的重点监控，仅深圳、杭州、上海、宁波四个关区2014年就扣留侵权嫌疑货物近2000万件，约占全国海关扣留总数的四分之一，发挥了打击侵权主力军的作用。

二是运用风险分析手段，提高执法效能。通过整合案件信息、侵权商品参数信息、权利人举报信息、国内其他执法机关通报信息及境外海关反馈的查获侵权信息，加大风险分析和布控，完善侵权企业黑名单制度，提高了查缉侵权的针对性和有效性。

三是组织专项行动，集中打击假冒侵权。海关总署按照国务院的统一部署，组织开展了保护知识产权专项执法行动。

四是推进案件信息公开，提高执法透明度。制定公布了《海关依法公开进出口侵犯知识产权货物行政处罚案件信息的实施办法（试行）》，各地海关进行部署和落实，在门户网站设立案件信息公开专栏。

五是运用科技手段，提升服务和执法水平。自2015年3月1日起，海关总署启用海关知识产权备案系统。社会公众可通过该系统在线办理知识产权海关保护备案的全部手续，进一步降低了权利人维权成本。

六是推动区域执法协作，形成打击侵权合力。海关总署在加强全国海关执法统一性建设的同时，大力推进各区域内海关之间知识产权保护执法协作。

七是推动"两法衔接"，深化与公安机关的协作。海关总署根据《公安部、海关总署关于加强知识产权执法协作的暂行规定》，继续推动海关行政执法与刑事司法的衔接，加大对各关区向公安机关移送涉嫌犯罪案件的督办力度。

八是开展与权利人的合作，扩展执法信息来源。海关总署采取多种方式加强与知识产权权利人的合作，争取海关执法资源的最大化。主要体现在：鼓励企业主动收集侵权货物进出口信息并积极向海关举报；邀请知识产权权利人为海关关员举办鉴别侵权商品培训。

九是保护自主品牌，支持企业"走出去"。加大查缉侵犯国内自主知识产权进出口货物的力度；建立自主知识产权企业对口联系和帮扶机制，各地海关针对国内企业普遍缺少知识产权保护法律知识的情况，将本关区知名品牌生产和出口产品行业龙头企业确定为重点对口联系对象，主动上门服务，帮助企业提高维权意识和能力；加强与企业及行业协会的合作，海关在加强执法的同时，还注重会同侵权高发产品的行业组织开展对侵权行为的源头治理，引导和规范行业内企业健康发展。

十是深化跨境合作，维护国际贸易安全。中国海关开展了与其他国家或者地区海关在知识产权执法方面的合作并不断扩大合作的领域。例如，海关总署与欧盟委员会签署了《中欧海关2014～2017年知识产权合作行动计划》，与美国移民海关执法局于2014年1月联合开展了保护美国橄榄球职业联赛有关商标的联合执法行动，与俄罗斯海关署联合召开了中俄海关合作分委会知识产权工作组会议等。

十一是积极开展社会宣传，增强公众法律意识。海关总署和各地海关利用"4·26"知识产权宣传周和"8·8"法制宣传日，集中开展了多种形式的知识产权海关保护宣传。

二、国家知识产权协调管理机构及职能

（一）国务院知识产权战略实施工作部际联席会议

为贯彻落实《国家知识产权战略纲要》，加强组织领导和统筹协调，大力推进国家知识产权战略实施工作，经国务院同意，建立国务院知识产权战略实施工作部际联席会议制度。

联席会议主要职责为：在国务院领导下，统筹协调国家知识产权战略实施和知识产权强国建设工作。加强对国家知识产权战略实施和知识产权强国建设工作的宏观指导；研究深入实施国家知识产权战略和加强知识产权强国建设的重大方针政策，制定国家知识产权战略实施计划；指导、督促、检查有关政策措施的落实；协调解决国家知识产权战略实施和知识产权强国建设中的重大问题；完成国务院交办的其他事项。

联席会议由国家知识产权局、中央宣传部、最高人民法院、最高人民检察院、外交部、国家发展和改革委员会、教育部、科技部、工业和信息化部、公安部、司法部、财政部、人力资源和社会保障部、环境保护部、农业部、商务部、文化部、国家卫生和计划生育委员会、中国人民银行、国务院国有资产监督管理委员会、海关总署、国家工商行政管理总局、国家质量监督检验检疫总局、国家新闻出版广电总局（国家版权局）、国家统计局、国家林业局、国务院法制办公室、中国科学院、国家国防科技工业局、中央军事委员会装备发展部、中国国际贸易促进委员会等31个部门和单位组成，国家知识产权局为牵头单位。

国务院分管知识产权工作的领导同志担任联席会议召集人，协助分管知识产权工作的国务院副秘书长和知识产权局主要负责同志担任副召集人，各成员单位有关负责同志为联席会议成员。联席会议办公室设在国家知识产权局，承担联席会议的日常工作。知识产权局主要负责同志兼任办公室主任，分管负责同志兼任办公室副主任。联席会议设联络员，由各成员单位有关司局负责同志担任。

联席会议根据工作需要定期或不定期召开会议，由召集人或召集人委托的副召集人主持。成员单位根据工作需要可以提出召开会议的建议。在联席会议召开之前，由联席会议办公室主任或其委托的办公室副主任主持召开联络员会议，研究讨论联席会议议题和需提交联席会议议定的事项及其他有关事项。

（二）全国打击侵权假冒工作领导小组

全国打击侵权假冒工作领导小组由国务院副总理担任组长，由商务部部长、国

务院副秘书长、国家知识产权局局长担任副组长，领导小组办公室设在商务部，承担领导小组日常工作，办公室主任由商务部副部长兼任。

各省（区市）都成立了相应的打击侵犯知识产权和制售假冒伪劣商品工作领导小组，由政府分管领导任组长，相关部门为成员单位。领导小组办公室多数设在商务部门，湖南省、广东省、重庆市的领导小组办公室设在知识产权部门。

成员单位有中央宣传部、中央社会治安综合治理委员会、国家发展和改革委员会、工业和信息化部、公安部、司法部、财政部、环境保护部、农业部、商业部、文化部、国家卫生和计划生育委员会、中国人民银行、国务院国有资产监督管理委员会、海关总署、国家税务总局、国家工商行政管理总局、国家质量监督检验检疫总局、国家新闻出版广电总局、国家食品药品监督管理总局、国家林业局、国家知识产权局、国务院机关事务管理局、国务院法制办公室、国务院新闻办公室、国家互联网信息办公室、国家邮政局、最高人民法院、最高人民检察院、中国国际贸易促进委员会。

主要工作是统一组织领导全国打击侵犯知识产权和制售假冒伪劣商品工作，研究拟定有关政策措施；督促检查各地区、各有关部门工作落实情况；督办侵犯知识产权和制售假冒伪劣商品重大案件；承办国务院交办的其他事项。

（三）推进使用正版软件工作部际联席会议

2012年国务院批复同意建立推进使用正版软件工作部际联席会议制度。这个部际联席会议制度是在2007年成立的推进企业使用正版软件工作部际联席会议制度的基础上调整建立的，把国家机关使用软件正版化工作也整合进来。在国务院领导下，负责指导推进企业使用正版软件工作，协调解决工作中出现的问题，组织相关督促检查和宣传表彰；加强有关信息收集与交流，不定期编印联席会议简报；完成国务院交办的其他工作。联席会议成员单位由国家新闻出版广电总局、工业和信息化部、财政部、商务部、审计署、国务院国有资产监督管理委员会、国家工商行政管理总局、国家知识产权局、国务院机关事务管理局、国务院法制办公室、中国银行业监督管理委员会、中国证券监督管理委员会、中国保险监督管理委员会、中共中央直属机关事务管理局、中华全国工商业联合会组成。联席会议下设办公室，日常工作由国家新闻出版广电总局承担。

联席会议的主要职责是，在国务院领导下，负责协调推进政府机关和企业使用正版软件工作，研究拟定有关政策措施；督促检查各地区、各部门、各单位工作落实情况；组织相关宣传、培训、表彰；承办国务院交办的其他事项。联席会议要求15个成员单位要根据各自的分工，明确各自的责任，积极稳妥地发挥各自的作用，并按照层级负责的原则，指导各地、各部门要做到机构到位、责任到位、制度方案到位、经费到位、督察到位，使政府机关和企业的软件正版化工作齐头并进。

三、地方知识产权行政管理体系

(一) 专利行政管理部门

我国各省、自治区、直辖市人民政府是地方专利管理工作的责任主体。各省、自治区、直辖市人民政府以及专利管理工作量大又有实际处理能力的设区的市人民政府设立管理专利工作的部门，机构名称一般为知识产权局。

省、自治区、直辖市人民政府管理专利工作的部门负责本行政区域内的专利管理工作。主要包括：一是组织协调地方保护知识产权工作，推动知识产权保护工作体系建设；会同有关部门建立知识产权执法协作机制，开展有关的行政执法工作；开展知识产权保护的宣传工作。二是贯彻落实国家关于专利工作方面的法律、法规、规章和政策；起草地方性法规草案、政府规章草案，拟定专利工作的政策措施、发展规划和工作计划，并组织实施；会同有关部门拟定并组织实施地方知识产权战略和规划。三是规范地方专利管理基本秩序。依法处理、调解专利纠纷，查处假冒专利行为；依法监督管理专利代理机构，推进专利中介服务体系建设。四是会同有关部门推动本地区知识产权转化运用，促进产业发展；指导和规范专利技术市场，管理专利权转让合同、专利实施许可合同和专利申请权转让合同备案工作；会同有关部门指导和规范知识产权无形资产评估；推动专利权质押工作。五是负责地方专利信息公共服务体系的建设，会同有关部门推动专利信息的传播利用；负责组织建立知识产权预警应急机制；承担专利统计工作。六是统筹协调地方涉外知识产权事宜，开展专利工作的国际联络、合作与交流活动。七是组织开展专利方面法律法规、政策的宣传普及工作；组织制定地方有关知识产权的教育与培训工作规划，并组织实施等。专利管理工作量大又有实际处理能力的设区的市人民政府设立的管理专利工作的部门依法开展专利行政执法工作。

地方知识产权局主要开展的工作：一是开展地方性知识产权法规草案、政府规章草案等拟定及修订。根据各地方发展特点和需求，深化顶层设计，出台相应的知识产权政策措施，形成具有地方特色的知识产权政策体系，为知识产权促进经济发展提供政策支撑。二是推动机制体制创新。探索知识产权工作联席会议和知识产权行政管理、执法新模式，加强知识产权行政协作，提升知识产权行政管理与执法效能。深化知识产权战略实施，推动地方各级政府将知识产权指标纳入工作考核体系和重要工作日程，推进重大经济活动知识产权评议等专项工作。三是加强创新主体知识产权工作。开展地方企事业单位知识产权试点示范和国家知识产权示范企业、优势企业培育工作，推进《企业知识产权管理规范》施行工作；开展专利导航试点工作、推进产业知识产权联盟建设，支持知识产权密集型产业发展；探索推动专利运营工作和知识产权金融工作。四是发展知识产权服务业。研究出台地方支持知识产权服务业发展的政策措施，推动地方知识产权公共信息平台建设，加快知识产权服务业聚集区建设，培育地方优秀专利代理机构、知识产权服务机构和国家知识产权服务品牌机构。五是加大知识产权保护力度。探索跨地方行政区划知识产权行政执法联动合作机制，协同各地方知识产权行政部门开展打击侵犯假冒专项行动，推进展会等专题知识产权行政执法，面向知识产权侵权易发、多发领域制定知识产权保护指导性规范。探索知识产权纠纷调解工作。六是培育知识产权专业人才。完善知识产权人才培养政策，营造良好人才发展成长环境，培育知识产权领军人才、高层次人才、骨干人才和专业人才，为知识产权强国建设提供强有力的人才基础和支撑。

（二）商标行政管理部门

地方工商行政管理机构下设商标管理部门，负责地方商标监督和管理工作。其管理职能有：拟定地方商标监督管理的规章制度草案及具体措施、办法；负责对商标印制单位的监督管理；负责商标代理组织的核转管理工作；负责对企业使用商标行为的指导和监督管理；负责驰名商标的核转和著名商标的认定及保护工作；组织、指导查处商标侵权及假冒案件，保护商标专用权；组织查处侵害特殊标志的案件；研究分析并依法发布商标注册信息，为政府决策和社会公众提供信息服务。

主要开展保护知识产权、打击假冒伪劣专项整治行动，加大商标专用权保护力度和商标案件查处力度；审核和认定一批著名商标；摸底调查驰名商标、著名商标、地理标志和中华老字号等商标注册和发展情况。

（三）版权行政管理部门

地方著作权行政管理部门（一般为地方新闻出版广电局）负责地方著作权管理和公共服务。其管理职能包括负责起草著作权管理工作方面的地方性法规草案、政府规章草案，制定相关的政策措施、地方标准并组织实施和监督管理；负责著作权管理领域对外及对港澳台的交流与合作；负责地方著作权管理和公共服务，调解著作权侵权纠纷，协同查处重大著作权侵权案件。

主要开展工作有：一是加强版权保护宣传教育。抓住"4·26"和"6·26"宣传活动契机，组织版权保护"进校园、进社区、进园区、进企业"活动，通过广播电视、报刊、网络、移动等多种形式宣传普及著作权法知识，逐步建立起政府主导、新闻媒体支持、社会公众广泛参与的版权宣传普及教育常态机制，提高公众版权保护意识。二是推进软件正版化工作。巩固政府机关和国有企业软件正版化工作成果，不断完善正版示范体系建设。依托地方正版软件采购平台，积极推进企业软件正版化。三是提高版权执法监管效能。完成"剑网"行动等专项行动中重大案件的监测取证和协调服务工作，为严厉打击网络侵权盗版专项行动提供有力支持，努力规范版权市场秩序。充分发挥行政调解的作用，通过非诉方式及时化解矛盾，保护权利人和使用者的合法权益，营造良好的市场环境。四是健全版权社会服务体系。健全版权社会化服务体系，加强作品登记工作。提升现有版权交易平台的功能，为版权贸易提供更加便利、有效的公共服务平台。整合版权资源，畅通版权交易渠道，引导版权产业健康快速发展。

第三节　中国知识产权行政管理的成绩

我国实施知识产权制度以来取得巨大的成绩，用了30多年的时间走过了发达国家上百年的知识产权发展之路。我国知识产权事业的发展之所以能取得这样大的成绩，其中有一个非常重要的原因，是我国实行了有效的知识产权行政管理。

我国通过组织实施国家知识产权战略，制定知识产权管理政策，开展知识产权行政执法，搭建知识产权服务平台，实施知识产权专项任务等，知识产权行政管理工作取得了明显成效。

一、制定国家战略，强力推进实施，提升知识产权显示度

2008年国务院颁发《国家知识产权战略纲要》，知识产权战略成为我国经济社会发展的一项基本战略。各个省、自治区、直辖市和新疆生产建设兵团也相继出台了地方知识产权战略；建立了知识产权合作会商工作机制，知识产权统筹协调能力和管理水平大幅提升。2014年11月，国务院常务会议专题研究知识产权保护和运用问题明确提出了建设知识产权强国的战略目标。国务院发布《深入实施国家知识产权战略行动计划（2014～2020年）》。

截至2013年底，《国家知识产权战略纲要》五年目标基本完成。知识产权法规政策体系日益完善，修订14部知识产权相关法律法规。知识产权创造能力大幅提升，知识产权数量持续快速增长，2012年我国居民发明专利申请量跃居世界首位，PCT国际专利申请量位居全球第四。知识产权运用能力明显增强，形成一批熟练运用知识产权制度的优势企业。知识产权保护水平进一步提高，侵权假冒多发势头得到有效遏制。知识产权建设的社会环境明显改善，全社会知识产权意识明显增强。截至2013年底，我国每万人口发明专利拥有量达4.0件，提前完成"十二五"规划目标。

通过知识产权战略的实施，我国及各个省市的知识产权工作显示度明显提升。国家知识产权局增加了职能和编制，一些地区的知识产权局实现了地位的升格，并且得到了越来越多领导的关注，知识产权财政投入明显增加；近几年来通过政府与媒体不断加大知识产权宣传教育力度，社会公众对知识产权的认知程度有新的提高；企业和其他单位对于知识产权的作用更加重视，积极通过知识产权提升市场竞争力。

二、建立制度体系，激发创造活力，助力创新型国家建设

建立知识产权制度，旨在激励创新，保护人们的智力劳动成果，并促进其转化为现实生产力。改革开放30多年来，我国知识产权事业从无到有，知识产权制度也

经历了一个由产生到发展再到相对完善的过程。我国现已建立了既符合国情、又与国际规则吻合的知识产权法律体系，形成了行政执法与司法保护相衔接的知识产权执法体系，并在此基础上不断完善知识产权制度，为激发全社会创造力提供了良好的法律制度环境。

在知识产权法律体系建设最新进展方面，继《商标法》完成修订并于 2014 年 5 月 1 日起正式施行后，我国正在对《专利法》和《著作权法》进行新一轮的修订。2014 年 4 月，中国十二届全国人大常委会第八次会议审议批准了《视听表演北京条约》，2014 年 7 月 9 日中国政府向世界知识产权组织正式递交了加入批准书。同时，中国还一直积极推进《海牙协定》的加入工作。

我国知识产权制度环境的不断完善有效地激发了全社会的创新热情和创造活力，具体表现在：一是发明专利、实用新型专利、外观设计专利和商标注册的年申请量位居世界第一，植物新品种权年申请量位居世界第二。二是 2016 年国家知识产权局共受理发明专利申请 133.9 万件，同比增长 21.5%，连续 4 年位居世界首位。同时，共授权发明专利 23.3 万件，其中国内发明专利授权 16.3 万件，比上年增长了近 2 万件。三是到 2016 年底，代表较高专利质量指标、体现专利技术和市场价值的国内有效发明专利拥有量共计 110.3 万件。每万人口发明专利拥有量达到 8 件。提前两年完成国家"十二五"规划纲要确定的 3.3 件的目标。四是我国有效发明专利中，国内专利为 70.8 万件，占比接近 60%。专利申请结构显著优化。发明、实用新型和外观设计专利占比分别为 39.3%、36.8% 和 23.9%；相比 2013 年，发明专利申请占比超过实用新型专利申请，位居三种专利申请之首。五是企业知识产权创造主体地位持续稳固，我国企业提交发明专利申请 48.5 万件，占国内发明专利申请受理量的 52.2%。发明专利申请占比超过实用新型申请，位居三种专利之首，表明专利申请结构显著优化。

2015 年 1~8 月，我国的知识产权增长继续保持良好势头，共受理发明专利申请 60.9 万件，同比增长 21.8%；受理 PCT 专利申请 1.87 万件，同比增长 20.4%；受理商标注册申请 186.8 万件，同比增长 30.2%。2014 年全年，我国著作权登记总量达 121.1 万件，同比增长 19.97%，彰显了我国"大众创业、万众创新"的蓬勃活力。

知识产权对科技创新的导向作用日益显现，科研院所、高等学校、企业等各类创新主体知识产权意识和管理能力大幅度提高，国家科技重大专项和国家科技计划知识产权管理制度不断完善。专利申请和授权数量快速增长，在若干重点领域掌握了一批重要的知识产权。国家科技重大专项和国家科技计划项目发明专利申请量和授权量大幅提升。

三、强化法律保护，优化市场环境，有力地推动经济发展

持续开展知识产权保护专项行动，不断加强知识产权行政执法，全国知识产

权维权援助网络初步建立，执法协作机制不断深化。知识产权司法保护不断加强，由知识产权审判庭集中审理知识产权民事、行政和刑事案件的试点逐步扩大，全国在北京、上海、广州设立了知识产权法院，使知识产权保护工作取得明显进步；各地积极组织知识产权保护专项行动，通过建立跨部门的联合执法模式，推动行政执法与司法保护相结合、日常执法与专项执法相结合，增强了知识产权的保护力度。

据《2014 年中国知识产权保护状况》白皮书显示，2014 年全国专利行政执法办案总量同比增长 50.9%；全国工商系统共查处侵权假冒案件 6.74 万件；全国版权系统立案查处侵权盗版案件 2600 余件；全国海关共扣留侵权货物 2.3 万批，新核准知识产权海关备案 5306 件，同比增长 11%。多部门联合开展了打击网络侵权盗版专项治理的"剑网 2014 专项行动"、互联网和电子商务领域专项整治、"绿茵"专项执法行动等，取得明显成效。

知识产权行政执法保护有效地维护了知识产权权利人的合法权益，不断完善社会主义市场经济体制，规范市场秩序和建立诚信社会，极大地增强了国内外投资者的信心。2014 年全国科技经费投入持续增加，全社会研究与试验发展（R&D）支出达到 13400 亿元，比 2013 年增加 1553.4 亿元；R&D 占 GDP 比重达 2.05%。2014年我国自主创新能力进一步提升，为新常态下经济社会稳步发展作出了积极贡献。国际科技论文数量稳居世界第二位，被引次数上升至第四位；全国技术合同成交额达 8577 亿元，比上年增长 14.8%；国家高新区达到 115 家，总收入达到 23 万亿元，比上年增长 15%；企业的创新意愿和能力显著增强，研发支出占全社会研发支出比重达 76%，研发人员占我国研发人员总量的 77%，发明专利占国内有效发明专利总量超过 55%。

四、完善公共政策，推动有效运用，显著提高企业竞争力

企业是科技创新的主体。知识产权行政管理开展的许多项目和活动均着眼于企业。为加快培育一批熟练运用知识产权、拥有较强国际竞争力的骨干企业，国家知识产权局开展国家知识产权优势企业和示范企业培育工作。印发了《国家知识产权局关于开展国家知识产权优势企业和示范企业培育工作的通知》，目前已体系化开展知识产权优势示范企业培育工作，已培养示范企业 127 家，优势企业 771 家。

与工业和信息化部联合印发《关于实施中小企业知识产权战略推进工程的通知》，确立了 32 个试点城市。全国 22 个地区开展知识产权质押融资、投融资服务等试点工作，25 个市（区）开展专利保险试点工作，组建知识产权投融资服务联盟，建设知识产权投融资信息服务平台，并引导担保机构、投资机构和银行加强合作，通过投贷联动、担保保障、组合质押等多种形式，有效提升中小微企业融资规模和效率。全国专利信息公共服务体系初具规模，逐步建立覆盖全国不同区域和行业的立体化专利信息传播与利用培训体系。组织开展专利分析普及推广项目。建立了知

识产权管理规范和工作机制，组织制定的《企业知识产权管理规范》国家标准正式发布实施，印发《关于启动企业知识产权管理标准推行工作的通知》，引导和支持企业推行实施国家标准，全面提升我国企业知识产权管理能力。据初步统计，全国已有 8000 家企业开展贯标活动，近 400 家知识产权服务机构参与贯标的服务咨询工作。2015 年 6 月，国家知识产权局等 8 部委联合印发《关于全面推行〈企业知识产权管理规范〉的指导意见》，在全国范围内全面推广标准。

为有效运用专利制度提升产业创新驱动发展能力，提高产业整体素质和竞争力，国家知识产权局启动为期 5 年的专利导航试点工程，面向企业、行业和产业园区开展了不同层面的试点，把专利运用嵌入产业技术创新、产品创新、组织创新和商业模式创新，引导和支撑产业创新发展。一是开展宏观专利导航项目。以印发项目计划、召开启动会和评审会等形式，建立项目实施进度月报制度，加强项目实施的节点控制；制定项目实施工作规程和技术要点，确立专利导航分析基本模块，强化项目实施的过程指导；指导实验区做好专利导航产业创新发展规划或意见的编制起草工作；总结项目经验，组织起草《产业规划类专利导航项目实施导则》。二是开展微观专利导航项目。选取重点实验区，面向产业链重点企业，实施微观专利导航项目，探索微观专利导航项目实施方式，通过专利导航明晰企业在产业中定位，为企业发展指明方向。

开展重大经济活动知识产权评议工作。召开全国知识产权评议会议，组织协调地方开展试点工作，与国家发展和改革委员会、科技部、工业和信息化部、商务部等国家部委形成工作协调机制等。2014 年 12 月，国家知识产权局制定并印发了《知识产权分析评议工作指南》，形成分类实施、定位准确、推进有序、运作有效的评议工作原则。2011 年起开始有计划、有重点地在各个领域推行知识产权评议试点工作，试点范围涉及 16 个省（直辖市、自治区）、4 个计划单列市和 3 个重点园区以及中国科学院系统、国务院国有资产监督管理委员会系统和国防部系统，已经取得了初步成效。继续强化地方知识产权局与地方发展和改革委员会、科技、行业主管部门合作，推动制定出台跨部门的规范性文件。全国各级政府部门出台知识产权评议相关政策法规 100 余份。其中，江苏、湖南、重庆、武汉等省市将建立知识产权评议制度列入了地方性法规。进行专利池构建模式、管理规范、反垄断调查程序研究，开展若干领域的专利池信息披露、数据库建设工作。近年来，国家知识产权局围绕重大关键技术领域和新兴产业陆续开展了 70 多个知识产权评议项目，为政府重大决策提供了有效支撑。各地方知识产权局在重大经济科技活动知识产权评议试点工作中针对 120 余个经济科技项目开展知识产权评议。

五、开展公共服务，出台政策措施，发展知识产权服务业

建设完成全国专利信息公共服务体系。2009 年国家知识产权局正式发布《全国专利信息公共服务体系建设规划》，确立了在"十二五"期间建成包括国家专利数

据中心、区域专利信息服务中心和地方专利信息服务中心在内的三级专利信息公共服务体系框架，实现基本满足全社会对专利信息的需求，为公众提供更加便捷、有效的专利信息服务的目标。经过努力，2013 年 7 月国家专利数据中心主要系统"专利数据资源管理系统"投入使用，标志着国家专利数据中心正式建成。2010 年 10 月组织评审会，确定设立广州、南京、济南、上海和重庆 5 个区域专利信息服务中心。2012 年 3 月和 2013 年 1 月，分两批在全国范围内共设立了 47 个地方专利信息服务中心，服务地区基本覆盖了全国各省、自治区、直辖市及新疆生产建设兵团、计划单列市和副省级城市。与此同时，及时公开基础性专利信息方面，提供专利文献检索和分析服务，2011 年 4 月 26 日建成专利检索及分析系统并正式投入使用。系统为各类服务对象和创新主体提供包含中国在内的全球 103 个国家、地区和组织的总量已达 1.2 亿条的专利技术文献，并配有强大的检索及分析功能。为满足服务对象和创新主体批量下载专利文献基础数据的需求，2014 年 12 月 10 日建成了用于提供专利数据批量下载服务的专利数据服务试验系统。

建设国家专利技术展示交易中心。将展示交易中心工作纳入专利导航试点工程统筹推进，按照明晰定位、分类转型的原则，坚持公益服务与市场运作相结合，坚持管理规范化与服务专业化并进，推动展示交易中心稳步转型、升级发展。鼓励展示交易中心积极与全国知识产权运营公共服务平台对接，参与知识产权运营联盟，与专利运营试点企业开展业务交流和合作。推进产业专利（知识产权）联盟建立。印发《产业知识产权联盟建设指南》；组织召开联盟工作座谈会，解读政策、交流经验，引导地方加强联盟工作；开展第一次产业知识产权联盟摸底调查和集中备案，密切掌握联盟建设整体情况。

知识产权服务业顺应我国改革开放与知识产权制度的实施而产生，伴随着我国市场经济的建立完善而不断发展。1983 年以前，我国知识产权制度尚未建立，但已出现了部分从事知识产权服务的机构。2001 年，我国加入世界贸易组织，国务院发文要求社会中介机构与政府部门实行脱钩改制。2008 年《国家知识产权战略纲要》实施，至 2012 年，知识产权服务机构增加近 1.5 万家。2013～2014 年，党的十八大三中、四中全会相继召开，我国简政放权的各项政策落地，公司工商注册和营业环境更加利好，每年新增知识产权服务机构数量约 7000 家。截至 2014 年，我国从事知识产权服务的机构数量达到 3.1 万家，从业人员约 6 万人。

发展知识产权服务业，已融入国家重大宏观部署，纳入有关部门的专项政策，各地方政府积极响应，因地制宜地制定了实施意见或推进方案。《服务业发展"十二五"规划》把知识产权服务体系作为服务业发展的 4 个重要支撑体系之一，《加快科技服务业发展的若干意见》将发展知识产权服务业列为 9 项重点任务之一，《加快发展高技术服务业的指导意见》将知识产权服务列为 8 个重点领域之一。国家出台了一系列促进服务业发展的政策，均涉及知识产权服务，例如，全国开展现代服务业"营改增"政策、促进服务外包产业加快发展的意见、完善技术先进型服务企业有关企业所得税政策、进一步支持小微企业增值税、营业税政策和所得税优惠政策等。国家知识产权局联合发展改革委等9部委制定了《关于加快培育和发展知识产权服务业的指导意见》，并印发一系列配套文件。2015年4月国家知识产权局修改公布《专利代理管理办法》，取消设立专利代理机构的资金要求，取消专利代理机构年检，实行专利代理机构年度报告公示制度，建立专利代理机构经营异常目录和严重违法名单。截至2015年5月，我国专利代理机构共计1141家，执业专利代理人共计11462人。

2012~2014年，国家知识产权局在苏州高新区、北京中关村等7个地方设立了国家知识产权服务业集聚发展试验区，为知识产权管理部门与产业管理部门搭建起有效合作的载体，共同建立起服务业与实体产业融合发展的共生生态系统。

六、维护国家利益，护航国际贸易，服务外向企业走出去

积极参与世界知识产权组织、世界贸易组织、亚太经合组织等国际和地区性组织磋商，就专利制度国际协调和PCT制度改革等议题提出我国主张。参加中美商贸联委会、中美科技创新高官对话会、中欧经贸高层对话、中英经济对话、夏季达沃斯世界经济论坛等重大知识产权对话，参与中澳、中欧等双边自由贸易协定知识产权章节谈判，主动宣传我国知识产权工作成绩，反映我国诉求，有力维护国家利益。与许多国家、国际组织和外商投资企业广泛开展对话、交流与合作，知识产权国际影响力逐渐增强。

成功组织召开中美、中俄、中欧、中日、中巴（西）等政府间双边知识产权工作组会议。顺利完成中美战略经济对话、中美商贸联委会、中欧领导人峰会等项下知识产权议题磋商。持续开展知识产权海外交流活动，宣传介绍中国知识产权制度建设的成就。推动中美、中欧知识产权合作项目的落实，为双边经贸合作注入新的内涵。建立金砖国家知识产权交流合作机制并开展相关活动。参加亚太经合组织知识产权工作组会议、世界贸易组织知识产权理事会相关议题谈判，积极参与国际知识产权规则构建。

我国积极参与知识产权领域的国际协调，逐步从知识产权国际规则的被动接受者向主动参与者转变，很好地维护了国家利益、国家主权和经济安全。国家知识产权局成为世界上有影响的重要机构之一，参与国际事务能力显著提升。针对发达国家利用知识产权向我国施压的动向，比较妥善地化解矛盾，抵御住了巨大的压力。

逐步完善知识产权海外维权及预警机制，推动驻外使领馆加强涉外知识产权工作。继续在海外重要展会设立中国企业知识产权服务站，受到各方好评。加强对海外知识产权贸易壁垒的研究，指导我国企业应对美国"337调查"取得积极成效。依托"中国保护知识产权网"和"智南针"网打造海外知识产权问题及案件提交平台，加强与重点企业、重点行业协会的联系与互动。

七、加大宣传力度，提高全民意识，培育知识产权文化

"十二五"期间，知识产权局联合中宣部等 20 多个部门在全国范围内开展了分别以"知识产权助推经济转型""培育知识产权文化，促进社会创新发展""实施知识产权战略、支撑创新驱动发展""保护·运用·发展""建设知识产权强国，支撑创新驱动发展"为主题的知识产权宣传周活动，每届活动组委会各成员单位单独或者多部门联合开展活动近 200 项次。各地宣传周活动同步进行，形成国家、省、地、县四级联动、全国一盘棋宣传局面。以 2015 年宣传周为例，据不完全统计，活动期间参与报道的电台、电视台、报社、网站等媒体超过 500 家，有关原发性报道逾 4000 篇，网络转发总量数百万次，参与人数近千万。这充分表明，随着建设知识产权强国目标的提出，知识产权越发受到社会公众的广泛关注，知识产权宣传周活动已逐步发展成由政府主导过渡到公众自发参与、互动呼应的全民宣传局面。

"十二五"期间，国家知识产权局建立例行发布制度和"4·2·1＋N"新闻发布模式。共自主举办新闻发布会 30 场，组织新闻通气会 10 次、媒体培训班 5 次。协同中央电视台制作播出《新闻联播》《焦点访谈》、3·15 晚会、《小崔会客》《对话》《创新之盾》《蜗牛一家亲》等知识产权专题电视节目。在《求实》《中华英才》《瞭望》刊登局领导署名文章或人物专访。

2013 年，国家知识产权局联合文化部、教育部、国家工商行政管理总局、国家新闻出版广电总局出台《关于加强知识产权文化建设的若干意见》，为知识产权文化建设工作明确目标，提出将知识产权有关内容纳入国民教育体系，在中小学法律教育中增加知识产权有关内容。2014 年，国务院办公厅转发了国家知识产权局等 28 个单位制定的《深入实施国家知识产权战略行动计划（2014～2020 年）》，提出："将知识产权内容纳入学校教育课程体系，建立若干知识产权宣传教育示范学校。将知识产权内容全面纳入国家普法教育和全民科学素养提升工作。"2015 年，知识产权局制定全国中小学知识产权教育试点示范工作方案及认定、考核标准，拟联合教育部启动试点学校认证工作。编制出版了《中小学知识产权教育读本》《图解知识产权 ABC（第 2 版）》等出版物，对相关工作推进提供了支撑。

知识产权环境的显著改善，增强了社会公众对于知识产权的认同感，公众知识产权意识显著提高，促进了知识产权制度的良性运行，推进了社会主义文化的繁荣和发展。"中国公众知识产权文化素养"调查结果显示：我国公众对待知识产权的态度相对明确。被调查者对知识产权是企业核心竞争力的认知度超过 40.0%，有 67.7% 的被调查者认为创新意识的培养是青少年教育的关键。"我国知识产权保护社会满意度"调查结果为 63.69 分，其中受访各界对知识产权"宣传教育"工作的评价最高，为 68.40 分，有 79% 的公众受访者认为近几年有关知识产权的社会宣传力度有明显加强。

八、加强统筹规划，优化结构布局，推进人才队伍建设

国家知识产权局专门制定出台了《知识产权人才"十二五"规划》并提出"三大工程"和"六大计划"等重点人才工程计划。经过 5 年的实施，已基本形成统筹协调的人才工作格局，建立了较完备的人才政策体系，搭建了开放合作的人才培养使用平台，营造了良好的人才发展成长环境，培养了一支优秀的知识产权人才队伍，发挥了人才体系作为知识产权事业发展六大支撑体系的重要作用，为知识产权强国建设和知识产权"十二五"规划实施提供了强有力的人才基础和支撑。

目前，知识产权人才队伍不断壮大，基本形成了 15 万人规模、数量充足、结构优化、布局合理、素质较高的知识产权人才队伍。一是知识产权人才层次合理、类型丰富。全国形成了以领军人才、百名高层次人才、千名骨干人才和万名专业人才为纵向四个层级，以行政管理和执法、专利审查、服务业、企业、高等学校及科研院所知识产权人才为横向五个类别的梯次合理、门类齐全的知识产权人才队伍。二是各类知识产权人才数量飞速增长。通过大力实施"知识产权行政管理和执法人才培养计划""专利审查人才能力提升计划""企事业单位知识产权人才开发计划"和"知识产权服务业人才支撑计划"，全国的知识产权行政管理和执法人才 2 万余人，其中包括专利审查人才 1 万余人，专利审查人才的数量与国际竞争优势初步显现。全国的企事业单位知识产权人才 6 万余人，人才数量和素质能力有较大幅度提高；服务业人才 6 万余人，提前完成了"十二五"规划中设定的知识产权服务业从业人员增加 1 万人左右的数量指标；高等学校和科研机构人才 1 万余人。我国的知识产权人才总数与"十一五"末相比翻了两番。全国知识产权从业人员已超过 50 万人。三是知识产权人才队伍结构不断优化。进入知识产权人才队伍的人员学历高、年轻化，人才专业背景、年龄梯次更符合实际需要。培养了一大批复合型专门人才和从事企事业单位知识产权工作的专业人才，各类人才素质不断提升，为知识产权事业的推进提供了重要的人才保障与智力支持。四是知识产权人才队伍层次进一步提升。形成了一支能力素质过硬、工作业绩突出、示范效应显著的高端人才队伍，在知识产权强国建设和创新型国家建设过程中发挥着引领示范作用。对于全面提升知识产权服务经济社会发展、扩大知识产权工作的社会影响起到了积极重要作用。知识产权骨干人才等高端人才后备队伍不断壮大，形成了合理的人才成长梯队。

第四节　中国知识产权行政管理经验与特色

一、中国知识产权行政管理经验

（一）发展遵循规律，主动融入大局

我国知识产权行政管理体系自 20 世纪 80 年代初步建立以来，经历筹备初建、

完善发展、调整强化和战略实施四个阶段，形成了现行分工协作式的知识产权行政管理体制。30 多年来，知识产权行政管理工作遵循我国经济和社会发展不同阶段的客观规律，适时调整，主动融入国家发展大局，对我国经济社会稳步发展起到了重要推动作用。

在知识产权行政管理体系建设初期，为适应我国对外开放发展需要，参与国际竞争，我国开始建立知识产权制度，设立了国家专利局、国家商标局，制定了《专利法》《商标法》和《著作权法》等多部知识产权法，初步形成了与国情相适应的知识产权法律体系。

2001 年，随着我国加入世界贸易组织，签署了 TRIPS 之后，我国不断加大知识产权保护力度，开展了一系列知识产权保护专项工作，中国知识产权行政管理工作初步形成了多部门管理协同机制，知识产权在我国经济发展中的作用更加凸显。

2008 年国务院发布实施《国家知识产权战略纲要》，确定了"激励创造、有效运用、依法保护、科学管理"的方针。知识产权行政管理的工作重心由注重知识产权制度的构建与推行转为知识产权战略的实施，由单纯的加强保护转为创造、运用、保护和管理协同推进。知识产权的影响也从经济发展扩展到更为广阔的社会领域。

（二）把握基本定位，强化制度支撑

改革开放以来，我国知识产权事业从无到有，逐步建立了既符合中国国情，又适应国际规则的知识产权制度，知识产权法律体系和知识产权行政执法体系不断完善。随着我国知识产权制度环境的不断完善，知识产权制度激励创新的基本保障作用日益凸显，知识产权作为国际贸易的基础性制度支撑，对内激励创新，对外促进开放。

加强知识产权事业发展顶层设计。组织起草并颁布了《国务院关于新形势下加快知识产权强国建设的若干意见》，这是继《国家知识产权战略纲要》之后又一专门指导知识产权工作的纲领性文件。

构建严格的知识产权立法和执法体系。建立健全地方专利立法协调机制，27 个省出台相应的地方专利法规。与地方政府共建专利审查协作中心，形成多层次专利审查格局。跨区域知识产权执法协作深入推进，上海、福建等自由贸易试验区试点知识产权综合行政执法。

（三）找准有效路径，突破关键环节

全面实施国家知识产权战略，围绕知识产权创造、运用、保护、管理四个关键环节，深入研究知识产权制度的作用机制，找准制约知识产权事业发展的作用因素，以政策引导、专项推动、市场运行等多种方式，促进、带动政府、企业等各利益相关方形成合力，突破知识产权工作瓶颈与关键环节。

在微观层面，针对企业、高等学校、科研院所等创新主体，着力夯实知识产权基础，提高知识产权质量与管理水平。出台《企业知识产权管理规范》，研究出台高等学校、科研院所知识产权管理规范，确立知识产权管理通行标准，为培育具备知识产权战略管理理念，知识产权创造、运用、保护、管理能力全面发展，知识产权综合竞争优势突出，具有行业影响力和标杆性的知识产权示范企业筑牢根基。

在产业层面，针对行业协会与产业组织，着力强化知识产权效益，加强知识产权保护与运用。实施专利导航试点工程，将知识产权战略有效嵌入产业规划、产业布局、产业发展全过程之中，形成产业自主、可控的产业创新驱动发展新模式。倡导企业等创新主体构建以知识产权共同利益为牵引的产业知识产权联盟，加强产学研用合作与知识产权共享。搭建国家专利运营公共平台，完善知识产权信用机制，构建知识产权交易市场。发展知识产权服务业，促进"互联网＋知识产权"健康发展。

在区域层面，针对高新区和地方行政区划，着力推进知识产权战略，提升知识产权整体实力。开展知识产权试点示范园区、试点示范城市培育，提高自主创新能力和知识产权综合竞争力。实施知识产权强县工程，推动知识产权与县域经济社会发展深度融合。深化知识产权领域改革，提升区域创新驱动发展能力和知识产权对经济社会发展的贡献度，打造知识产权强省，有力支撑知识产权强国建设。

（四）增强内在动力，提高治理能力

以《专利法》等各知识产权法律、法规为依据，大力推进依法行政，完善知识产权制度政策，大力培育知识产权专业人才，提升知识产权行政管理人才综合素质，提高知识产权治理能力。充分发挥市场的决定性作用，激发创新主体内生动力，加快创新驱动发展模式转变。

紧跟我国经济社会发展进程与需求，适时开展《专利法》等知识产权法律、法规修订工作，大力推动专利执法专项工作，加大知识产权保护力度；完善职务发明制度，促进职务发明创造活动中发明人与权利人权益的协调统一，促使人才智力资源竞相迸发，一切创造社会财富的源泉充分涌流。

出台《知识产权人才"十二五"规划》，加强行政管理和执法及专利审查等行政管理人才培养，形成以知识产权领军人才等为代表的能力素质过硬、工作业绩突出、示范效应显著的高端人才队伍，提升知识产权公共事务行政治理能力，为知识产权强国和创新型国家建设提供重要人才支撑。

二、中国知识产权行政管理特色

自20世纪80年代建立知识产权制度以来，我国的知识产权事业从无到有，从小到大，不断发展，走过了30多年的光辉历程。我国的知识产权行政管理与知识产权制度共生共长，相伴而行。随着知识产权制度的建立与深化发展，我国的知识产权行政管理也经历了从筹备创建到完善提高、再从调整强化到战略实施的不同历史阶段，有效发挥了知识产权在创新驱动发展战略实施、产业转型升级和转变经济发展方式中的超前引领、核心支撑和重要保障作用，取得了显著的实质性成效，积累了丰富的实践经验，形成了具有中国鲜明特色的知识产权行政管理体系和运行模式，在知识产权战略演进与历史变革的进程中，矗立起一个又一个令人瞩目的里程碑。

总体来说，我国的知识产权行政管理主要体现为以下六大特色。

（一）具体国情下的创新推动

改革开放以来，我国进入了以经济建设为中心的新的发展时期，开始建立具有中国特色的社会主义市场经济体制。随后我国逐步建立起与此相适应的知识产权制度和保障其有序运行的工作体系，其中包括知识产权行政管理体系。知识产权制度的建立和实行，使我国有序地融入到全球经济发展体系之中，打开了我国经济更好、更快发展和加快走向世界的大门。

在建立和推行知识产权制度的过程中，我国的知识产权行政管理体系在先有知识产权规则后有知识产权创造、保护、运用等行为的这样一个有别于其他国家的特定情况下，充分发挥无以替代的强力推动作用，从我国科技、经济发展的实际出发，结合具体国情和现实需求，不断创新知识产权行政管理机制与模式，通过制定政策、搭建平台、营造环境等方式，丰富知识产权行政管理内容，强化管理措施，创出了一条适合我国国情的行政执法与司法保护相互衔接、相互补充、相互协调的知识产权特色保护之路；运用行政手段促进知识产权制度与战略运用融入创新和经济发展全过程的协同发展之路；以加强宣传普及、提升整体意识、营造发展环境为演进路径的全社会知识产权文化建设之路，形成了其他国家未曾有过的将国际通则与本国国情相结合的具有中国特色的知识产权行政管理工作格局，使得知识产权运行体系构建、基础资源配置、整体意识提升、战略制定与实施等不同发展时期的重点工作主要依靠行政力量进行推动，将知识产权国际通行做法与我国相应时期的科技、经济、贸易、文化以及知识产权方面的具体实践紧密结合起来，创新和塑造出与国外知识产权制度运行明显不同的强力推动、主动推动、全程推动、多维推动的鲜明特色，走出了不同于任何国家的知识产权行政管理创新之路，建立了不可磨灭的功绩，使我国的知识产权制度得以有效运行，知识产权与产业升级和经济发展更加紧密融合。

（二）顶层规制下的全面推动

我国知识产权行政管理体系随着知识产权制度的建立而形成。我国《专利法》第 3 条规定，国务院专利行政部门负责管理全国的专利工作，统一受理和审查专利申请，依法授予专利权；省、自治区、直辖市人民政府管理专利工作的部门负责本行政区域内的专利管理工作。我国《商标法》第 2 条也规定，国务院工商行政管理部门商标局主管全国商标注册和管理的工作。由此可见，我国《专利法》《商标法》《著作权法》等知识产权法律之中，均明确规定了知识产权行政管理机构的职能定位和工作内容，从顶层设计的国家法律层面确立了其法律地位，赋予了其行政管理职责，使得知识产权行政管理具有明确的法律依据；同时，也使得知识产权行政管理机构在法律授权下，根据法定职能、权限和规制，依法行使管理职权，实现规范管理、有序管理、科学管理和高效管理，最大限度地提升了知识产权行政管理效能，实现了知识产权权利人和社会公共利益最大化的目标。

因此，我国知识产权行政管理与科技、产业、贸易等行政管理的最大区别是顶层法律规制下的应然管理，有法必依的规范化管理，不使行政管理职责缺失的整体、全面推动，在较其他部门行政职能相对偏弱的情况下，更多是以智慧服务的方式加以推动，是自上而下式的从法律规制到具体实践的过程。

知识产权行政管理的过程又是在法律规约下的依职权全面管理和整体推动的过程，充分体现出事前、事中、事后管理的知识产权风险预警与管控、权利布局与资源管理、资产运营与价值实现的平衡推进，从而使知识产权与经济社会发展各个领域、各个环节、各个层面的融合力进一步加强，知识产权创造、运用、保护、管理、战略运用等得以并行推进，创新主体和市场竞争主体的知识产权综合能力普遍增强，知识产权政策体系不断完善，知识产权环境治理成效显著，知识产权投资运营环境更加优化，知识产权国际竞争力得以与日俱增，知识产权制度在激励创新中的基本保障作用的发挥更加充分，知识产权在产业转型升级和转变经济发展方式中的战略价值度越加显现。顶层规制下的全面推动是我国知识产权行政管理的主要特色之一。

（三）法律框架下的两手推动

众所周知，知识产权制度是依据《专利法》《商标法》《著作权法》等相应的知识产权法对人们的智力劳动成果加以保护，以此促进创新和社会经济发展的法律制度，其根本宗旨是鼓励和保护创新。保护功能和公开功能是知识产权制度的两大基本功能。有了强有力的知识产权保护，就可以有效地保障创新者的权益不受侵犯，就能够更好地激发全社会的创新活力，创出更多的智力成果，从而促进经济发展和社会进步。知识产权制度公开功能的充分发挥，可以让智力成果得以最大限度和最快速度地传播，加快拥有知识产权的智力成果的产业化、产品化、市场化进程，而且知识产权权属清晰、权利稳定的智力成果在其后续的转化运用中会更加安全、顺畅，更加有利于向现实生产力的转化，进而促进产业提质增效升级和社会经济发展。

与此相对应，我国的知识产权行政管理从运行之初，就基本确定了在法律框架下依法推动实现知识产权制度两大基本功能的主要工作目标，坚持鼓励引导与约束惩戒相结合的工作原则，形成了"一手抓知识产权执法监管，一手抓知识产权促进创新与产业发展"的基本定位和工作格局。一方面，知识产权行政管理部门依法开展以各类专利纠纷处理、假冒专利查处、打击制售假冒伪劣商品、打击盗版侵权等遏制知识产权侵权违法行为为核心内容的市场监管工作，维护正常有序的市场竞争秩序，优化创新创业与投资发展环境，使创新者、投资者的智力和资本投入得到应有的回报，从而有效地保护创新、保护资产、保护市场、保护投资，充分体现了知识产权对创新和经济发展的基本保障作用。另一方面，知识产权行政管理部门在法律框架下，着力加强正向引导和政策激励，鼓励和促进创新主体提升知识产权创造、管理、保护、运用以及风险防控能力，通过专利导航产业发展、专利风险预警、专利组合成型与全球战略布局、产业知识产权联盟深化发展、推动知识产权资产运营体系的构建与市场运转等重点专项实施与引导，将知识产权规则和全球竞争战略运用贯穿于产业及企业创新驱动与国际市场运营的全过程，为在全球视野下推动创新创业和产业转型升级提供了重要的方向和路径指引，注入了新实力，充分展现出知识产权在创新创业、产业升级发展以及市场主体"走出去"参与国际竞争中的超前引领和核心支撑作用。这就决定了我国的知识产权行政管理的突出特色是在法律框架下的"一手抓市场监管，一手抓促进发展"的两手推动。

（四）内联外延下的协同推动

在我国知识产权行政管理体系建制中，我们不难发现，在行政管理体系内的横向上，建立有国家层面的知识产权战略实施工作部际联席会议制度。在联席会议的统一推动下，形成了国务院所属各部委之间横向联合、协同联动的全国知识产权行政管理工作体制。此外，在特定发展时期，为了进一步加大知识产权保护力度，集中推动知识产权执法，国务院专门成立全国打击侵犯知识产权和制售假冒伪劣商品工作领导小组及办公室，联系各相应部委和最高人民法院、最高人民检察院等27个相关职能部门，各成员单位在领导小组统一协调下开展"双打"专项整治工作，并进行信息通报。在行政管理体系内的纵向上，我国依法设立了国家级、省级、地市级、区县级的知识产权行政管理部门，形成了上下相互贯通、建制相对完备、工作有效衔接的一体化知识产权行政管理体系，实现了上下联动的知识产权行政管理工作格局。国家各部委之间的横向联合以及国家层面与地方层面的纵向联动，实现了大的行政管理体制内部的联合，即"内联"。

与此同时，知识产权行政管理部门不断整合并利用各种社会资源，如调动相关高等学校、行业协会、社会组织、专业机构、资本市场、专家智库等社会资源，有序引导其介入知识产权行政管理之中，与知识产权行政管理体系相互协同、形成合力，共同推动知识产权制度的有效运行，实现了知识产权行政管理与外围社会智力资源的有序对接、协同联动、管理延伸，即"外延"，使外围社会资源成为知识产权行政管理的重要智力资源支撑和管理的有益补充与延展，以此体现出知识产权行政管理的"大脑"与"手臂"的延伸，提高了知识产权运行效能。由此可见，我国知识产权行政管理的又一显著特色是内联外延构架下的多方协同推动、合力推动。

（五）市场规律下的科学推动

党的十八届三中全会审议通过的《中共中央关于全面深化改革若干重大问题的决定》指出："经济体制改革是全面深化改革的重点，核心问题是处理好政府和市场的关系，使市场在资源配置中起决定性作用和更好发挥政府作用。"这就进一步明确了市场与政府的关系。以往调控经济活动有"两只手"之说，即"无形的市场手"和"有形的政府手"。知识产权制度在我国的实行就是靠"有形的政府手"和"无形的市场手"的推动来进行的。"有形的手"与"无形的手"两者共同发挥作用，由此推动了我国知识产权制度的全面、快速、有效运行，并在短期内取得了长足发展。

30多年的实践表明，在推动我国知识产权制度运行的过程中，"无形的市场手"与"有形的政府手"均不可缺少。"无形的市场手"离不开"有形的政府手"，"有形的政府手"更要按照市场运行的客观规律办事，科学化地进行整体的行政管理与专项工作推动。在过去的30多年里，我国的知识产权制度稳步运行，但在制度建立之初的较长一段时间内，全社会的知识产权法律意识仍然淡薄，创新主体、市场竞争主体谋求运用知识产权制度、资源、策略参与国际竞争的战略意识仍然不强，以知识产权进行规制的市场竞争秩序还不十分规范，以知识产权侵权行为为特征的谋取经济利益的违法现象依然存在，这个时候没有"有形的政府手"的调节管控、激励引导和科学化推动显然是不行的。在这种情形下，政府这只有形的手恰恰需要在更大程度上运用行政资源和手段，加强市场监管，鼓励和科学化地推动知识产权与产业发展深度融合，引导市场主体科学化地进行全产业链的知识产权组合布局，科学运用知识产权全球战略赢得市场竞争主动，进而提升我国重点产业的核心竞争力。而在全社会的知识产权意识普遍达到一定高度，更多的创新主体和市场竞争主体的知识产权全球战略运用意识和实战能力提升到较高水准之后，就需要更多地发挥"无形的市场手"的调节作用，达到预期目标。

在我国的知识产权制度运行实践中，知识产权行政管理体系发挥了重要调节和推动作用，政府管理和市场调节始终并存，并将继续并存，只是在不同发展阶段各自发挥作用的空间和程度有所不同。无形的市场手的调节作用发挥必然是基于市场运行规律进行的，而有形的政府手的推动作用发挥，也同样需要遵循市场规律，必然是在遵循市场运行规律、进行调查研究基础上的理性思考、合理判断、科学决策和有针对性推动的科学化行政管理，而绝不是缺乏深入分析的粗浅、感性和盲动行为。遵循市场发展规律、以需求为导向、以解决实际问题为目的的科学化推动，是我国知识产权行政管理的突出特色之一。

当然，在转变政府职能，建设现代服务型政府的总体形势下，知识产权行政管理更多地体现在以智慧服务方式进行的工作推动，即转变职能下的智慧推动。这样的知识产权行政管理效能的发挥，有效保证了我国知识产权制度的实行和知识产权战略的实施，在不同阶段均取得了显著的标志性成果。

（六）不同阶段下的渐进推动

自建立知识产权制度以来，我国的知识产权事业历经不同的发展阶段，而每一个发展阶段，我国的知识产权行政管理工作注重主要矛盾与次要矛盾的辩证关系，坚持"运动是绝对的，静止是相对的"基本原理下的动态性调整和渐进式推动的运行路线，始终围绕各个不同发展阶段的主要矛盾（即突出短板），根据实际需要和国际国内知识产权发展形势的最新变化进行阶段性的动态调整，将知识产权行政管理工作的重心聚焦到阶段性的突出问题上来。

在知识产权制度建立之初，我国知识产权工作的主要任务是组建起能够投入正常运营的知识产权工作体系，包括知识产权管理体系、代理服务体系、确权审查体系、维权保护体系、企事业单位知识产权工作体系以及知识产权制度的贯彻执行等。在这个阶段，知识产权行政管理的工作重心就是各类运行体系的组建、工作规程的完善和知识产权制度的推广普及。在我国进入到加入世界贸易组织多轮谈判的特定阶段，知识产权行政管理的主要任务就集中到结合实际需要和我国国情推动对《专利法》《商标法》《著作权法》等进行适应性修订，为我国如期加入世界贸易组织提供基础条件支撑上来。

随着创新主体创新能力的增强和我国经济的快速发展，专利等知识产权数量不足就成为当时的短板，增加专利等知识产权数量，满足经济快速发展对知识产权数量规模的需要，就成为这一阶段的主要矛盾。知识产权行政管理部门则通过政策制定与实施等举措，推动知识产权数量加速增长，尽快形成知识产权规模优势，增强知识产权对产业发展的支撑力。而在产业结构调整、转变经济发展方式的形势下，经济发展从数量规模向质量效益转变的新导向对知识产权的结构性调整提出了新要求，推动知识产权创造从注重速度、数量向提升质量转变，从规模发展向结构优化转变，将国内外知识产权组合布局和全球竞争战略运用作为市场主体"走出去"参与国际竞争和产业提质增效升级的基础支撑就成为知识产权行政管理的核心任务。

最近一个时期，知识产权强国战略的提出和实施，又将使知识产权行政管理部门在更高的站位和更宽的视野思考问题，按照市场运行规律，将知识产权战略运用推向新的高度，更好地发挥知识产权在创新驱动发展战略实施和产业转型升级中的超前引领、核心支撑和重要保障作用。由此可见，我国知识产权行政管理的又一显著特色是围绕不同发展阶段的主要问题进行工作聚焦的，是根据不同发展时期存在的突出短板及特殊要求进行动态性重心调整的渐进式推动，是保持短期发展的相对稳定性与长远发展的动态调整性之间的辩证统一，是一个实事求是、循序渐进、不断发展的过程。

综上所述，具有中国特色的知识产权行政管理是在全球竞争格局下，以国际通行做法与中国具体国情相结合为基本原则，以解决现实和潜在问题为根本导向，以深度融入与高效服务国家创新驱动发展和经济提质增效升级大局为战略重心，以思想理念引领和智慧服务为主要方式，以增强国家核心竞争力为工作主线，充分调动和有效利用一切行政资源，按照市场运行的客观规律，坚持市场监管和促进发展两手抓，依法有序地推动知识产权竞争工具在社会经济发展各个领域、各个层面、各个环节和各个时期的全面科学运用，形成"上下联动，横向协同，力量积聚，动态调整"的整体推动格局，切实发挥知识产权在创新驱动、产业变革、经济转型、国际竞争全过程中的超前引领、核心支撑和可靠保障作用，着力将知识产权的内在战略价值最大限度地转化为外在经济收益的主动作为。

简而言之，中国知识产权行政管理是全球知识产权竞争工具科学运用的行政总动员、总协调、总实践和总指导。

第五节　当前中国知识产权行政管理存在的问题与影响

一、中国知识产权行政管理存在的问题

我国知识产权发展状况与发达国家存在差距的一个重要的原因是，我国知识产权的行政管理还存在一些需要不断完善的地方。

与一般所称的"文化管理""教育管理""治安管理"等行政管理不同，我国知识产权管理目前没有一个独立的行政组织统一管理，而是按照知识产权的类型，把知识产权管理职能分布在相互并列平行的行政组织之中进行管理，即通常所说的"条块分割式管理"。这种管理模式有其自身的经济、历史、社会、政治等变迁路径和存在价值，对于促进我国知识产权制度的发展、奠定知识产权战略资源地位、形成知识产权核心竞争优势起了重要的推动作用。

但是，遵循辩证唯物主义的基本规律，我国知识产权行政管理在自身发展运动中也存在着一些与现实不适应问题，这些问题是知识产权行政管理体系30多年来自身发展矛盾的体现，矛盾的累积必定推动管理体系的变革，或者称之为质的飞跃。特别是当今世情、国情变化的影响，使我国知识产权行政管理体系的变革面临着临界点。认真分析我国知识产权行政管理的问题与原因，可以为我国知识产权行政管理的革新提供现实依据。

目前，我国知识产权行政管理最主要的问题在于我国当前知识产权工作体系尚未完善，"条块分割式管理"表明我国知识产权工作尚未形成一个完整的体系，知识产权管理各个主体之间缺乏有机的联系，体制障碍造成了整个知识产权工作运转不畅，效率低下，难以整合资源，形成合力。这种情况严重影响了整个社会对知识产权的创造、运用和保护，影响了知识产权服务于经济发展方式转变、服务于国家经济社会发展的大局。

（一）知识产权政策法规体系不够完善

制定知识产权政策法规，使市场和社会主体有章可循，是知识产权行政管理的重要职能。知识产权政策法规体系是知识产权制度建设的重要组成部分，该体系应该是"金字塔形"的立体结构，是以《国家知识产权战略纲要》为引领，以具有中国特色的统一知识产权法典（含各种层次的知识产权法律，尤其是《专利法》《商标法》《著作权法》以及其他知识产权种类法）、知识产权法规、部门规章和其他知识产权规范文件为稳定性核心，以知识产权配套政策为灵活性的宽厚基础，相互衔

接、相互配合、相互支撑的制度体系。

然而，尽管经过30多年的精心筹划，我国的知识产权政策法规日渐形成体系，但由于体制原因使得各个部门在制定政策法规时协调不够，造成目前我国的知识产权法规体制仍然难以满足实际的需要。产生知识产权行政管理中政策法规的问题一是源于政策法规制定主体的多元化，二是源于政策法规制定规则的模糊化。具体表现在：

一是促进知识产权创造和运用的政策法规体系不完善。主要是对于职务性知识产权、个人和中小企业知识产权关注不够，而职务性知识产权则是知识产权生产力发挥作用的关键，中小企业知识产权工作则牵涉到点多面广的市场群体。同时，知识产权激励措施，尤其是专利资助政策的薄弱制约了知识产权创新驱动力的发挥。

二是知识产权保护政策法规的不完善。第三次修改后的《专利法》及《专利法实施细则》对于专利保护有了进一步的加强，但对于解决专利权人反映的举证难、周期长、成本高、赔偿低、效果差等问题还需要认真研究，进一步修改完善。相对于国内知识产权保护来说，国内企业海外维权更加艰难，普遍存在着规则不熟悉、组织不健全、维权成本高的问题，我国知识产权行政管理回应企业海外维权需求的及时性与系统性还亟待加强。在知识产权纠纷与维权呈现多元化、高成本的情势下，知识产权管理部门应该研究制定重大经济活动的知识产权纠纷维权服务工作机制，营造知识产权保护的良好环境氛围。

三是知识产权利益平衡制度的不完善。第三次修改后的《专利法》对于各主体之间的利益平衡问题提出了新要求，知识产权行政管理部门应该注意专利权的滥用规制、遗传资源利用的规制、社会公共利益与专利权人的利益平衡等问题。

四是地方性知识产权政策法规体系的不完善。地方性知识产权政策法规是知识产权政策法规体系的落脚点，现有调查表明，根据国家有关规定，切合地方实际、具有可操作性的地方知识产权政策还没有形成体系化。

（二）知识产权行政管理体系建设相对滞后

行政管理机构是知识产权行政管理的组织保障，是知识产权行政管理的重要组成部分。知识产权行政管理机构建设包括组织系统、制度系统、队伍系统。知识产权行政管理的组织系统包括法定的管理机构与协调机构，制度系统包括内部管理制度与外部协调机制，队伍系统包括知识产权确权、运用与维权的综合性和专业性相结合的管理队伍。

知识产权行政管理机构的应然状态是上下协调有序、部门联动有力、机制运行高效；知识产权工作体系以企业为主体、以运用为重点、以服务为手段；知识产权管理网络是官民结合、广泛参与，国内国际统筹，区域、产业、行业和不同种类知识产权协调发展。国家知识产权体系建立健全，包括知识产权管理体系、知识产权决策咨询体系、知识产权执法体系、知识产权服务体系、知识产权制度（政策法律）体系、知识产权人才体系等。

前已述及，我国知识产权管理体制是20世纪七八十年代在对外开放的格局中渐次建立的，在改革开放和经济社会发展中发挥了重要作用。但是，在已经加入世界贸易组织、融入世界经济、知识产权战略地位逐渐确立的情况下，我国知识产权行政管理机构显示了自身的不适应性，主要表现在：

一是知识产权行政管理没有设立确定性和统一性的行政管理机构。我国目前设立的知识产权行政管理机构，如国务院知识产权战略实施工作部际联席会议等，是"会议式"管理体制，不是法律上正式的确定性管理机构，仅仅是协调机构，而国家知识产权局因之行政规格低而协调能力不足。这种会议式的管理模式使我国知识产权行政管理缺乏统一有权威的协调机制，政策协调机制、行动协调机制、管理协调机制、对外协调机制出现诸多盲点，协调成本大大增加。

二是知识产权行政管理分散并列、独立并行，效率低下，成本增加。根据国际经验，大部分国家都是按照工业产权分类，实行专利和商标统一管理。在实际中，专利与品牌和商标纠纷也常常联在一起，需要联合执法。特别是目前各地专利和商标执法队伍的人力和物力都相对不足，工业产权分开管理，分散了人力、物力。这不利于协同推进知识产权战略，不利于与国际惯例的接轨，其直接后果是管理效率低下、资源分散、人员增多、管理工作不协调。

同时，我们还应该注意到知识产权管理部门与经济主管部门联系不够紧密，不利于知识产权工作与经济工作的紧密结合，无法有效发挥知识产权的作用。

三是地方知识产权管理部门的设置缺乏统一标准。各地方知识产权管理部门的级别、性别、隶属关系等不统一的问题比较突出，受重视程度和发挥的作用也大不同。仅省（自治区、直辖市）一级的知识产权局就至少有9种类型：有的是政府行政系列，有的是政府所属事业单位；有的是正厅级，有的是副厅、处级；有的是独立机构，还有的是地方科技厅（局）内设机构等。

地方知识产权局系统的机构设置往往不是靠实际需要，而是靠领导重视的程度。在领导重视的地区，知识产权部门的地位就高一些，反之亦然。我国法律赋予知识产权局专利执法职能，这些职能一般由具有行政职能的单位才能从事和开展，而这与我国一些省份知识产权局事业单位的性质不符，使其在开展综合协调工作时执法力度大打折扣。

四是专利行政管理工作体系较为薄弱。随着专利事业的发展和行政执法工作量的增加，我国的各级知识产权局现有的结构设置和编制数量已经远不能适应形势的需要，严重制约了各项工作的正常开展。根据目前掌握的情况，经过全国范围内的机构改革，虽然有些省份的专利管理机构都得到了加强，人员编制得到了增加，为专利工作的顺利开展打下了坚实的基础。但从整体层面来看，我国专利行政管理工作还存在着诸多的问题，现有机构现状和人员编制远不能满足正常工作的需要。当然，我们也应该看到，随着科技发展、知识产权意识的提高，专利审查事务快速增加，建立地方专利审查协作机制显得格外重要。

五是地方知识产权行政机关的地位和权能缺乏适当的立法规定。我国现行《专利法》规定了国务院专利行政部门负责管理全国的专利工作，而地方政府则是"管理专利工作的部门"，而不是"专利管理部门"。于是，有些省份的地方政府设立管理专利的机构五花八门，有的地方是政府独立机构，有的则是科学技术局的二级机构；有的地方是行政机关，而有的则是事业单位。《专利法实施细则》规定了省级和设区的市政府管理专利工作的部门具有行政执法权，但没有设区的市县政府管理专利的部门就没有这些权能，目前许多市县因实际需要设立的独立知识产权局，其执法缺少法律授权。

六是知识产权行政管理队伍建设需要加强。目前我国知识产权行政管理的协调能力、执行能力、专业技能尚需进一步提升，知识产权行政管理培训需要途径创新与方式创新，特别是知识产权行政管理干部的交流与培养要进一步研究。知识产权管理是技术含量较高的专业，对管理人员的素质要求比较高，但是，我国的知识产权行政管理制度中相关的人员考核和培训制度不够健全，导致了行政队伍尚不完全具备既懂得专业知识，又熟悉国家法律规范、熟悉办案程序的高素质人才，同时，我国也缺少完备的监督责任制度，致使一些行政执法者人治观念强烈，法治观念虚无，权利观念浓厚，法律观念淡薄，缺少合作意识，而在市场经济趋利性的诱惑下，常常会利用行政权力谋取私利、损害社会公共利益及权利人的合法权益。

（三）知识产权行政执法能力相对薄弱

我国对知识产权实行行政保护与司法保护并行的保护模式。知识产权行政保护是知识产权行政管理的重要内容。知识产权行政保护从根本上说要均衡知识产权内部权利，从效果上说要便捷高效，从体系上说要坚强有力，从协调上说要相互支撑。目的在于建立上下联动、左右衔接、官民协作的知识产权保护体系，打造具有中国特色的政府执法、企业维权、行业自律、中介服务、社会监督的多元一体知识产权保护模式；加强各个主体之间的结合，实现知识产权保护的合力，提高知识产权保护的效率。

目前，我国知识产权行政保护采取行政与执法协调一致的做法，构建了知识产权行政执法组织体系、执法法律法规体系以及执法评价体系等，但知识产权行政执法保护依然相对薄弱，完善性与有效性仍需加强，其主要问题在于：

一是知识产权内部各种权利之间时有冲突。所谓知识产权内部权利冲突，是指由同一知识产权保护客体依法产生的两项或两项以上并存的权利相互抵触的现象，即就同一保护客体在某种条件下不同种类的知识产权同时归属于两个或多个主体的法律形态。

这种冲突的产生，大多是因为不同的知识产权行政管理部门依据不同的机构职能规范行使管理职权，对同一客体通过授权或认定不同的知识产权类型而形成的。

知识产权既然是一种民事权利，那么由它产生的利益便成为权利人追逐的对象，一旦同一客体上产生的多种权利分属于不同的权利主体，势必会引起权利归属和利用上的纠纷。

在我国，知识产权权利冲突最常见的表现就是美术作品的著作权、工业品外观设计的专利权和标识的商标权之间引发的纠纷，另外原产地名称、商号、商标和域名之间的权利冲突也时有发生。而在这些知识产权权利冲突中，很多是由于我国知识产权行政管理机构不统一而造成的。而知识产权权利冲突有时会导致知识产权行政管理机构执法时的被动，导致行政执法难以迅速、有效地处理问题。

二是知识产权行政保护尚未形成高效快捷的执法优势。目前我国涉及知识产权行政管理的机构有 10 家之多，各管理部门职能单一，各自为政，形成"多足鼎立"的格局，突出体现为职能交叉和重复管理、部门利益化现象较为严重。

由于我国现行的知识产权保护制度处在一种条块分割的管理体制下，没有统一的知识产权执法机构，多元化和多层级的知识产权行政保护体制严重影响了各职能机构之间的横向交叉、竞合和重叠，经常出现有利争办、无利推诿的现象，导致在执法过程中极易产生因执法依据、执法主体等方面的矛盾与冲突而使知识产权行政执法工作无法顺利进行的情况，毫无高效快捷的执法优势。对行政管理相对人而言，遇到知识产权问题必须求助于多个行政管理部门。例如，在处理专利侵权纠纷过程中，若地方专利管理部门发现其中还含有侵犯商标权或盗版的行为，也只能就专利侵权纠纷进行处理；而对同是知识产权侵权纠纷的商标侵权纠纷或著作权侵权纠纷，只能由工商行政管理部门或著作权行政管理部门来处理，造成地方政府知识产权侵权行政管理效率低、权利人维护权利的成本高。

三是知识产权行政执法体系制度薄弱。由于力量分散于各部门，造成一些省市的专利行政执法体系或者是有其名无其实，或者干脆没有。省级与市（地）级政府普遍没有建立知识产权行政执法机构，没有明确界定各级知识产权执法队伍的职权，有待修改完善专利行政执法办法，需要研究制定专利确权、侵权判定咨询意见的制度。知识产权仲裁制度还没有发挥作用。

四是知识产权行政执法统筹协调机制还需要进一步完善。知识产权保护统筹协调机制包括政府知识产权保护部门之间的协作机制、政府知识产权保护部门与司法机关之间的协作机制、知识产权司法保护机关之间的协作机制、跨区域之间知识产权保护协作机制等。具体内容涵盖知识产权情况通报、执法协作、应急联动、议事会商、沟通对话和新闻发布，以及案件受理立案、调查取证、案件移交、处理决定、知识产权保护部门协作、重大案件会商通报、联合办案、知识产权刑事案件移送、司法机关知识产权刑事案件受理等。

虽然我国已经在知识产权保护的行政部门之间、行政与司法机关之间、跨区域之间建立了若干知识产权保护统筹协调机制，并力图形成体系化，但是，目前在知识产权保护工作中的统筹协调机制还限于局部的省市和县区，有必要扩大此机制，以优化和整合知识产权保护资源、提高衔接的效率。

（四）知识产权公共服务能力相对不足

提供公共服务是政府部门的基本职责，这在知识产权行政管理中表现得尤为突出。一个良好的知识产权公共服务体系应该是一国的知识产权行政管理机关根据国家知识产权发展的目标、方向等根本性问题建立起来的，以促进经济增长和增强国家竞争力为目标，其构建具有全局性、长期性和稳定性的特点，在一国的知识产权管理工作中居于非常重要的地位，在推动着社会公众对知识产权利用的同时，也促进了技术在全社会的扩散。

30多年来，我国逐渐加大知识产权公共服务供给力度，为知识产权的创造、运用、保护与管理提供了有效的基础服务。由于我国市场主体知识产权意识相对薄弱、自身知识产权能力不足，对知识产权公共服务提出了更高的要求。提供知识产权公共服务主要的是建立知识产权激励平台、知识产权信息服务平台、投融资平台、交易平台、国际贸易保护平台、产业园区服务平台、区域经济发展平台等。

但是，我国现阶段知识产权公共服务体系还非常薄弱，难以满足知识产权战略的要求，难以满足市场主体知识产权创造、运用、保护、管理的需求，主要的问题有：

一是国家和地方各行政管理部门之间、行政管理部门与企业间缺少即时沟通渠道和预警机制。我国企业遇到的许多知识产权问题是因为缺少沟通渠道，没有引起各方面的足够重视，未能及早采取有效措施和对策，最终酿成损失。

例如，2002年引起国内关注的DVD事件。自1997年10月，6C就向全世界发表了将采取联合许可的方式共享DVD制造专利的声明，在此后的5年时间里，由于部门间缺乏信息沟通，没有引起政府主管部门和企业足够的重视，直到2002年部分出口DVD机在英国海关被扣，主管部门才与行业协会和企业在上海召开了紧急会议，讨论如何应对。其间，对专利管理具有丰富经验的国家知识产权局一直没能介入谈判和参与对策研究。又如，2002年初发生的温州打火机安全锁事件。早在事发两年前，欧盟就向包括中国在内的有关国家发出了将就打火机安全问题举行听证会的通知，由于部门分工不明确和不通气，事情被耽搁下来，最后，还是企业从欧洲合作伙伴那里得到消息，开始逐级反映情况，从市打火机协会到全国行业协会，从区、市政府主管到省、国家主管部门，层层汇报花费了将近半年时间，直到临近听证会召开时，才组团参加了日内瓦听证会。

二是重大经济活动的知识产权审议与预警没有有效开展。国家重大专项与企业重大经济活动需要知识产权的先行审议与风险评估，但现在无论是国家层面还是省市区层面都没有建立起有效的国家投资的重大专项、重点发展产业、重点企业重大经济活动的知识产权审议机制，使产业、行业、企业的研发基点、侵权预警、维权路径没有一个合适的机制。

三是知识产权公共基础服务平台建设薄弱。由于各部门各办各的，力量分散，造成谁的服务平台也没有建设好。如专利方面的专利代办处、知识产权维权援助中心、巡回专利审查站、专利复审委巡回审理庭、专利技术展示交易中心、企业专利工作交流站、地方专利信息服务中心等平台都需要全面梳理、渐进性调整优化。专利技术展示交易中心、知识产权维权援助中心等知识产权公共服务平台虽然已经逐步建立，但布局设点与职能界定仍需廓清。特别是知识产权的数据库建设与服务，公共服务工作体系与人才培养还不能满足经济发展和社会公众的需求。

四是促进知识产权运用的公共服务不足。我国还没有形成完善的知识产权价值评估制度，知识产权资产评估人才还比较匮乏。知识产权投融资体系远没有形成，有限的探索还没有上升到政策法规层面。知识产权展示交易中心工作体制和运行模式远没有形成，知识产权转化为生产力的途径还很不畅通。知识产权的商业化、市场化、产业化还要假以时日。围绕知识产权成熟的产学研合作机制还没有形成。

（五）知识产权文化建设水平亟待提高

知识产权文化是知识产权制度的核心和灵魂。知识产权文化的基本理念是"尊重知识，崇尚创新，诚信守法"。在建设创新型国家的今天，特别是在知识产权已经成为现有和潜在知识经济国家的战略资源和核心竞争力的新形势下，加强知识产权文化建设，有助于弘扬改革创新精神，树立创新理念；有助于让创造的源泉充分涌流，让创新的热情充分焕发。知识产权文化建设包含了硬件建设与软件建设两个方面，软件建设的内容包括广泛宣传普及知识产权文化理念，加强知识产权教育培训工作，形成多渠道的知识产权教育培训体系。我国引进与建立知识产权制度的时间较短，知识产权意识还比较薄弱，知识产权文化基本还停留在探讨层次。

由于各部门对知识产权文化的认识和要求不统一，对其研究不够，工作力度不足，因而作为管理手段与方法，知识产权行政管理在文化建设方面还存在以下不足：

一是知识产权宣传形式和方法需要创新。当前，我国主要是采取在重大节日和场合设置展台，选派人员现场讲解；或者利用展会进行宣传。这种方式效果有限，需要我们拓宽宣传渠道、加大宣传深度、增强宣传针对性和实效性，通过以案说法，跟踪和研讨典型案件，以灵活多样的形式向全社会全面、客观地反映全国知识产权系统管理工作。同时，国家层面与地方的交流还不十分顺畅，对外宣称报道并不非常重视，这影响了信息对称性与国际形象。

二是知识产权普及教育还没有形成体系。顺应社会与时代的需要，我国某些高等学校已经开展了知识产权的高等教育，培养了一批知识产权专业（方向）本科、硕士乃至博士生。但是面向公众的多层次的知识产权普及教育体系远没有形成。特别是学校（各个层次，尤其是中小学生）、企业（员工，尤其是雇主）、政府（公务员，尤其是领导干部）、社区（居民）和农村（农民）四个区域、四个主体的知识产权普及教育体系还没有提到议事日程。

（六）知识产权高素质人才相对缺乏

知识产权人才是知识产权创造、运用、保护和管理的根本。知识产权人才包括人才数量、人才质量、人才结构，知识产权人才数量包括绝对数量与相对数量，我国是相对数量较少；知识产权人才质量包括专业性、复合性与国际性三个方面，我国在这三个方面均不尽如人意；知识产权人才结构的微观层次包括年龄结构、知识结构、学历结构、专业结构等，宏观结构包括区域结构、部门结构、产业结构、行业结构等，我国人才结构的合理性有待优化。

在目前应该建设培训培养引进相结合、国际国内相统筹、应急人才和长效人才结合、研究人才和应用人才结合、高端人才和普适人才结合、法律人才和经营人才结合、管理人才和服务人才结合的知识产权高素质人才体系，形成全国各领域力量服务知识产权的良好格局。

改革开放 30 多年来，我国知识产权制度从无到有，逐步健全，对知识产权各方面人才的需求也逐渐攀升，尤其在加入世界贸易组织后，国内国外知识产权行政管理事务急剧增多，但是知识产权人才却并没有同步增加。同时，从国家知识产权战略、人才战略课题组进行的国内外知识产权人才培养现状与分析得出的结论来看，未来 5 年内，政府需要知识产权行政管理专门人才约 4000 人，缺口较大。从人才结构上看，也不尽合理，懂科技、懂经济、懂法律、懂管理、懂外语、懂网络的复合型知识产权行政管理人才相对缺乏。就知识产权管理人才来讲，其来源主要在于教育培训，但由于部门分散管理，不仅造成日常培训难以进行，而且学校培养也难以形成专业规模，一些高等学校一直计划设置知识产权管理人才专业，但由于知识产权"条块分割式管理"体制的原因，使得人才需求分散零碎，造成高等学校的专业设置和批准设立困难。

二、中国知识产权行政管理问题产生的原因

上述知识产权行政管理问题之所以存在，大体上有以下六个主要原因：

（一）知识产权行政管理发展的阶段性

知识产权行政管理具有阶段性。我国知识产权制度正式建立于 20 世纪 80 年代中期，到现在不过三十多年的历史，与西方发达国家相比，我国的知识产权行政管理制度还处于初级阶段。同时，由于我国公民固有的知识是公共产品的意识根深蒂固，相关立法还不尽完善，尤其是在知识产权行政执法方面表现出的力度不强，使我国公民在知识产权保护方面的意识普遍都很薄弱。可以说，知识产权行政管理的关键在于知识产权行政机关的执法和提供公共服务的能力。因此，行政机构的设置是否合理就直接关系到我国知识产权行政执法效率的高低和知识产权立法目标的实现。目前，我国的行政体制改革正在有序进行，我国的知识产权行政执法体制也在进一步的转型和完善过程中。但是我国的知识产权行政管理制度起步较晚，行政管理的经验不足，导致了我国在知识产权行政管理过程中诸多问题的存在。

（二）知识产权管理工作投入的有限性

知识产权行政管理投入从广义上是指各种资源的集合，包括制度资源、机构资

源、人才资源、资金资源以及其他物质资源。我国已经确立知识产权的战略地位，有必要对知识产权行政管理予以各种资源上的支持，这是保障知识产权行政管理有效开展的基础。而当前知识产权行政管理投入明显不足，机构缺位、人员缺编、资金不足在各地都不同程度地存在，这在知识产权行政执法方面表现尤为突出，执法经费不足，缺乏必要的手段。

（三）知识产权行政管理信息的封闭性

在发达国家，各国政府为了迅速将知识产权转化为生产力，也为了避免创造者重复创造，都建立了畅通的信息公开渠道和信息沟通体制。而在我国"条块分割式管理"体制下，因缺少有效的沟通渠道和协调机制，知识产权行政管理出现了一些盲区，政府信息管理体制不健全，信息不畅造成知识产权行政管理部门不能及时参与有关案件的协调和咨询，基层机构和企业也得不到应有的援助和指导。不同机构之间的共享信息困难，就容易在确权与登记、管理和执法中造成相互冲突、标准不一等不良后果。

（四）知识产权内涵外延的模糊性

知识产权行政管理问题产生的首要原因在于知识产权本身的特性。到目前为止，关于何为知识产权，其内涵外延到底界限何在存在较大的认识差距。知识产权有智力创造成果、商业性标记等划分，也有《巴黎公约》、TRIPS 等国际公约的列举，统一性的概念还没有形成。

从概念界定上看，智力创造成果与商业性标记差别很大。各个国际公约也只是规定各个国家要保护，但对于如何保护各个国家并不一样。对知识产权界定与保护方式的不同，直接导致行政管理模式的不同。由此，我国在特定历史条件下形成条块分割的知识产权行政管理模式应在常理之中。虽然知识产权种类多，但各类权利之间存在同质性。尤其是赋权性知识产权在行政管理上存在许多共同点。为此，许多国家将赋权性权利的行政管理归到同一个行政机关的名下。

在我国，无论在中央还是在地方，知识产权行政管理机关之多，几乎让人目不暇接。这种分散配置不仅导致行政成本高、效率低，而且造成行政执法力度不均，加剧了知识产权内部权利的冲突，不利于我国开展对外交流。

（五）知识产权战略性意识的薄弱性

一方面，知识产权制度在我国改革开放之初从西方国家硬性引入的，而在当代则是我国改革开放、融入世界经济、参与国际市场竞争的自我需要。从某种意义上说，知识产权制度对于我国是一种舶来品，对于何为知识产权、为什么要保护知识产权、如何保护知识产权，我们采取了边学边用、洋为中用的扬弃态度。囿于历史文化的差异，我国知识产权意识还比较薄弱。将知识产权上升到国家战略层面，将之视为国家战略资源和国际核心竞争力的优势资源，是近年来的事情。所以将知识产权贯穿到政府行政管理的各个层次层面仍然处于初级阶段，知识产权政策法规问题、知识产权协调机制问题、知识产权管理队伍问题、知识产权协助保护问题等都与此相关。另一方面，在初级阶段，不可避免的是知识产权行政管理机构各自为政，且工作多是围绕知识产权管理自身发展来开展，还缺乏战略高度的认识，缺乏服务国家战略和经济社会发展需要、服务经济发展方式转变的观念和举措，这使得我们的一些工作重点与现实需求出现偏差，工作质量有待进一步提高。

（六）知识产权行政管理部门的经济性

经济性是指知识产权行政管理部门的利益追求，或曰部门利益化。一方面，各个知识产权行政管理机构往往会设法不断地扩张自己的权利范围，造成对某些方面的重复管理，甚至导致知识产权行政管理机构之间的工作交叉；另一方面，它们又尽量缩小自己的责任区间，造成工作衔接弱化。由于我国的知识产权行政管理机构划分过细，职能单一而分散，造成了知识产权行政管理机构的管理效率较低。在我国有的地方为了弥补这种职能分散带来的低效率而成立了地方知识产权联合执法机构，但联合执法机构本身又是一个需要协调的部门。

作为具有中国特色的知识产权行政管理体制，国内外还很少有人对其进行系统的研究，但其在构建我国完善的知识产权制度中所起的作用却是不容忽视的。这一制度的研究，对于国家知识产权战略的顺利实施不是可有可无的，对其问题与原因的深层次探析也是非常必要的。在对我国知识产权行政管理的问题与原因进行系统梳理后，我们相信，只要牢牢把握正确的发展方向，正确处理知识产权行政管理中的多重问题和矛盾，知识产权就能切实有效地推动我国实现经济、科技、文化、社会、人与自然的协调和可持续发展，最终实现创新型国家和全面建设小康社会的总体目标。

三、中国知识产权行政管理问题带来的影响

上述知识产权行政管理六个方面的不足，是基于我国知识产权行政管理这个模块而进行的分析，如果我们把这些不足放到国家科技、经济、社会、文化发展的整体框架之中进行透视，就会发现我国知识产权行政管理问题带来的各种影响。

（一）影响知识产权制度效益的发挥

知识产权制度效益的发挥得益于有效的知识产权行政管理，然而我国知识产权行政管理的不足使知识产权行政管理成本攀升、效能与效率降低，知识产权环境不能及时优化，市场主体知识产权各环节负担增加，知识产权资源优化配置受到阻遏，知识产权制度优势未能完全发挥。尤其是过于分散的行政管理机构的设置，而且数量过多，没有统一的领导机构，使得知识产权行政管理的各部门之间条块分离、各自为政，严重影响了政府对知识产权制度效益综合调整职能的发挥，使得各部门之间的工作难以协调，问题的出现在所难免，其结果是知识产权行政权力被分割，部门工作条块化现象越加凸显，政府工作部门间的联系会被阻隔，整体效能大大降低，

知识产权行政管理的作用被大大削弱了，影响我国服务型政府形象的构建。

（二）影响知识产权战略的深化实施

《国家知识产权战略纲要》是我国政府审时度势对于知识产权事项制定的长期性、全局性、纲领性的规划，是国家通过加快建设和不断提高知识产权创造运用、保护和管理能力，不断完善我国现有的知识产权制度，壮大我国的知识产权人才队伍，以促进我国整体发展目标的总体谋划。

知识产权战略的持续有效推动依赖于国家知识产权行政管理效能的发挥，而且知识产权行政管理本身就是国家知识产权战略的重要组成部分。但是，目前我国知识产权行政管理力度的不足，势必导致国家知识产权战略的落实受阻，国家知识产权战略任务与措施不能如期完成，预期战略目标的实现度存在不确定性。

（三）影响经济发展方式的根本转变

知识经济的发展有三个前提条件，分别是技术的创新、产业结构的转变以及资本的积累。为适应知识经济发展的趋势，我国就必须实现经济增长方式的转变。所谓经济增长方式是指能推动我国经济增长的各种生产要素的投入及它们的组合方式。知识产权作为当代国家最重要的战略资源之一，只有将知识产权付诸实施，精心经营，才能使其在国家经济发展中充分实现其价值，发挥其功能。

而在我国现行的知识产权行政管理实践中，知识产权的产、学、研彼此脱节，很多部门仅仅重视知识产权的经济价值的实现，而忽视其流通市场的不健全以及法律环境的不完善，政府公共服务力量较弱，尤其缺乏权威和实用的知识产权信息检索和分析、技术贸易和科技成果转化、无形资产评估等知识产权公共信息服务平台以及网络的构建，导致了我国知识产权创造人才的创新积极性不强且流失严重、科技成果评价体系错位，从而阻碍了我国经济的发展与顺利转型。

（四）影响国际核心竞争力的加快形成

随着知识产权制度的国际化和现代化的到来，无论各国是否愿意都会被卷入知识产权竞争的浪潮之中。作为国家核心竞争力的知识产权，为各国抢占竞争制高点、促进科技进步以及推动经济的快速发展提供了有力的保障。知识发展的动力来源于创新，而知识产权制度特别是知识产权行政管理制度为其提供了可靠的制度保障。但是，在我国由于人们的知识产权意识相对较弱，对知识产权行政管理制度建设的重视不足，导致了人们忽视这一重要制度带来的竞争动力，影响了国际核心竞争力的形成。

第四章　中国知识产权行政管理
创新发展的环境分析

知识产权行政管理是整个社会系统中的一个子系统，它的运行受各种环境的影响。中国知识产权行政管理创新的环境包括国际环境和国内环境。国际环境更多地表现为全球政治势力分布和经济发展趋势。国内环境则体现在政治、经济、社会和技术等方面。知识产权行政管理创新的环境是政府管理系统存在和发展的客观制约条件，是管理活动的前提和出发点。分析中国知识产权行政管理创新的动因、模式、内容、策略等都必须建立在对创新环境的认识和分析的基础之上。

第一节　知识产权行政管理国际环境分析

当今世界的一个重要潮流就是世界多极化发展，呈现多样化特点。"一超走弱，多强易位"的政治格局将长期存在，美国的霸权主义将进一步削减，亚洲对国际经济、科技、政治和军事的重要性和影响力显著上升，而欧洲的重要性和影响力则呈现相对下降的态势，其他经济新兴体的迅速发展标志新兴大国进入国际体系核心部分已经成为事实。以中国、印度为代表的新兴市场国家群体性崛起。近一二十年来，以中国、印度为代表的新兴市场国家群体性崛起，根据世界银行预测，到 2050 年，中国、印度、巴西、俄罗斯、墨西哥和印度尼西亚 6 个新兴经济体占二十国集团GDP 的比重将由 2009 年的 19.6% 上升到 50.6%，以欧美为代表的发达国家整体实力相对下降；美国、日本、德国、法国、英国、意大利和加拿大占二十国集团 GDP的比重将由 72.3% 下降到 40.5%。美国仍然保持较强优势。美国的经济实力、军事实力、科技实力等具有强大优势。同时，美国也处于收缩和调整全球战略布局的过程中。

国际格局的大分化大调整，世界多极化趋势更加明显。在当下"一超多强"的多极化趋势中，国际竞争日益复杂，国际力量对比朝着相对均衡的方向发展。

一、南北经济力量对比发生逆转，南方国家迅速崛起

国际金融危机的影响具有长期性和复杂性，世界经济和贸易进入恢复性增长期。金融危机以来，发达国家经济增长缓慢，南方国家迅速崛起。南方国家经济贸易总量占世界比重已经超过了北方国家，并保持了较高的增长，成为世界经济贸易增长

的新动力和最大的推动力。到 2020 年，南方国家经济总量将占世界的 60% 以上，出口总量占世界的近 70%。南方国家加快谋划和布局，积极参与全球产业再分工，承接产业及资本转移，拓展国际市场空间，知识产权的利益诉求越来越注重于维护国家利益和经济竞争优势。北方国家纷纷实施"再工业化"战略，重塑制造业竞争新优势，加速推进新一轮全球贸易投资新格局。在美国等发达国家推动区域自由贸易的发展趋势下，随着经济全球化深入发展，贸易自由化仍是世界经济发展主流，知识产权成为区域贸易自由化的重要议题。

二、发展中国家的知识产权利益诉求得到重视

伴随着中国、印度等新兴经济在全球经济地位的上升，发展中国家的知识产权意识的觉醒，其知识产权利益诉求将越发受到重视，在国际贸易、环境、可持续发展与知识产权国际规则制定中的话语权得到提升，知识产权已经不是传统意义上发达国家进行技术封锁、贸易封锁的特权，发展中国家也开始探索运用知识产权保障自身的经济利益。从发展中国家参与 TRIPS 的谈判内容来看，从贸易转向了范围更为广泛的公共健康、农业、公平、可持续发展和人权等议题。例如，2001 年，世界知识产权组织部长级会议达成的《TRIPS 与公共健康问题多哈宣言》；2004 年，在巴西、阿根廷等国的提议之下，世界知识产权组织启动发展议程；2006 年起，泰国签发强制许可令，许可本国厂商生产 Merck 和 Abbott 的抗逆转录病毒专利药品；巴西 2007 年签发强制许可令，生产 Merck 抗艾滋病专利药品。随后，印度、南非、津巴布韦、马来西亚等都有颁发强制许可的经历。这些都是落后国家实现自己诉求的新实践。

三、发达国家以知识产权促进结构调整的作用明显

为了应对全球产业竞争，面对国内经济疲软，发达国家产业结构持续调整升级，知识产权密集产业对发达国家经济增长发挥重要的贡献作用。数据显示，美国全部 313 个产业中有 75 个高度依靠专利、商标和版权的知识产权密集型产业；2010 年，美国的知识产权密集型行业直接产生的工作机会高达 2710 万个，间接产生的工作机会则高达 1290 万个，总计将近 4000 万个就业机会，约占美国经济工作机会总数的 27.7%；知识产权密集型行业的平均周薪比其他行业要高出 42%；知识产权密集型产业商品出口额为 7750 亿美元，占美国当年商品总出口额的 60.7%。无独有偶，2013 年，欧盟报告显示，欧盟的所有行业中约 50% 属于知识产权密集型行业，创造产值约 4.7 万亿欧元，对欧洲国内生产总值的贡献率达 39%；欧洲出口产品和服务的 90% 都属于知识产权密集型行业；知识产权密集型行业直接提供的就业岗位约 5650 万个，占全部就业岗位的 26%，间接提供就业岗位 2000 万个，占比约 9%；知识产权密集型行业的工资水平较其他行业平均高出 40%。

四、发达国家利用知识产权遏制发展中国家的趋势加剧

发达国家在全球经济竞争地位的"失利",使其更加注重出台知识产权国际化发展战略,通过加强知识产权保护维护发达国家的经济利益,利用知识产权这一竞争工具限制和打击发展中国家的增长势头。美国近年来不断强化知识产权行政执法体系。2005年,美国政府设立国际知识产权执法协调员,负责协调联邦政府的资源。2008年,美国颁布了《优化知识产权资源和组织法案》设立了知识产权执法代表办公室来协调知识产权的执法。2010年,美国又发布了《2010年知识产权执法联合战略计划》。国土安全部与国家知识产权协调中心成为美国最主要的知识产权行政保护机构,而FBI也开始介入知识产权案件。同时,欧盟、日本与韩国也加大知识产权执法力度。国际刑警组织、海关组织等国际组织纷纷强化知识产权执法的内容。

随着未来国际贸易实现更大范围的自由化与更大程度的一体化发展,发达国家利用经济全球化和贸易自由化的契机,将知识产权作为自由贸易协定的重要内容,进一步提高国际知识产权执法保护水平以双边、小多边的贸易协议等方式来试图驱动进一步加强知识产权保护的国际规则变革,建立一个更高知识产权执法保护水平的 TRIPS – PLUS 机制。美国和欧洲国家在推动区域自由贸易协定方面最为积极。其中美国与澳大利亚、加拿大、新加坡等近20个国家签订含有知识产权条款的自由贸易协定。而欧盟也与南非、智利等国签订类似自由贸易协定。同时,一些重要的区域性协调机制,如亚太经合组织、G8 + 5 的海利根达姆进程等都设有相关的知识产权工作组。由于专利审查多边协调进展缓慢,催生了区域性合作,温哥华小组、拉美小组等以工作共享为核心的合作就是对此的反映。无论是 TPP,还是跨大西洋贸易与投资伙伴协议(TTIP)和反假冒贸易协定(ACTA)谈判等方式,在行政、投资、网络执法乃至技术等措施方面全面提高了知识产权国际执法标准,保护内容日益详细精确,执法规范更强硬、更强调效益和可行性。

第二节　知识产权行政管理国内环境分析

运用 PEST 模型,从政治、经济、社会和技术四个角度,分析知识产权行政管理工作的宏观环境,并评价这些因素对战略管理目标和战略制定的影响。

一、政治环境分析

党的十八大以后,深化重要领域改革,坚决破除一切妨碍科学发展的思想观念和体制机制弊端,构建系统完备、科学规范、运行有效的制度体系,将对知识产权行政管理产生巨大的影响。经济体制改革的核心问题是处理好政府和市场的关系,

必须更加尊重市场规律，发挥市场在资源配置中的决定性作用，更好发挥政府作用，完善宏观调控体系。深化行政体制改革就是要按照建立中国特色行政体制目标，深入推进政企分开、政资分开、政事分开、政社分开，建设职能科学、结构优化、廉洁高效、人民满意的服务型政府。推动政府职能向创造良好发展环境、提供优质公共服务、维护社会公平正义转变。

（一）行政管理体制改革需要知识产权行政管理创新

面对社会转型、经济全球化、信息技术时代的挑战，随着行政管理理论的发展，我国的行政管理也在不同时期呈现出不同的特点。党的十一届三中全会以来，我国进行过多次行政管理体系变革。其中，规模较大的是 1982 年、1988 年、1993 年、1998 年、2003 年、2008 年、2013 年的七次改革（具体情况见表1）。七次行政管理体制改革主要是围绕打破高度集中的计划管理体制、转变政府职能和建立宏观调控体系、优化政府结构、提高行政效能等目标，在国家生活的不同领域分阶段、有侧重地逐步推进。

表1　历年行政管理体制改革情况表

1982 年改革	明确规定了各级各部的职数、年龄和文化结构，减少了副职，提高了素质；在精简机构方面，国务院各部门从 100 个减为 61 个，人员编制从原来的 5.1 万人减为 3 万人
1988 年改革	国务院部委由 45 个减为 41 个，直属机构从 22 个减为 19 个，非常设机构从 75 个减到 44 个，机构人员编制比原来的实际人数减少 19.2%，并首次提出政府职能转变的任务
1993 年改革	国务院组成部门、直属机构从原有的 86 个减少到 59 个，人员减少 20%。国务院不再设置部委归口管理的国家局，国务院直属事业单位调整为 8 个。这次改革提出了建立适应社会主义市场经济发展的行政管理体制目标
1998 年改革	国务院不再保留的有 15 个部委，新组建 4 个部委，更名 3 个部委。改革后除国务院办公厅外，国务院组成部门由原有的 40 个减少到 29 个，部门内设机构精简了 1/4，移交给企业、地方、社会中介机构和行业自律组织的职能达 200 多项，人员编制减少了一半
2003 年改革	除国务院办公厅外，国务院 29 个组成部门经过改革调整为 28 个，不再保留国家经贸委和外经贸部，其职能并入新组建的商务部
2008 年改革	除国务院办公厅外，国务院组成部门设置 27 个。这次国务院改革涉及调整变动的机构共 15 个，正部级机构减少 4 个。国务院将新组建工业和信息化部、交通运输部、人力资源和社会保障部、环境保护部、住房和城乡建设部
2013 年改革	国务院正部级机构减少 4 个，其中组成部门减少 2 个，副部级机构增减相抵数量不变。具体内容是：实行铁路政企分开；组建国家卫生和计划生育委员会；组建国家食品药品监督管理总局；组建国家新闻出版广播电影电视总局；重新组建国家海洋局；重新组建国家能源局

自党的十八届三中全会以来，行政管理体制改革走入深水区和攻坚区，突出在

行政审批制度改革、行政考评制度改革、行政机构改革、创新行政管理方式等方面加大改革力度，这也对知识产权行政管理创新提出了要求。

1. 行政审批制度改革要求知识产权行政管理进一步放权

此项改革是转变政府职能的重要突破口，它包含三个层面的内容，即市场机制能有效调节的经济活动，一律取消审批；对保留的行政审批事项要规范管理、提高效率；直接面向基层、量大面广、由地方管理更方便有效的经济社会事项，一律下放地方和基层管理。这表明，政府要向市场放权，向社会放权，向地方放权。2013年以来，新一届政府先后取消和下放了7批共632项行政审批等事项，同时修订了政府核准的投资项目目录。放开制造业准入限制改革商事制度、减少、整合财政专项转移支付项目。大力减少行政事业性收费，清理并取消资质资格许可事项和评比达标表彰项目。加紧深化投资体制改革，尽快放开自然垄断行业的竞争性业务，加快服务业有序开放。这些措施对减轻企业负担、激发企业和市场活力具有重要作用。今后要持续深化行政审批制度改革，突破利益藩篱。切实放权于市场和社会。国家知识产权局也要加快简政放权的力度。

2. 行政考评制度改革要求知识产权行政管理加强监管

转变政府职能，简政放权，"管"和"放"同等重要，缺一不可。如何做好"放""管"结合、"放""管"并举是深入推进政府职能转变的重大挑战。"管"，就是事中、事后监管，是当前改革面临的一大短板，比较突出的问题主要有三个方面：一是监管理念不到位。很多政府部门"会批不会管""对审批很迷恋，对监管很迷茫"。二是监管体制不健全。一方面，多头监管、权责不对应问题严重，监管职责既交叉又缺位；另一方面，监管能力不足，信息不对称现象普遍存在。三是监管方式不科学，监管部门较多采用"静态式""运动式"的监管方式，平常监管不严，无心顾及问题隐患，问题暴露后才一拥而上。这三个问题，在知识产权执法监管中不同程度的存在，监管体制不健全、监管能力不足的问题更为突出。要适应政府职能转变的新常态要求，必须加强事中及事后监管。第一，提升政府监管意识，落实知识产权监管责任，切实将监管责任落实到部门、落实到岗位、落实到人头。第二，完善制度建设，创新监管方式。建立市场主体知识产权信用体系，通过相关制度约束市场主体的行为，提高侵权违法成本。建立以随机抽查为重点的日常监督检查制度，堵住监管漏洞。第三，鼓励社会监督，强化行业自律。鼓励社会公众，尤其是利益相关方参与社会监督，提升公众的维权意识和自我保护能力。

3. 行政机构改革需要加强知识产权行政管理宏观调控

推进政府机构改革、优化政府组织结构是深化行政管理改革的重要任务。有西方学者认为："管理理论主要讨论的是组织应当如何建立和运作才能更有效地完成任务。这种'效率原则'试图使用较少的资源最大程度达到目的，这既是管理理论的特点，也是经济理论的特点。但它并没有阐述应该如何实现最大效率，而要提高效率，就需要找出影响效率的限制因素。"按照我国的具体国情和社会主义市场经济发展程度，政府应该设立何种机构、如何设置与调节各机构之间的关系等问题缺乏相应的深入调研和广泛研讨。职能是机构的依据，机构是职能的载体，要进行政府机构改革，必须基于我国国情，了解社会公众的需求，判断政府的职能，从而为政府机构改革提供相应的方向。

我国政府目前存在的缺位、越位、错位的问题还在一定范围内存在，机构重叠、政出多门、协调困难的问题还亟须进一步解决，这些都对推进政府机构改革产生了影响。要推进政府机构改革，"大部制"不失为一种有效的方法。"大部制"不是简单意义上的精简机构，裁撤人员，而是一种"大职能、宽领域"的政府事务综合管理体制。从国外经验来看，英国、美国、日本等主要发达国家在发展的过程中都采取了相应的大部制改革，有效地避免了职能交叉，显著地提高了行政效率，极大地便利了政府机构的内部协调。因此，《中共中央关于深化行政管理体制改革的意见》提出"探索实行职能有机统一的大部门体制，完善行政运行机制"的要求。实行"大部制"要按照政府综合管理职能设置政府机构，也就是一个部门管理相关职能，而不是简单机械的按照专业管理职能设置政府机构。要切实了解我国目前政府机构设置的状况，了解东西部的差距，绝不能脱离我国国情。"大部制"改革，还要积极借鉴国外的先进经验，但不能照抄照搬。总之，要形成具有中国特色社会主义的政府机构改革道路，积极稳妥地推进大部门制改革，需要进一步明确部门之间的职责分工，加强知识产权行政管理宏观调控，需要按照内在经济规律，创新宏观调控思路和方式，保持区间调控弹性，切实发挥政府在管宏观、抓大事、议长远、谋全局方面的作用，提高政府治理能力。

4. 创新行政管理方式需要加强和优化公共服务

创新行政管理方式要求政府应创造环境，充分发挥社会中介组织在社会公共事务管理中的作用。有学者提出："人们基于相同的问题和利益组织成一个团体是极其自然的。这样的组织至少有如下优点：一是提高政府工作效率的有效工具；二是警惕官僚机构在行政管理时可能出现的不公正。以利益集团代言人的工作职责为例，给政府工作的技术性问题提供专业意见、对行政实践进行调查、与官员商谈、为官员提供必要的数据、观察政策执行状况寻机增进组织利益。"❶ 社会中介组织的实质就是这样一种利益集团。目前，我国社会中介组织仍处于发展的初期阶段，对于那些性质上属于社会组织，但实际上挂靠在政府名下的单位机构，要进一步实现"政社分离"；对于某些新兴领域，要尽可能地培育与之相关的社会中介组织。同时还要积极发展已有社会中介组织，使其在政府放开的领域，能够真正承担其相应的职能。

创新行政管理方式也要求充分进一步完善政府的公共服务职能。公共服务是经济发展的重要推动力，加强和完善公共科技服务体系，加大对科技的公共投入力度，有助于促进产业结构的调整和经济增长方式的转变；有助于加强和完善公共文化服

---

❶ 毛寿龙. 西方公共行政学——名著提要 [M]. 南昌：江西人民出版社，2006：77－78.

务体系，加大对公共文化事业的投入。当前，我国经济社会发展面临的一个重要问题是公共需求快速增长与公共服务供应不足之间的矛盾，加强公共服务体系建设，特别是推进基本公共服务均等化是解决这一问题的重要措施，也是政府职能转变的重要目标，应当从三个方面重点切入：第一，强化政府的公共服务职能，提高公共服务总体水平。政府应当完善社会保障、教育、卫生、文化等方面的职能配置，形成完善的公共服务体系，做到政府公共服务职责不"缺位"。第二，加大公共投资，增加公共产品有效供给。公共领域投资是稳增长的有效手段，重点增加公共基础设施和教育、医疗、社会保障等民生投资，提高公共产品的总量与质量，使公共服务与经济增长协调发展。第三，创新公共服务供给方式，构建多元化、社会化的公共服务供给体系。核心是将政府职能转到为市场、为社会主体创造平等竞争环境和提供服务上来，利用市场和社会机制完善资源配置，提高公共服务数量和质量，形成市场和社会提供、政府购买的公共产品供给机制。知识产权的公共服务主要定位在要完善知识产权基础数据公共服务系统，加快推进知识产权基础信息资源开放共享。加强对企业特别是中小微企业的知识产权信息推送服务，及时发布与产业相关的知识产权分析报告。加强知识产权文化建设，普及知识产权知识，提高全社会知识产权意识。

（二）依法治国要求知识产权行政管理发展完善

"法，国之权衡也，时之准绳也。"党的十八届四中全会提出全面推进依法治国，依法治国成为"四个全面"战略布局的重要组成部分。党的十九大报告指出，坚定不移走中国特色社会主义法治道路，建设社会主义法治国家，坚持依法治国、依法执政、依法行政共同推进，坚持法治国家、法治政府、法治社会一体建设。所谓依法治国，是指依照体现人民意志和社会发展规律的法律治理国家，而不是依照个人意志、主张治理国家；要求国家的政治、经济运作、社会各方面的活动统统依照法律进行，而不受任何个人意志的干预、阻碍或破坏。依法治国是党领导人民治理国家的基本方略，是社会进步的重要标志。法律具有最高行为准则的效力，由国家强制力保证实施，是一切社会活动必须遵循的标尺，也是一切行政管理主体的权力来源。完善的法律制度体系，不仅能充分保障知识产权事业健康、有序发展，切实保护知识产权权益，同时也能准确界定知识产权管理中产生的各项权利义务和法律责任，为知识产权行政管理创新提供直接的法律依据。党的十八届四中全会通过的《中共中央关于全面推进依法治国若干重大问题的决定》明确提出，"完善激励创新的产权制度、知识产权保护制度和促进科技成果转化的体制机制"，同时要求"依法加强和改善宏观调控、市场监管，反对垄断，促进合理竞争，维护公平竞争的市场秩序"，这不仅是依法治国的重要体现，也是当前和今后一个时期我国知识产权行政管理制度建设和完善的重要指南。

知识产权行政管理是政府管理体系的重要内容，必须将其纳入法制轨道，依法推动知识产权行政管理。从依法治国和知识产权行政管理的关系来看，二者紧密契合，互相促进，不可分割。依法治国具有公正性、权威性、稳定性、科学性、强制性。因此，依法治国是一切知识产权行政管理活动必须遵循的基本原则，是提升知识产权行政管理能力的关键路径，也对行政管理提出新的要求。

1. 依法治国的基本要求需要知识产权法律体系的完善

自改革开放以来，经过30多年的不懈努力，我国已经基本形成了适应自身发展需要、基本符合国际发展趋势的知识产权法律制度，与中国国情相适应、具有中国特色的司法、行政"两条途径、并行运作"的知识产权保护体系以及适应现实需要的知识产权行政管理体系。知识产权行政管理对中国经济稳定、高速发展起到了重要的推动作用，然而，由于我国知识产权行政管理制度建立时间较短、知识产权意识尚未全面普及、市场经济基础薄弱等因素影响，知识产权作为创新发展、经济转型、社会发展之有力武器的效用未能充分发挥。其显著表征为：我国虽然已经成为知识产权大国，但仍然不是知识产权强国，知识产权转化运用潜力有待进一步挖掘，引领产业发展的作用尚未完全发挥，对国家经济增长贡献率有待提升；在知识产权保护方面，维权成本高、侵权成本低的问题仍然不同程度存在。这些问题，有待于通过完善知识产权法律制度，改革知识产权行政管理体制来加以解决。在全面推进依法治国、实现国家治理现代化的时代背景下，我们既要坚定不移地深化知识产权行政管理体制改革，又必须确保改革在宪法和法律的轨道上有序推进；既要发挥改革对法律制度的革新和促进作用，又要发挥依法治国对知识产权行政管理体制改革的引领和保障作用，将依法治国作为深化知识产权行政管理体制改革的重要检验标准，做到凡属重大改革事项都要于法有据。通过健全完善立法体系，坚持依法决策、民主决策，进一步完善与知识产权行政管理体制改革相关的法律制度，用法治政府、有限政府、责任政府的法治理念指导改革决策，为深化知识产权行政管理体制改革的战略性部署提供严谨、周密、科学的法律制度支撑。

2. 依法治国的内在要求需要知识产权行政管理程序的完善

当代中国正处于转型和改革交织融合的关键期。转型"倒逼"改革，改革又面临时间和空间的双重约束，种种利益失衡导致各类社会矛盾凸显。为突破利益固化的藩篱，找准全面深化改革的切入点和突破口，需要依法治国在顶层设计、制度构架、运行机制上保驾护航，严格遵循程序是依法治国的内在要求，也是顺利推进各项改革事业的重要保障。深化知识产权行政管理体制改革的任务艰巨而繁重，必须依法按照有关程序积极稳妥推进，避免出现大的波折，降低改革成本。一是完善有关改革的机构职能设置程序和权力授予程序，使权力来源有法可依、有章可循。二是坚持程序和实体并重，每一项重大改革举措都必须通过立法设定实施方式、步骤和时限等，明确各项改革程序，避免举措最终流于形式，及时化解改革面临的实际困难和阻力。

3. 依法治国要求加强知识产权行政管理的考核监管

公平正义是改革要实现的最终价值目标之一。在转型期的当代中国，从教育公平到机会公平、从制度公平到分配公平、从权利平等到人格平等，公平正义的理念已经拓展到各种领域，成为改革中产生的刚性需求。市场经济体制改革需要公平正义的交易规则，知识产权行政管理体制改革的顶层设计必须体现公平正义的依法行政理念。为营造公平正义的改革环境，一方面，应健全完善和落实领导干部问责制，加强对改革任务落实情况的督促检查，依法严肃问责拒不落实、弄虚作假、失职渎职的干部；另一方面，应坚持在法律框架内追究责任，把一般失误与严重失职区分开来，宽容改革失误，激励改革活力，营造崇尚实干、敢于创新的改革氛围。需要健全惩治与预防腐败的程序，让人民主权和权力制约原则充分体现在改革的事前、事中、事后全过程动态进行。建立公众参与、信息公开和民主监督程序，涉及群众切身利益的决策要充分听取群众意见，保障群众的知情权、参与权和监督权，紧紧依靠人民推动改革。

4. 依法治国需要加强知识产权行政管理的创新规范

当前的知识产权行政管理体制改革除了顶层设计和推动之外，需要通过发挥各类社会力量来挖掘新潜力，这就需要平衡不同社会群体的利益关系，处理好不同主体的利益冲突。依法治国对于平衡和协调改革利益，及时化解利益冲突发挥着重要作用，能够使社会在经济高速增长过程中维持稳定，走向布局更加合理的可持续发展。从法理上而言，法治是对社会不同利益进行界定、协调、平衡、整合和确认的过程；能够通过设定权利义务关系，将各方主体的利益需求转化为附加义务的特定权利，实现利益分配的规范化、制度化。因此，深化知识产权行政管理体制改革必须发挥法律的引导和推动作用，充分运用权利义务思维，将利益分配难题转化为权利义务配置问题，依法设定和调整各方权利义务关系，逐步形成法律层面上的改革共识，防止改革功利化、利益部门化等现象，确保改革走出利益博弈困境。当改革初见成效后，应将改革成果和成功经验及时总结提升，以法律形式固定下来，将成熟的改革措施上升为法律法规，转化为国家意志，运用法律手段巩固改革成果，形成系统完备、科学规范、运行有效的制度体系；通过改革逐步解决法律规定中不合理的问题，通过修改法律再纳入法律里面，在面上推开，进一步减少工作的随意性，增强规范性，保证公开性，确保改革措施的稳定性和连续性，为下一步全面深化改革奠定坚实的法治基础。

二、经济环境分析

每个阶段都有每个阶段的特征，经济发展进入新的阶段，必然出现与过去阶段有些不同的特征。2014年中央经济工作会议指出，我国经济发展进入新常态，说明我国经济正在向形态更高级、分工更复杂、结构更合理的阶段演化，正从高速增长转向中高速增长，经济发展方式正从规模速度型粗放增长转向质量效率型集约增长，经济结构正从增量扩能为主转向调整存量、做优增量并存的深度调整，经济发展动力正从传统增长点转向新的增长点。我国进入了创新驱动发展、经济转型升级提质增效的新阶段，知识产权作为发展的重要资源和竞争力的核心要素，将发挥更加重要的作用。经济新常态对我国知识产权改革发展提出了新的需求。

（一）经济发展方式调整要求中国知识产权行政管理创新

改革开放30多年来，我国经济平稳较快发展，财政收入大幅增加，综合国力大幅提升，GDP总量跃居世界第二位，经济发展建设所取得的成就举世瞩目。但同时必须清醒地认识到，发展中的不平衡、不协调、不可持续等问题依然突出。市场竞争主要靠数量扩张和价格的无序竞争，经济增长的资源环境约束不断强化，环境承载能力已经达到或接近上限，投资和消费关系不匹配，收入分配差距较大，农业发展基础薄弱，城乡区域发展不协调，就业总量压力和结构性矛盾并存等问题仍然比较突出。这就要求我们，必须正确看待经济增长速度问题，应当在改进官员考核手段、提高经济质量和效益、走向质量型差异化的市场竞争、推进绿色和可持续发展、更加注重保障和改善民生等方面发力，努力打造"中国质量"升级版，实现经济发展方式向质量效率型集约增长转变。作为知识产权行政管理部门，如何提升我国知识产权创造、运用、保护和管理能力，同时与转变经济增长方式、产业结构的优化升级结合起来，是摆在当前的现实问题。当前加快转变经济发展方式、发展战略性新兴产业、调整对外贸易结构，对知识产权提出新的需求，这就需要知识产权行政管理为知识产权制度在经济建设中发挥支撑作用。

1. 自主创新需要进一步发挥知识产权支撑作用

过去30多年我国走的是高投入、高消耗、高污染、低产出的经济发展路子，目前依靠要素驱动和投资驱动的经济高速增长模式已难以为继，劳动力成本低的生产要素相对优势在发生变化，要素的规模驱动力在减弱，面对世界科技创新和产业革命的新一轮浪潮，面对企业主动转型、创新意愿的明显加强，我国经济增长的动力正逐步发生转换。2013年，我国全要素生产率水平是1978年的近3倍，这是体制改革、技术进步、结构优化等因素综合作用的结果。我国经济正逐步转换增长动力，逐步从传统增长点转向新的增长点，更多依靠人力资本质量和技术进步，转入创新驱动型的经济新常态。值得指出的是，随着第三次工业革命迎面而来，一些新技术、新产品、新业态、新商业模式的投资机会将会大量涌现，这些投资机会将会成为经济发展新的动力和增长点。

2. 生产组织形式的转变需要知识产权的深度介入

以往为适应我国出口导向和国内需求的需要，生产组织形式更注重量能扩张，通过做大规模追求产能的扩大，我国也成为世界"制造大国"。而在外部市场需求疲软和国内增速放缓的背景下，传统产业供给能力大幅超过需求。在产能过剩的条件下，产业结构必须要优化升级。新常态下，工业化由中期向后期发展的阶段性变化客观上也决定了生产组织方式也要发生相应变化，要由产能扩张为主逐步转向绩效提升为主，更注重生产效率和质量的提高，更注重依据需求变化灵活调整供给，并通过供给来引导或带动需求。企业兼并重组、生产相对集中不可避免，新兴产业、服务业、小微企业作用更加凸显，通过工业化与信息化的融合发展，生产小型化、智能化、专业化将成为产业组织新特征。这些产业组织方式的变化，必须要求各类企业更加重视知识产权，通过拥有更多的核心专利，培育驰名商标，形成自己的独门绝技，打造小巨人企业。

3. 投资需求的变化需要知识产权与金融有效融合

在我国由低收入向中等收入发展的过程中，投资需求的空间很大，基础设施建设、产业发展等领域存在巨大的投资缺口，投资的高强度、大规模增长极大地拉动了经济增长，在一定程度上形成了"投资拉动型"增长模式。经过30余年的快速发展，投资继续高速增长的空间不断缩小，门槛较低、受益于人口红利和全球化红利的行业或领域的投资相对饱和，如传统产业、房地产投资增速已经开始出现下降。而同时一些涉及创新领域的投资还有很大发展潜力。一些拥有知识产权的新技术、新产品、新业态、新商业模式的投资机会大量涌现，对创新投融资方式提出了新要求。知识产权与金融资源的有效融合是创新投融资方式最佳选择，有助于建立基于知识产权价值实现的多元资本投入机制，通过增值的专业化金融服务扩散技术创新成果，全面促进知识产权转移、转化；有助于引导金融资本向高新技术产业转移，促进传统产业的转型升级和战略性新兴产业的培育发展，提升经济质量和效益。

4. 出口贸易优势发挥需要知识产权的保驾护航

21世纪初，我国以加入世界贸易组织为标志，成为国际分工体系中重要的制造环节，成本优势迅速转为出口的快速增长，出口成为拉动经济高速增长的重要动能。金融危机后，随着全球化进入收入效应与替代效应并存阶段，国际市场空间扩张放缓，加之我国低成本优势正在弱化，出口竞争压力日益增大。同时，随着发展阶段的转变，高水平引进来、大规模走出去正在同步发生，人民币国际化程度明显提高。需要逐步建立以我为主的分工体系，以分工体系为载体或平台，统筹布局要素以实现收益最大化。这些都决定了未来我国需要加紧培育新的比较优势，积极影响国际贸易投资规则重构。在当前以新兴技术为基础的经济全球化背景下，国际贸易与知识产权二者之间的关系日益密切。一方面，随着国际贸易内容的丰富，知识产权已成为国际贸易中的直接标的物或要素，体现在以货物和服务为载体，突出以技术和品牌为核心的竞争优势，决定了一国在国际分工和国际贸易中的地位；另一方面，不断加强的知识产权保护，不仅提高了产品的附加值，增强了一国的竞争优势，同时为维护国际贸易秩序提供了良好的制度环境。在激烈的国际市场竞争中，加强知识产权保护对我国对外贸易的发展起着举足轻重的作用，意义重大。

5. 规范市场竞争需要知识产权的严格保护

改革开放以来，在要素配置方式上市场机制的作用越来越明显，由计划经济为主、市场调节为辅逐步发展到市场机制起基础性作用。市场机制在资源配置中作用的增强释放了经济活力，调动了各方面的积极性。但由于市场机制作用还不完善，地区封锁、部门分割、行业垄断等还仍然存在，市场主体竞争不充分，要素市场还不健全，严重阻碍了市场活力进一步发挥和要素配置效率的提高，阻碍了生产力发展。经济新常态需要继续解放和发展生产力，更多地释放市场经济活力，最重要的就是让市场在资源配置中起决定性作用，提高资源配置效率和效益。过去主要是数量扩张和价格竞争，现在正逐步转向质量型、差异化为主的竞争，统一全国市场、提高资源配置效率是经济发展的内生性要求，必须深化改革开放，加快形成统一透明、有序规范的市场环境。知识产权制度的产生来源于市场经济，从诞生的第一天起就和市场竞争紧紧联系在一起已经成为知识经济时代市场生存的首要法则。知识产权制度的核心理念已经从为权利而斗争，转变为市场而斗争。加强知识产权保护成为形成统一透明、有序规范的市场环境的当务之急。

（二）产业转型升级需要中国知识产权行政管理创新

从国际经验看，进入工业化中后期，经济转型升级的一个突出特点是工业经济向服务业经济的转变。传统农业和工业的转型升级直接依赖于生产性服务业的发展，由此形成对生产性服务业的巨大市场需求。新一轮工业革命最为突出的特征是，信息、研发、设计、物流、销售、大数据等生产性服务业引领传统制造业向高端制造业的升级。也就是说，高端制造业与现代服务业的相互融合是一个大趋势，生产性服务业已成为提升制造业竞争力的主要推动力。以德国为例，高端制造业之所以能够保持世界领先地位，重要原因在于生产性服务业占服务业的比重高达50%以上。中国虽为制造业大国，但"中国创造"的优势远未凸显，就是生产性服务业发展严重滞后，其占服务业的比重仅为15%。未来6年，中国生产性服务业占服务业的比重至少需要提高15~20个百分点，达到30%~40%。这是中国工业转型升级的内在要求，是工业转型升级的必由之路。知识产权服务业技术与知识密集，附加值高，对科技创新、产业发展、对外贸易和文化发展的支撑作用日益显现。生产性服务业的大力发展，必将为知识产权服务业加快发展带来广阔的市场前景。

1. 产业结构的调整需要进一步提高知识产权管理效能

改革开放以来，我国的产业结构主要位于全球价值链的中低端，比较利益较低，2013年，我国第三产业增加值占GDP比重达46.1%，首次超过第二产业；2014年上半年，这一比例攀升至46.6%。新兴产业、服务业、小微企业作用更加凸显，生产小型化、智能化、专业化逐步成为产业组织的基本特征，这些趋势性变化都是非常好的结构优化迹象。经济新常态下，注重通过发挥市场机制作用探索未来产业发展方向，加快转变农业发展方式，通过大力推动战略性新兴产业、先进制造业等产业的发展，优先发展生产性和生活性服务业，建立健全化解各类风险的体制机制等举措，将进一步提升我国产业在全球价值链中的地位，打造"中国效益"。

2. 产业布局需要知识产权差异化行政管理

产业布局就是空间生产力的组织形式，是一种结合地理空间安排生产分工的生产力组织方式。特定产业在不同的地区有不同的利润，超过产业平均利润的部分构成特定地区的产业级差地租，简称产业地租。在这种定义下，产业地租具有区域性和产业性。资本追逐利润，产业资本流动追逐产业地租，产业地租是区域经济发展的重要因素。从规划学的角度看，政府是产业布局的规划者，应当以社会分工为规划对象，思考区域经济发展的方式。我国的产业布局特色是差异化政策驱动战略，国家对不同地区给予不同的投资和政策。与我国的经济发展格局基本相同，我国知识产权发展也呈现出"东高西低"的不平衡发展态势。西部地区与东部地区相比，无论在人才、资本、技术基础、产业规模上，还是在创造、运用、保护、管理上，由于经济水平、自然条件、观念意识、管理体制、技术创新、人才积累等因素造成的问题还难以在短时间内得到切实解决。为适应产业发展的区域化有必要进行差异化行政管理。

3. 产业聚集效应需要知识产权管理平台的创新

"集聚效应"是指各种产业和经济活动在空间上集中产生的经济效果以及吸引经济活动向一定地区靠近的向心力，是导致城市形成和不断扩大的基本因素。产业的集聚效应，最典型的例子当数美国的硅谷，聚集了几十家全球 IT 巨头和数不清的中小型高科技公司；国内的例子也不少见，在浙江，诸如小家电、制鞋、制衣、制扣、打火机等行业都各自聚集在特定的地区，形成一种地区集中化的制造业布局。我国中小企业的集聚基本可分成四种模式：以私有民营的家族企业为主体的浙江温州模式；以集体乡镇企业为主体的苏南模式；以国有企业为主体的东北模式；以三资企业为主体的珠江模式。要更好地发挥产业聚集带来的成本优势和品牌优势，对知识产权管理平台提出要求。针对产业集聚区知识产权比较密集、共享资源较为丰富和创造知识产权的效率较高的特点，知识产权管理平台的研究，不仅会推动产业集聚区知识产权的长足发展，而且对产业集聚区这样一种新兴的经济模式的科学发展和逐步完善起到重要作用。

三、社会环境分析

近年来，我国农村居民收入增速快于城镇居民，城乡收入差距缩小态势开始显现，居民收入占国民收入比重有所提高，收入分配制度改革取得新的进展。随着我国新型工业化、信息化、城镇化和农业现代化的协调推进，新农村建设城乡关系也出现新气象，城乡二元结构正加快向一元结构转型，以工促农、以城带乡、工农互惠、城乡一体的新型工农城乡关系正在加快形成，此外，区域增长格局与协调发展也在发生重大而可喜的变化，"一带一路"、京津冀协同发展、长江经济带等新的区域发展战略正在加紧制定和推进中，新常态下，我们要更加注重满足人民群众需要，更加注重就业工作，更加关注低收入群众生活，更加注重协同发展，更加重视社会大局稳定，使经济福祉逐步走向包容共享型将是长期趋势。

（一）民众素质的不断提升需要知识产权行政管理创新

知识产权是我国改革开放中从西方国家引进的概念，要在我国的经济社会中稳固扎根有一个漫长的过程。随着行政管理机关持续推进，渐渐形成了政府、企业、学校、社会参与，多层次、多渠道、多角度合力宣传知识产权知识的局面，公众对知识产权由陌生到逐步了解，进而迈向熟悉；由拒绝到逐步接受，进而主动运用。公众知识产权意识的觉醒孕育出了知识产权文化基本理念。在建设创新型国家的今天，知识产权文化的形成有助于弘扬改革创新精神，有助于让一切创造的源泉充分涌流，让一切创新的热情充分焕发。

1. 平均受教育水平提高要求知识产权意识培养方式多样化

知识产权普及教育发展势头良好。对普通公众而言，知识产权普及教育是进行知识产权文化培育最为普遍和直接的方式，对提高知识产权意识的效果也最明显。知识产权普及教育包括建设与知识产权文化培育相关的基础设施，即硬环境建设，也包括知识产权宣传教育、知识产权交流与合作以及知识产权信息管理和创造运用等软环境建设。可以说，这些软、硬环境已经成为我国知识产权普及教育的主要途径，在对公众进行知识产权相关知识普及方面发挥着重要作用。所以，要按照中小学、高中和大学等不同学习阶段的特点，采取不同的教育方式，提高知识产权普及教育的针对性和实效性。就针对中小学生知识产权普及教育而言，自2009年各省（直辖市、自治区）知识产权局、教育厅、科技协会等部门联合在中小学开展知识产权普及教育活动相继展开后，各地通过学校网络、宣传栏、校报等平台，开展普及知识产权的体验教育和实践活动，鼓励学生申请专利，积极组织参加各类青少年科技创新大赛等活动，使科技创新活动成为全国性活动。此外，中国知识产权培训中心于2012年开发了首门使用flash动画技术的课程——《中小学生发明创造与知识产权》，天津市知识产权局于2012年编写了《中小学知识产权教育读本》。同时，部分省市还开展了中小学知识产权示范校评选活动，一系列专门针对中小学生的知识产权普及教育活动陆续展开；就针对大学生的知识产权普及教育而言，2009年，教育部在开展卓越工程师本科试点专业时，建议列入卓越工程师本科试点的高等学校要开设《知识产权法》公共选修课程，使理工科学生学习知识产权法的相关内容，知识产权普及教育面进一步扩大。与此同时，部分高等学校开始在思想政治理论课《思想道德修养与法律基础》的"法律基础"部分开设知识产权相关知识讲解，通过开展知识产权专题讲座和知识产权相关知识演讲与辩论；举办校园知识产权宣传周和校园先锋青年创新创意大赛；组织学生参加专利成果调研统计以及参观发明专利审查部门等多种方式开展大学生知识产权普及教育。如今，知识产权普及教育已经从学校延伸到社区、企业等校外领域，为我国知识产权文化培育奠定了良好的社会基础。

2. 知识产权教育普及需要知识产权人才储备加大

1981年，中国人民大学率先招收知识产权方向研究生。1985年，中国人民大学开始为法学本科生开设《知识产权法》课程。同年，世界知识产权组织与原国家教委达成在中国高等学校开展知识产权教育的共识，正式在中国人民大学设立知识产权教学与研究中心，并于1987年开始招收知识产权法第二学士学位生。同时，原国家教委将知识产权第二学士学位专业列入全国高等学校法学专业目录，开启了我国知识产权专业教育的先河。1993 年，北京大学、中国社会科学院、华中科技大学等高等学校先后成立知识产权教学研究机构，并将《知识产权法》课程列为法学本科专业所设置的十四门核心课程之一。2012 年，教育部调整本科专业目录，在法学门类增加了知识产权本科专业。同时，北京大学、中国人民大学、中南财经政法大学等具有法学一级学科博士点和硕士点的高等学校都自设了知识产权法学研究方向。还有部分高等学校在民商法、经济法、国际法、管理科学与工程、宪法与行政法、刑法学等学科招收知识产权法方向的硕士生、博士生和博士后。一些没有知识产权专业硕士点或博士点的高等学校，在法学、工商管理、公共管理、经济学等学科探索开展知识产权方向的学历学位教育。至此，我国建立了包括博士、硕士、本科（第二学士）在内的完整的知识产权专业教育体系。而根据新东方高校库网站的搜索结果显示，我国 2000 多所高等学校中，有 40 余所高等学校成立了知识产权学院和知识产权系（所），有 35 所开设了知识产权本科专业，开办知识产权专业第二学士学位的近 20 所高等学校，每年为国家培养千余名知识产权专门人才。尽管目前我国知识产权专业人才的培养速度和规模仍远远不能满足社会发展的需要，但总的来说，我国知识产权专业教育格局初步形成，我国基本上具备了进行知识产权专业教育的能力，为我国知识产权文化培育提供了专业性的智力支持。

3. 传统文化发展要求知识产权文化形态的形成

曾经传统文化和知识产权制度是对立的两面。中国传统文化中专制的文化政策，严重窒息和禁锢了中国知识产权制度的孕育和产生："无欲"与"无为"的思想极端地淡化了人们的权利意识；传统文化的价值取向——重整体精神使个体意识普遍缺乏；文化体制的僵化，严重阻碍了科学技术的形成、发展和文化的传播。而随着当前社会价值观的不断发展，社会主义核心价值观逐渐形成。知识产权文化以"尊重知识，崇尚创新，诚信守法"为基本理念，本质在于激励创新。确立知识产权文化所倡导的社会风尚和价值取向，和社会主义核心价值观要求的营造诚实守信、遵规守法的市场经营环境，维护公平有序的竞争秩序相辅相成，进一步继承和发扬中国传统文化精髓，体现了新时期新阶段的时代风尚。

（二）消费方式的变化需要知识产权的量、质提升

改革开放以来，伴随经济快速增长，我国居民消费主要经历了三次以耐用消费品的快速升级换代为主要内容的重大升级变化，"老三件""新三件"和"新新三件"等专有名词形象地描述了消费结构的变化特征，这种排浪式的消费升级也是工业化快速推进在消费方面的集中表现。同时，经济快速发展过程中收入分配差距的扩大也直接导致消费的群体分化，甚至出现一定程度的消费两极化现象。

1. 绿色消费需要知识产权行政管理纳入生产环节

随着环境意识日益深入人心，随着人们生活质量的提高，绿色消费已进入更多人的生活。据调查，至 2008 年 4 月绿色消费总量已达 2500 亿美元，未来 10 年，国际绿色贸易将以 12%～15% 的速度增长。47% 的欧洲人更喜欢购买绿色食品，其中 67% 的荷兰人、80% 的德国人在购买时会考虑环保因素。此外，中国 53.8% 的人乐意消费绿色产品；37.9% 的人表示已经购买过如绿色食品、绿色服装、绿色建材、绿色家电等在内的绿色产品。同时中国绿色产品的质量和技术水平比较低，与西方发达国家的绿色产品存在着不小的差距；目前绿色产品的品种也不够丰富，尚不能满足人们生活消费的需求，有必要在知识产权行政管理中鼓励引入新常态时代必要的绿色技术，开辟绿色专利申请通道，推进绿色消费的发展。

2. 个性化消费需要知识产权质量提升

随着我国发展进入新常态，工业化由中期向后期转变和城镇化的均衡推进，一定会带来消费需求的重大变化。这就意味着，消费者个体需求的差异性将得到更多尊重和体现，消费多样性会更加突出。顺应这一变化趋势，供给体系必须作出调整，应更加注重提高产品和服务质量，更加注重通过创新供给和用户体验激发需求。而个性化、多样化消费渐成主流，就要求拥有知识产权的产品和服务脱颖而出，要求产品和服务的提供者不断开发新产品、创造新体验，以满足消费者不断变化和越来越高的需求。发明专利、外观设计、服务商标等知识产权的重要性将会日益体现，知识产权的数量和质量将进一步提升。

（三）"大众创业、万众创新"要求营造良好的知识产权环境

随着创新模式向个性化、开放化、社会化、大众化、网络化、集群化方向发展，国家发布《关于发展众创空间推进大众创新创业的指导意见》，将知识产权作为营造良好的创新创业生态环境的重要支撑。在此形势下，社会对于专利信息等知识产权服务的需求、对于创新成果的知识产权保护和促进创新成果运用实现经济利益的需求将越来越旺盛，亟待营造鼓励"大众创业、万众创新"的知识产权环境，充分激发我国创新活力，使知识产权工作主动融入经济发展"新常态"，促进经济科技社会发展。

四、技术环境分析

第一次新技术革命使技术本身成为一种更为稀缺和重要的资源。人们出于对稀缺资源的渴望和经济利益的追求，使得技术资源的竞争和滥用成为当时的一大社会问题，社会经济生活就从客观上要求人们寻求界定技术成果产权的制度安排。因此，知识产权制度的创立是对第一次新技术革命所提出的制度需求的一种社会回应。第二次新技术革命使人类从蒸汽时代跨入电力时代，科技创新活动本身突破了国界的限制，创新成果的开发、传播和应用也必然要在全世界范围内来实现。各国的经济竞争所引发的对创新技术成果的渴求，也从客观上要求创新成果的应用能够突破地域的限制。而这也从客观上要求一个对各国创新成果予以一体保护的国际机制，《巴黎公约》等一系列国际公约的缔结即是对这一经济需求的制度回应。纵观西方国家对第一、第二次新技术革命所提出的"挑战"的"应战"，其成果就是建立了适应当时生产力发展要求的现代知识产权制度，激发了人们的创新活力，从而促进了经济的快速发展。这说明技术创新呼唤制度创新，而制度创新反过来又推动了经济发展。未来预测大师杰里米·里夫金认为，即正在兴起的互联网技术与可再生能源的结合为特征的第三次技术革命，将会释放合作性权力，将从根本上重构人类的关系。这种重构将是全方位的，对未来社会将有着深远的影响。作为对新技术发展反应灵敏的现代知识产权制度受到的冲击尤其巨大，甚至在某种程度上严重动摇了其存在的根基。第三次新技术革命强调合作共享与知识产权的排他属性产生冲突，带来的崭新生产方式与滞后的知识产权制度产生摩擦，造就的行为模式严重动摇了知识产权的理论基础。知识产权制度应当顺应时代潮流，在制度设计理念上应在尊重私权的基础上强调合作的价值导向，以实现新技术革命背景下各种利益关系的协调与平衡。在信息化社会的今天，高新技术快速发展，技术更新换代加快，开辟了知识产权保护的新领域，也加大知识产权保护的难度。在数字技术和网络环境下，知识产权侵权行为已经超出传统法律保护的时空范围。基因技术如何纳入现行专利制度的保护范围，基于互联网的商业方法如何保护，都对现行知识产权行政管理提出了严峻的挑战。同时，网络技术的运用，也为知识产权行政管理工作的效能提高产生深远影响。

（一）创新驱动发展对中国知识产权行政管理创新的新要求

党的十八大提出实施创新驱动发展战略，党中央、国务院作出一系列重大战略部署，印发《关于深化体制机制改革加快实施创新驱动发展战略的若干意见》，出台《国家创新驱动发展战略纲要》。这里的"创新驱动发展"战略有两层含义：一是中国未来的发展要靠科技创新驱动，而不是传统的劳动力以及资源能源驱动；二是创新的目的是国家经济社会整体驱动发展，而不是简单发表高水平论文。

首先，实施创新驱动发展战略，对我国形成国际竞争新优势、增强发展的长期动力具有战略意义。改革开放30多年来，我国经济快速发展主要源于发挥了劳动力和资源环境的低成本优势。进入发展新阶段，我国在国际上的低成本优势逐渐消失。与低成本优势相比，技术创新具有不易模仿、附加值高等突出特点，由此建立的创新优势持续时间长、竞争力强。实施创新驱动发展战略，加快实现由低成本优势向创新优势的转换，可以为我国持续发展提供强大动力。

其次，实施创新驱动发展战略，对我国提高经济增长的质量和效益、加快转变经济发展方式具有现实意义。科技创新具有乘数效应，不仅可以直接转化为现实生产力，而且可以通过科技的渗透作用放大各生产要素的生产力，提高社会整体生产力水平。实施创新驱动发展战略，可以全面提升我国经济增长的质量和效益，有力推动经济发展方式转变。

最后，实施创新驱动发展战略，对降低资源能源消耗、改善生态环境、建设美丽中国具有长远意义。实施创新驱动发展战略，加快产业技术创新，用高新技术和先进适用技术改造提升传统产业，既可以降低消耗、减少污染，改变过度消耗资源、污染环境的发展模式，又可以提升产业竞争力。

1. 新技术发展对专利审查能力提升提出新需求

不同于传统技术，新技术领域发展日新月异，要鼓励和推动新技术发展浪潮，就必须积极跟进，主动提供更及时的知识产权保护。加快审查、费用减免、建立全球专利审查网络和提供"云数据"的专利检索信息服务成为科技创新主体的迫切需求。

如果从提交申请到获得专利权，发明者通常需要等待几年的时间，将导致先进技术的闲置。为了让致力于新技术的企业及早获得专利，加速产品和服务的上市时间，各国都颁布了很多知识产权政策来鼓励新技术的研发和专利申请，其中加快审查的政策最具代表性。

新一轮科技革命为我国实施知识产权强国战略，利用知识产权提升产业核心竞争力提供了发展机遇。通过加快专利审查，建立全球专利审查网络和建立"云数据"专利信息检索平台，将为新一代信息技术、绿色技术、3D、4D 打印、互联网、大数据等新技术、新业态的发展提供更为便捷的保护，更好地促进技术革新，激发创新创造活力。

2. 产业转型升级催生知识产权密集型产业发展

当前，由科技创新推动产业结构调整正方兴未艾。从传统制造业的转型升级来看，我国正值大力发展制造业，促进由制造业大国向制造业强国转变的关键时期。新中国成立尤其是改革开放以来，我国制造业持续快速发展，建成了门类齐全、独立完整的产业体系，有力推动工业化和现代化进程，显著增强综合国力，支撑我国世界大国地位。然而，与世界先进水平相比，我国制造业仍然大而不强，在自主创新能力、资源利用效率、产业结构水平、信息化程度、质量效益等方面差距明显，转型升级和跨越发展的任务紧迫而艰巨。

为了实现《中国制造 2025》确立的制造强国战略目标，促进制造业的转型升级和创新发展，离不开知识产权的支撑和保障。激励制造业重点领域的技术创新，提升制造业的创新水平有赖于进一步完善有利于创新的知识产权制度环境和知识产权政策，加强对创新成果的保护和在重点领域关键共性技术的专利布局，促进创新成果运用和转化、加强制造业急需知识产权人才的培养。

产业转型升级催生了知识产权密集型相关产业的发展。根据 2013～2014 年国家知识产权局的研究表明，我国各国民经济产业中，知识产权的密集趋势尚不明显，从密集程度上来说与欧盟和美国仍存在较大差距，知识产权密集型产业尚未形成，但是我国已经形成了一批知识产权依赖型产业。在由科技创新引领经济转型升级和创新型国家建设的大前提下，亟待提升知识产权密集型产业在国内生产总值中的贡献比率，发挥知识产权密集型产业对于经济转型升级和创新型国家建设的重要作用。

3. 新技术发展要求实施严格的知识产权保护，维护知识产权利益与社会公共利益的平衡

信息网络技术、现代生物技术、3D 打印技术和智能机器人等新技术发展，对我国知识产权制度产生前所未有的挑战。一方面，网络化使知识产权侵权变得更加容易和隐蔽。尽管我国知识产权立法和司法及行政保护不断完善，权利人反映知识产权保护不力的问题在短期内仍无法消除，知识产权侵权问题仍然层出不穷。另一方面，知识产权保护使网络自由和创新空间受到大幅压缩。随着新技术革命的发展，专利法保护的主题逐渐扩大，新型专利对象之所以能够被专利化，原因就是其能够在市场中进行应用并带来效益。而专利法所规制的对象开始增多，特别是大量的非传统专利对象的加入，使得现有的专利体系受到了冲击。而这种专利对象扩大化运动给民众带来的首要困扰即是个人利益与公共利益的平衡的问题——原来公有领域的因素被专利法所保护，这种扩张性会不会造成过度保护而损害公共利益？会不会在市场上出现限制竞争以及损害消费者的利益的情况？这样的疑问也给我国授予专利权时作出了警示——新对象的出现扩大了专利权的范围，各国在多大程度上接受新对象，直接决定了未来技术与制度、私益与公益之间的平衡。为了应对新技术发展带来的形势挑战，应当加以完善知识产权制度，加强知识产权保护，维护新技术知识产权权利人利益和公共利益的动态平衡。

（二）互联网飞速发展对知识产权行政管理创新的需求

科技创新更加注重"以人为本"，呈现绿色化、健康化、智能化发展趋势，新一轮颠覆性技术孕育重大产业变革。影响全球的国际金融危机、经济危机正在催生全球科技革命，无论是欧洲、美国、日本发达经济体，还是中国、印度、俄罗斯等新兴经济体，都在发动科技革命，抢占全球创新的制高点。在信息网络、生物科技、清洁能源、新材料与先进制造作为全球研发投入最集中的领域，正孕育一批具有重大产业变革前景的颠覆性技术。未来科技将更加重视绿色、健康、智能，"以人为本"成为科技创新的重点方向。"互联网＋"蓬勃发展，人类活动将全面数据化，云计算为数据的大规模生产、分享和应用提供了基础。国防科技创新加速推进，军民科技深度融合、协同创新，更多高效能、低成本、智能化、微小型、抗毁性武器装备将前所未有地提升国防科技水平。科技创新资源全球流动形成浪潮，优秀科技人才成为竞相争夺的焦点。国际科技合作重点围绕全球共同挑战，如全球气候变化、能源资源短缺、粮食和食品安全、网络信息安全、大气海洋等生态环境污染、重大自然灾害、传染性疾病疫情和贫困等一系列重要问题展开。

1. "互联网＋"战略需要知识产权服务业的成熟

由于网络信息技术、大型科研设施开放共享、智能制造技术的发展提供了功能强大的研发工具和前所未有的创新平台，使创新门槛迅速降低，协同创新不断深化，创新生活实验室、制造实验室、众筹、众包、众智等多样化新型创新平台和模式不断涌现，小微型创新蓬勃发展，科研和创新活动向个性化、开放化、社会化、大众

化、网络化、集群化方向发展。科技成果交易与转化速度加快。科技市场将空前活跃，科技成果交易与转化、高技术产品生产与贸易将成为推动全球经济稳健增长，保证经济社会可持续发展的主要动力。预计到2030年，全球高技术产品占制成品出口的比重将由2008年的17.3%上升为30%。

全球科技创新力量对比悄然发生变化，开始从发达国家向发展中国家扩散。从2001年到2011年，美国研发投入占全球比重由37%下降到30%，欧洲从26%下降到22%。虽然以美国为代表的发达国家目前在科技创新上仍处于无可争议的领先地位，但优势正逐渐缩小，中国、印度、巴西、俄罗斯等新兴经济体已成为科技创新的活化地带，在全球科技创新"蛋糕"中所占份额持续增长，对世界科技创新的贡献率也快速上升。全球创新中心由欧美向亚太、由大西洋向太平洋扩散的趋势总体持续发展，未来20~30年内，北美、东亚、欧盟三个世界科技中心将鼎足而立，主导全球创新格局。美国、欧盟、中国和日本四大科技创新经济体在全球科技研发投入中的比重不断上升，预计在2020年和2030年将分别占世界总量的85%和93%。

随着中国在全球科技创新体系的地位、角色和作用发生重大变化，中国将由引进模仿创新向集成创新和原始创新转变，由创新跟随者变为创新并驾齐驱者，进而成为创新引领者。2030年，中国在高技术产品出口领域的优势进一步扩大，成为世界第一，其后依次为：美国、欧盟和日本。印度在高技术服务贸易方面有望异军突起，其雄厚的信息技术产业及其派生出的配套服务业体系将在科技创新格局中占有一席之地。

2. 互联网金融发展需要知识产权保护的增强

与全球科技创新发展趋势相适用，科技发达国家强化知识产权战略，主导全球标准制定，构筑技术和创新壁垒，力图在全球创新网络中保持主导地位，新技术应用不均衡状态进一步加剧，发达国家与发展中国家的"技术鸿沟"不断扩大。2013年6月阿里推出"余额宝"后，跟风的各种宝快速形成了"宝宝"俱乐部，甚至出现了"宝宝"大战。在互联网金融火爆一时的情况下，产品的同质化、名称的同类化、平台的同态化，使知识产权保护的创新藏有隐忧。如果互联网金融专利被美国公司抢先注册，中国互联网金融产业的发展也将重演当年DVD大战的败局。同时，商业秘密和隐私保护在互联网金融环境面临更大的挑战，随着BAT等互联网巨头全面参战，诸侯混战在所难免，互联网金融知识产权保护已迫在眉睫。有必要检索了解美国已在互联网金融专利申请和授予方面的成果，学习国外企业如何布局互联网金融产业生态链上的专利战略和保护措施，抓紧整理出我国互联网金融企业名单，梳理互联网金融产业生态链和产业类型，找出其中的知识产权服务需求。搭建互联网金融知识产权公共服务平台，协助互联网金融企业建立和完善知识产权保护体系。

（三）大数据分析对知识产权行政管理创新的需求

近年来，伴随着人类社会数据种类和规模指数级的增长，大数据的概念应运而生，并深度地影响政府、社会和企业的运行方式，数据将逐渐实现战略化、资产化和社会化。分析大数据的特性，其与治理理念在多中心、回应性、协同化等诸多方面不谋而合，并被运用到了政府治理的诸多领域，也同样推进政府治理走向现代化。

1. 要求治理结构进一步优化

一是治理主体多元化。数据的开放性和资产化，使拥有高价值数据的个人和社会组织将构成多元的治理主体共同参与治理。在治理过程中，这些数据拥有者将会拥有话语权，进而影响政府治理过程和决策。例如，微博、微信、网络论坛等平台逐渐将原来的政府单中心的"统治"格局，转变为汇集政府决策、公民意见、社会组织、企业、意见领袖等各方声音的多元主体共同治理的新格局。二是组织结构扁平化。数据的交互回应性，为公众和社会组织提供了参政议政的渠道和与政府对话的平台，推动了政府纵向组织机构向扁平化转变。特别是电子政务、微博、微信的发展使政府与各社会机构以及公众之间信息的传递越过了许多中间环节，由过去纵向的层层部署或者汇总上报转变为政府与各机构或公众按照自身实际需求进行直接交互。

2. 推进治理机制进一步规范

一是治理机制法治化。大数据平台的开放式应用使公众可以依法使用平台上的任何资源，同时发表自己作为公民的意愿，公众参与的合法性增强。大数据跟踪目标活动痕迹的特性能够有效监督约束公共权力的运行过程，加强信息公开制度、决策听证制度、告知制度的制定和执行。二是信息公开透明化。大数据被广泛应用于电子政务中的综合查询、经济分析、质量监管、决策支持等系统，打破行政机关的组织界限，为社会提供一个跨越时间、地点、部门的智能化网上政府。

3. 要求治理职能进一步完善

一是资源配置市场化。大数据促使原来由政府一家承担的责任，正在越来越多地由各种社会组织、私人部门和公民志愿团体承担。政府将适度向社会和市场放权，发挥市场在资源配置中的作用，更多地运用市场、社会组织的力量提供社会公共服务，倡导有限政府。二是公共服务人本化。在大数据时代，公众的行为大都在数据信息这个"第三只眼"的观察下，政府可以利用数据的"相互关联性"，得知公众的具体需求，进行有针对性的"推送"服务，倡导服务型政府。

4. 促进治理工具进一步现代化

一是社会管理协作化。大数据时代促使很多以往由政府机构直接提供的公共服务逐渐转由与政府合作的非政府组织等来提供，"第三方政府"要求政府更加注重运用间接性政府治理工具实现自己的治理目标。公共问题的解决更多需要依靠广泛的协作关系而非仅靠政府解决。二是治理方式数据化。利用大数据技术，可以对经济社会运行产生的文本、音频、视频等半结构化和非结构化数据进行深度分析，拓宽运用数据进行治理的范围和内容。例如，通过分析专利申请的主体确定某一领域的优势企业，从而有针对性地进行引导。

5. 辅助治理评估进一步科学化

一是绩效评估科学化。利用大数据既可以通过对政府内部业务数据进行分析，同时也可以参考外部因素，如政府网站中公众的参与度、点击率和评价等，从不同角度对政府绩效进行评估。二是反腐治贪监控化。通过大数据可以对官员的银行存款、消费记录、房车状况、出行方位等海量数据进行实时监控，防范贪腐。同时网络论坛、微博等平台的舆论监督为追究违法违纪官员的责任提供了条件，有利于促进政府机构积极回应和介入对涉事官员的调查工作。大数据分析推进治理方式进一步优化。

第三节　中国知识产权行政管理资源与环境匹配下的 SWOT 分析

本节将在上一节 PEST 分析的基础上，聚焦知识产权行政管理模式，运用 SWOT 模型对我国知识产权行政管理内外部条件各方面内容进行综合和概括，进而分析知识产权行政管理的面临的机会和威胁、优势和劣势。从而确定我国知识产权行政管理的战略选择和定位。

一、机　　遇

当前我国正处在加快转变经济发展方式、全面建成小康社会的关键时期。必须依靠增强创新驱动发展新动力带动产业结构调整，企业也要向研发和营销等高附加值环节延伸，而产生这些高附加值的环节都依赖于知识产权制度的支撑和保障。知识产权在转变经济发展方式中将发挥巨大的作用，迎来前所未有的历史机遇。

从某种意义上说，挑战本身就是一种机遇，知识产权行政管理创新在经济新常态下充满了机遇，这既是一个充满挑战的时代，又是一个充满机遇的时代，充满风险和压力的时代也就面临着新的发展和新的机遇。

（一）市场的"大国经济效应"给知识产权行政管理创新带来的机遇

大国经济效应是大国经济的外部体现，大国经济的特性决定了其具有不同于小国经济的内在规律和外部特征。大国效应包括规模效应、创新效应、空间效应和外部效应四个方面。人口规模是大国效应形成的基本前提，科学技术是大国效应产生的根本源泉，市场半径扩大是大国效应产生的核心机制，规模经济是大国效应产生的经济条件。大国效应塑造了我国经济增长的基本模式，决定了我国经济增长演化的基本过程，预示着我国经济增长的未来趋势。大国效应中的正面力量的爆发，使得我国经济经历了 30 年的高速增长。如我国经济增长中速度非常快，创造了人类经济增长的一个新的奇迹；经济结构快速转换，使得我国在改革以来短短时间里完成了发达国家 200 年所走过的路；国际竞争力强，使得我国成为世界工厂，大量产品占领国际市场等。同时也存在一系列负面的效应，如经济增长过程中的非均衡增长、资源和环境的巨大压力、对外经济关系中的国际摩擦等。

大国效应也给我国知识产权改革发展带来新的机遇。大国经济引致的规模和创新效应，给知识产权事业带来更大的发展空间。拥有巨大的市场容量和潜在容量是大国经济的重要特点和优势。对大国而言，由于国内市场容量大，在内部规模经济条件下，单个企业达规模的生产可以充分获益于规模经济，大大提升其经济效率。对于国内市场容量较小的小国经济体而言，市场容量较小将严重妨碍小国企业生产规模的扩大以及国内的分工深化，会使很多产品只能小批量生产，从而无法利用规模经济涵养和提升竞争力，从而难以实现内部规模经济和外部规模经济。大国经济体在研发和技术创新方面具有小国经济所不具备的一些特殊优势，一些在小国无法获利的技术在大国却能够获得收益。因为大国庞大的国内市场需求可以分摊创新过程所产生的高额成本，同时降低开拓市场所产生的费用，由技术创新产生的技术外溢效应就越发显著，占领国内市场可能的巨大收益对企业开展技术创新起到激励尝试的作用。这种大国效应，在经济新常态下，其效应将进一步显现，国际上有研究指出，中国有望于 2030 年崛起为世界第一大经济体。据《经济学人》研究，按目前趋势，中国 GDP 大概会在 2018 年超越美国。从人均收入看，2013 年天津、北京、上海等省市的人均 GDP 已接近或超过波兰、匈牙利等一些欧美中等发达国家的水平。经济规模的不断增大，技术创新能力的不断提升，给知识产权事业发展带来了巨大的空间。研究表明，一个国家 GDP 总量，与专利申请量是成正比关系的，从每亿美元 GDP 国内外发明专利授权量等一系列知识产权绩效指标来看，我国和美国、德国、日本还有很大的差距，这种差距，是我国知识产权发展的潜力所在，也是知识产权行政管理的基础所在。

（二）产业的"弯道超越效应"给知识产权行政管理创新带来的机遇

历史经验多次证明，适应新的经济发展态势，推动本国产业向中高端迈进，是一个国家后来居上、实现弯道超车的有效途径。德国紧紧抓住了第二次工业革命引发的化工、电气等新兴产业形成的机会，从中高端切入，在 19 世纪末 20 世纪初一举超过英法成为欧洲第一强国。20 世纪 60 年代后，韩国通过重点发展汽车、钢铁、半导体器件、电子计算机、通信设备、船舶等中高端产业，实现了经济的跨越式增长，成功进入高收入国家行列。应该看到，中国产业发展内部的条件和动力已经发生了新的重大变化。经过多年的发展和积累，我国产业发展实力显著增强，具备了以知识产权运用推动产业发展和企业竞争力提升的基本条件。改革开放以来，我国产业发展实力显著增强，多种产品产量已稳居世界第一位。在 500 种主要工业产品中，中国有 220 种产量位居世界第一；在国际标准行业分类的 22 个行业中，中国产值均居第一位或第二位。钢铁、水泥、原煤、电解铝、造船产量均占全球 45% 以上，2013 年，我国规模以上工业主营业务收入 102 万亿元，超过全球 1/5，成为名副其实的制造业大国和重要制造业中心。战略性新兴产业发展实现较快增长，近 3 年年均增速超过 17%，高于工业总体平均增速 5 个百分点左右。2013 年，节能环保、生物、新一代信息技术以及新能源等领域重点产业主营业务收入达到 16.7 万亿元，占全部工业比重超过 15%。我国企业入围《财富》世界 500 强数目大幅增加，企业综合实力显著增强，2014 年上榜公司总数已经达到 100 家（含港澳台），而 2006 年仅有 22家。全球新一轮科技革命和产业变革悄然兴起，重大技术跨区域合作与转移增多，为我国运用知识产权促进产业发展和企业竞争力提升提供契机。从全球看，新一轮科技革命和产业变革悄然兴起，全球科技实力分布、产业分工格局重构，为我国加大知识产权战略实施，提升我国知识产权实力和产业竞争力在全球分工格局中的地位提供契机。根据世界知识产权组织数据，2013 年我国 PCT 国际专利申请量已经超过德国，位列全球第三位，电子信息、装备、生物医药等领域国际专利数量也居全球前列，与此同时，上述产业发展实力也快速提升，涌现出一批实力强大的龙头企业，国际竞争力显著增强。与前两次工业革命落后于西方发达国家的国情相比，当前我国已具备较强的科技、产业基础和潜在市场规模庞大的优势，有望在新一轮科技革命和产业变革中发挥知识产权促进产业发展和企业竞争力提升作用，实现弯道超越。国际经验表明，知识产权对产业发展和企业竞争力提升作用的发挥与产业发展阶段、产业发展的国际化程度息息相关。一国的产业发展水平越高，产业外向度越高，产业进入国际市场的知识产权壁垒越高，拥有自主知识产权对产业发展的影响作用就越大。产业的持续较快增长，尤其是国际化程度、技术水平的不断提升和企业实力的显著增强对知识产权行政管理的宏观调控能力提出更为紧迫的要求，需要知识产权行政管理进一步发挥科学化的统筹安排为以知识产权运用推动产业发展和企业竞争力提升提供基础条件。

（三）人力的"二次人口红利"给知识产权行政管理创新带来的机遇

中国当前正处在人口红利消失以及人口老龄化加速的关键转折期，这将对未来中国经济增长产生影响。有经济学家分析，中国未来 10~15 年，经济增速可以保持7% 左右，通过改革和潜在增长率的改变，或能带来第二次人口红利。所谓"人口红利"，是指一个国家的劳动年龄人口占总人口比重较大，抚养率比较低，为经济发展创造了有利的人口条件，整个国家的经济呈高储蓄、高投资和高增长的局面。它是经济学家从人口学的视角来研究经济增长的因素，当经济学家尝试把人口红利作为经济增长的一个解释变量时，事实上资本投入、劳动投入、人力资本积累以及全要素生产率等其他变量，也都与人口因素不无相关。显然，促进第二次人口红利释放的因素有很多，但最关键的因素是人口质量的提升。与利用劳动力数量优势释放体力的第一次人口红利不同，二次人口红利的获得关键是通过深化改革，形成有利于人力资本积累和开发，有利于带动社会资本运转的制度安排，从而充分激发人的积极性和创造性，释放脑力，促进经济增长。

二次人口红利是一种潜在红利，但也是一种稀缺的红利，国家、地区间的争抢不可避免。在新常态下，推动我国经济社会持续发展的核心是创新，而创新的关键是人才。当前，需要通过深化改革与制度创新，既需要增加劳动力供给，同时应想方设法通过改革和创新提高劳动生产率，以转方式调结构来应对挑战，从以劳动密集型产业为主转向以知识密集、科技创新型产业为主，从"就业型经济"向"创业型经济"转换，创造新的经济增长。在新一轮的竞争中如何继续赢取中国的第二次人口红利，知识产权制度发挥重要的作用。知识产权是现代产权制度中最重要的财产类型之一，知识产权制度的基本要求就是依法保障公民和法人就其智力创新成果所享有的知识产权，制止不劳而获和窃取他人劳动成果的不正当竞争行为，从而激发了人们的潜能，促进了资源的最佳配置和使用，推动了经济发展。如何使大学生等未来人才在创业型经济中大显身手，如何激发现有科学技术人员发明创造和转化的积极性，这些都需要在知识产权制度方面进行新的安排，为知识产权行政管理创新提供了广阔的空间。

（四）经济的"创新驱动发展"给知识产权行政管理创新带来的机遇

当前我国正处在加快转变经济发展方式、全面建成小康社会的关键时期。必须依靠增强创新驱动发展新动力带动产业结构调整，企业也要向研发和营销等高附加值环节延伸，而产生这些高附加值的环节都依赖于知识产权制度的支撑和保障。2014年11月9日，习近平总书记在亚太经合组织工商领导人峰会开幕式上发表题为《谋求持久发展　共筑亚太梦想》的主旨演讲时指出，中国经济呈现出新常态主要特点之一是从要素驱动、投资驱动转向创新驱动。新常态将给中国带来新的发展机遇。"我们致力于发挥创新驱动的原动力作用，更多支持创新型企业、充满活力的中小企业，促进传统产业改造升级，尽快形成新增长点和驱动力。"在当前我国企业步入由要素驱动向创新驱动发展的重要转折期，知识产权无疑起着不可或缺的纽带作用。我国要着力从知识产权工作的政府外部推动向知识产权工作市场配置内部驱动升级，充分发挥知识产权对企业创新驱动发展的保障和引导作用，最终推动我国从经济大国迈向经济强国。党的十八大提出实施知识产权战略，加强知识产权保护，促进创新资源高效配置和综合集成，把全社会智慧和力量凝聚到创新发展上来。党的十八届三中全会提出，要加强知识产权运用和保护。党的十八届四中全会提出，要加强重点领域立法，完善激励创新的产权制度、知识产权保护制度和促进科技成果转化的体制机制。党的十九大提出，要倡导创新文化，强化知识产权创造、保护、运用。知识产权在转变经济发展方式、创新驱动发展中将发挥巨大的作用，迎来前所未有的历史机遇。

（五）开放的"贸易强国建设"给知识产权行政管理创新带来的机遇

经过改革开放30多年的发展，我国对外贸易取得举世瞩目的成就，2013年跃居世界第一货物贸易大国，对于推动我国经济社会发展、提高国家综合实力和国际影响力、加强与世界经济融合发挥了不可取代的重要作用。当前，世界经济仍处在国际金融危机后的深度调整期，全球总需求不振，大规模国际产业转移明显放缓，世界科技和产业革命孕育新突破，贸易保护主义持续升温。我国经济正处于"三期叠加"阶段，经济发展进入新常态。今后一段时期，外贸发展既面临重要机遇期，出口竞争优势依然存在，也面临严峻挑战，传统竞争优势明显削弱，新的竞争优势尚未形成。必须适应新形势、新要求，努力巩固外贸传统优势，加快培育竞争新优势，继续发挥出口对经济发展的重要作用。这既是巩固贸易大国、建设贸易强国的必由之路，也是促进我国经济持续健康发展的战略选择，对于实现"两个一百年"奋斗目标和中华民族伟大复兴的中国梦，具有重大而深远的意义。国务院最近要求大力推动我国外贸由规模速度型向质量效益型转变，努力实现五个转变：一是推动出口由货物为主向货物、服务、技术、资本输出相结合转变；二是推动竞争优势由价格优势为主向技术、品牌、质量、服务为核心的综合竞争优势转变；三是推动增长动力由要素驱动为主向创新驱动转变；四是推动营商环境由政策引导为主向制度规范和营造法治化国际化营商环境转变；五是推动全球经济治理地位由遵守、适应国际经贸规则为主向主动参与国际经贸规则制定转变。这五个转变，都需要知识产权的强力支撑。随着中国在全球经济竞争的战略地位提升，全球性的跨境投资、跨国兼并、跨国技术扩散、跨国互联网贸易趋势日益显现，中国作为发展中大国和知识产权大国受到知识产权国际合作各方的高度重视，均希望借重我方实力推进其合作发展，为我国经济在全球范围内谋求更为广阔的发展空间、为我国知识产权发展提供了广阔的国际空间和良好的发展机遇。

二、挑　　战

一方面，国际金融危机影响深远，贸易保护主义有所抬头。发达国家力图主导新一轮国际知识产权规则变革，把知识产权作为巩固其优势地位的核心战略资源，作为遏制我国发展的重要手段，我国知识产权行政管理工作面临巨大的挑战。另一方面，我国经济社会发展对知识产权行政管理提出更高的要求，市场主体对于加强知识产权保护、提供知识产权公共服务、改善知识产权法治环境、服务环境和文化环境的诉求日益强烈，如何满足国家发展和市场主体的需求，是知识产权行政管理面临的重大课题。

（一）"中等收入陷阱"的挑战

"中等收入陷阱"是很多国家和地区发展中均要面对的难题，陷入"中等收入陷阱"反映了一个国家或地区从中上等收入向高收入迈进的过程中经济发展方式转型失败。根据世界银行的报告，在1960年的101个中等收入经济体中，只有13个在2008年进入高收入经济体，其之所以能够平稳渡过"中等收入陷阱"，与它们及时调整经济发展战略密不可分。在此过程中，一系列突出的知识产权战略手段发挥了不可忽视的作用，促进经济形成持续增长的动力。进入"十二五"以来，我国就面临"中等收入陷阱"的风险。从外部环境看，进入后危机时代，世界经济复苏缓慢，贸易保护主义有所抬头，给我国的外部市场带来很大的不确定性。从内部发展看，一方面，我国经济发展受资源环境的约束加大；另一方面，我国内需严重不足，国内消费市场长期低迷。与此同时，我国还存在收入分配差距有所增大，技术创新能力不强，服务业发展滞后，公共产品和人力资本短缺等问题。对及时调整知识产权战略，促进经济增长提出了较高的要求。

（二）新科技革命带来的挑战

当前，随着新科技革命深入发展和经济全球化加速推进，技术和市场机遇大量涌现，全球主导竞争范式出现从依靠价格、性能和质量等方面向凭借专利、版权和商标等知识产权手段的重大转变。尤其是 2008 年金融危机之后，世界经济进入深度转型调整期，政治经济格局正在发生重大变化。发达国家与发展中国家之间、发达国家相互之间、发展中国家相互之间、既有大国与新兴国家之间、新型国家相互之间的战略性竞争持续加剧。例如，美国等发达国家出现制造业回流、再工业化的趋势，世界经济将面临"再平衡化"的调整。再如，占全球人口 42%、能源消耗50% 的金砖五国同时谋求崛起，必然加剧全球资源能源供应短缺，传统工业模式带来的矛盾更加突出，全球竞争日趋多极化，知识产权能力将深刻影响国际经济新秩序构建，知识产权竞争正在演变为世界各国综合国力较量中的新战场和最活跃的部分，知识产权实力对比也在各国争夺全球政治经济的话语权和主导权的博弈中发挥着更加重要的作用。

（三）知识产权文化的挑战

所谓知识产权行政管理文化是指"政府工作人员的认识、情感、价值、理想及政治品质等因素的综合体现，是政府运行的环境因素"。创新文化建设能为创新型政府建设提供智力支持。因为，"政府创新实际上是一种特定的生活方式的创新，它需要特定的人文科技环境和特定的社会文化土壤。孤立地进行政府创新是不会取得成功的"。当前政府文化创新主要应该实现以下三个转变：一是实现由封闭型政府文化向开放型政府文化转变。我国传统社会的政府文化是一种封闭型的政府文化，这种封闭型的政府文化使政府组织内部缺乏革新的积极性，安于现状，不思进取，行政管理活动缺乏社会成员的积极参与，也缺乏社会对行政活动的监督。在封闭型政府文化中，政府与社会环境之间缺乏经常性的信息交流，民众无法通过有效的制度和渠道进行参与管理。构建创新型政府，就要建立一种开放型的政府文化，增强政府施政的公开性、透明性与公正性。二是实现由等级文化向平等文化转变。由中国传统的官僚体制所决定，传统的中国政府文化是一种等级式的文化，强调等级差距，而这种等级式的等级文化会使人产生压抑感，抑制人的创新精神。因此，要构建创新型政府就必须实现从传统等级政府文化向平等政治文化的转变，与其相适应，政府体制也应该由官僚等级制向扁平化转变。三是实现由守旧文化向创新文化的转变。任何创新都是在原有基础上的创新，离开这个基础，创新就无从谈起，也就无所谓创新。传统政府文化往往表现出较强的守旧化倾向，与创新的要求格格不入，因此要构建创新型政府就必须改变传统文化的守旧倾向，建设创新型行政文化。

三、优　　势

经过近 40 年的努力，随着我国综合国力的提升，我国知识产权实力和水平也在大幅提升，成为知识产权大国。我国建立起了与国际接轨、具有中国特色、较为完备的知识产权法律制度体系和管理体系。并形成了一支素质高、种类齐全的知识产权专业人才队伍，这批人才既是我国知识产权制度的建立者，也是知识产权制度变革完善的参与者，他们既对国际知识产权发展趋势研究较深，又具有丰富的知识产权管理实践经验，他们对我国知识产权未来发展具有一定的前瞻性和世界眼光。

（一）基于先进制度而形成的行政管理模式

我国知识产权行政管理的一大优势在于制度先行。知识产权制度是作为一种利益整合机制出现的，其实施目的是激励创新，保护人们的智力劳动创造的成果，并促进其转化为生产力。知识产权制度是一种推动科技进步、经济发展、文化繁荣的激励和保护机制。在我国，知识产权制度体现为知识产权法律政策、行政法规和各地方规章的综合运用。作为知识产权制度供给者的政府，必须通过制度安排来维护知识产权秩序，平衡知识产权权利人与社会公众之间的利益平衡，推动我国知识产权事业发展。而制度安排过程则成为知识产权行政管理的重要过程，行政管理部门基于先进的知识产权制度逐渐形成了现有的知识产权管理模式。

（二）国家统筹、省级主导、地市呼应的知识产权管理体系初步建成

在我国的知识产权管理机构中，国家知识产权局、国家工商行政管理总局和国家版权局是三大知识产权管理专业部门。目前我国已经基本形成国家统筹、省级主导、地市呼应的知识产权管理体系。以知识产权综合协调机制为首，以现有的全部知识产权行政机构为成员单位，负责协调知识产权管理事务。各知识产权行政管理部门的核心职责是进行知识产权授权登记审批服务、提供知识产权信息服务、向公众普及相关领域的知识产权教育、扶持中小企业、与地方政府合作协商、加强知识产权中介服务组织和集体管理组织管理等。相应地，知识产权行政执法职能应该逐渐走向集中。各地知识产权行政管理机构结合自身特点，在国家部委的宏观统筹下开展工作。

（三）相对完备的法律体系

"十二五"时期，制、修订知识产权相关法律法规 14 部，出台部门规章 9 部。与 63 个国家、地区或国际组织签订多、双边知识产权合作协议等 171 个，形成了制度优势。《专利法》（第四次修订草案）和《职务发明条例草案》（送审稿）由国务院法制办向社会公开征求意见；《国务院关于新形势下加快知识产权强国建设的若干意见》，由国务院印发实施。这是继《国家知识产权战略纲要》之后又一专门指

导知识产权工作的纲领性文件。编制实施《国家知识产权事业发展"十二五"规划》，"每万人口发明专利拥有量"首次列入国民经济和社会发展规划目标。组织编制《深入实施国家知识产权战略行动计划（2014～2020年）》，由国务院办公厅印发实施。连续制定实施知识产权战略和专利战略年度推进计划。21个省（区、市）相继印发本地区行动计划或配套实施方案。整体部署知识产权强省建设工作，与16个省（区、市）建立知识产权省部会商机制，广东、江苏率先出台知识产权强省建设政策文件。围绕培育战略性新兴产业、支撑国家区域战略实施、助力创新创业、扶持小微企业等出台一系列政策措施。

（四）多层次的人才储备资源

知识产权教育和专业人才培养虽从20世纪90年代初开始起步，但发展迅速。在全国2000多所高等学校中有40余所高等学校成立了知识产权学院和知识产权系（所），有35所开设了知识产权本科专业，开办知识产权专业第二学士学位的近20所高校，每年为国家培养千余名知识产权专门人才。尽管目前我国知识产权专业人才的培养速度和规模仍远远不能满足社会发展的需要，但总的来说，我国知识产权专业教育格局初步形成，我国基本上具备了进行知识产权专业教育的能力，为我国知识产权文化培育提供了专业性的智力支持。在职业教育方面，经过20多年的发展，我国知识产权远程教育教学课程门数不断增多，教学内容不断更新，教学手段不断丰富，教学对象不断拓宽，逐渐形成了针对不同层次群体，并基本覆盖涉及知识产权所有领域的课程建设体系；在全国建立了35个分站网络，这些分站均配备了专门的机构和人员，负责处理日常教育教学工作。在我国政府的努力下，各级部门的共同配合下，我国知识产权职业教育发展的速度较快，规模较大，实现了传播力度和广度上的双突破。

（五）大量丰富的文献资源

随着全球经济一体化发展，专利信息作为一种基础性、战略性资源，在知识产权工作中不可或缺。它不仅服务于专利审查工作，为审查业务的顺利开展提供强有力支撑，还能服务于企业，有效提高企业自主创新能力。国家知识产权局在专利信息资源的软硬件建设为专利审查工作的高质高效开展提供了重要保障，为提高企业自主创新能力、促进企业发展发挥了重要作用。近几年，国家知识产权局大力加强专利信息资源的建设工作，无论是在拓展资源收集范围、优化资源质量方面，还是在规范资源管理、推进资源加工方面，已初步建立了具有中国特色的专利信息资源体系，为专利审查工作的高质高效开展提供了重要保障。国家知识产权局专利局专利文献部部长曾志华在接受《中国知识产权报》记者采访时介绍："从最近的一些研究成果看，我国专利信息资源建设水平已经处于世界前列，不仅资源总量与其他国家专利局相当，资源内容、种类也基本覆盖了其他国家专利局的常用资源，完全能满足我国专利审查工作的需要。"

四、劣　　势

我国知识产权行政管理系统分散。作为全国知识产权工作的协调者，国家知识产权局仅为副部级架构，行政编制较少，统筹协调职能很难有效发挥。另外，国家知识产权局成立较晚，行政管理经验和能力相对不足。

（一）知识产权行政管理理念不新

从政府行政管理发展来看，行政管理类型经历了从管制型政府、发展型政府、服务型政府到创新型政府的转变。与这种发展相适应，政府理念也相应发生了变化。如果说管制型政府的执政理念是权力至上、发展型政府的执政理念是经济至上、服务型政府的执政理念是服务至上的话，那么，创新型政府的执政理念就应该是创新至上。当下知识产权行政管理理念还有待转变。要加强政府服务职能，建立对创造性劳动的补偿机制和利益驱动机制，从而培养市场主体和社会成员的创新意识，激发他们的创新激情，推动国家知识产权事业的发展和进步，并最终形成国家的知识产权优势。

（二）知识产权行政管理体制不顺

知识产权管理体制不顺，制约了政府知识产权能力的整合与提升。从我国实际情况看，虽然建立了比较完备的知识产权管理体制，但由于管理体制不顺等原因，制约了政府知识产权能力的整合与提升。当前，我国涉及知识产权管理的部门多达10个。这种管理体制打破了知识产权管理的系统性，从而使知识产权管理缺乏权威性。大体来说，这种管理体制具有以下弊端。第一，知识产权管理机构分散，导致国家层面整体知识产权研究、政策制定的缺失；第二，知识产权管理机构分散，不利于不同知识产权领域的法律法规的施行；第三，知识产权管理机构分散，分散了执法力量，既容易造成执法空白，又容易产生重复执法的问题；第四，知识产权管理机构分散，增加了行政管理成本，降低了管理效率；第五，知识产权管理机构分散与国际惯例不符，不利于开展国际交流。新的发展形势需要强化部门沟通和协作，研究并探索设置统一知识产权管理机构的方案，充实知识产权管理队伍，提高人员素质，是对知识产权行政管理体制提出的新要求。

（三）知识产权行政管理机制不活

当前我国知识产权行政管理机制存在以下问题，一是职能转变不到位，存在一些缺位、错位、越位问题。特别是在经济调节、市场监管、社会管理和公共服务等方面还没有完全转变。二是职能履行不够均衡，微观管理偏多，全局性、战略性政策和宏观规划的管理有待加强。三是现有职能定位不满足发展需求，还有很多市场失灵需要解决，职能定位需要动态调整。完善知识产权审查及登记制度，加强能力建设，优化程序，提高效率，降低行政成本，提高知识产权公共服务水平。建立知识产权统计指标体系，定期发布知识产权发展指数，加强对区域知识产权工作的考核评价，促进区域知识产权管理能力不断提升。

（四）知识产权行政管理能力不足

知识产权行政管理适应性不足。一是不适应经济发展形势的需要，知识产权公共政策与科技政策衔接不够，知识产权管理没有真正融入经济科技工作，不能有效地支撑创新驱动发展。二是不适应知识产权国际规则变革的需要，在国际规则的变革中话语权较弱，走出去的企业在国外屡遭知识产权方面的打压。三是不适应市场主体对加强知识产权保护日益强烈的诉求需要。知识产权保护力度不够，侵权成本太低，市场主体保护成本居高不下，丧失对我国知识产权制度的信心。需要加强管理能力培养，建立大局思考和国际视角。

综上所述，中国知识产权行政管理资源与环境匹配下的 SWOT 分析如表 2 所示。

表 2　中国知识产权行政管理资源与环境匹配下的 SWOT 分析

内部分析＼外部分析	S 优势	W 劣势
	1. 基于制度形成的行政管理模式 2. 国家统筹、省级主导、地市呼应的知识产权管理体系 3. 形成了较完备的法律体系 4. 有一批富有经验的专业人才 5. 文献资源丰富	1. 知识产权行政管理理念不新 2. 知识产权行政管理体制不顺 3. 知识产权行政管理机制不活 4. 知识产权行政管理能力不足
O 机遇	**SO 发挥优势利用机会**	**WO 克服劣势利用机会**
1. 市场的"大国经济效应" 2. 产业的"弯道超越效应" 3. 人力的"二次人口红利" 4. 经济的"创新驱动发展" 5. 开放的"贸易强国建设"	落实知识产权强国建设在战略引领、改革创新、市场主导、统筹兼顾等基本原则的指导下，大力推进知识产权强省、强市、强企建设，大幅提升知识产权创造、运用、保护、管理和服务水平，确保知识产权强国建设取得实质性进展 聚焦产业，引领发展 加强人才引进、选拔 注重知识产权与创新驱动发展战略的契合，建立全国知识产权政策体系 完善对外贸易知识产权管理体制、预警应急机制、海外维权和争端解决机制	创新行政管理理念，由"促进知识产权自身发展"转变到"服务国家战略和经济社会发展需要、服务经济发展方式转变"，提升公共服务能力 改革知识产权管理体制机制。按照中央统一部署授权地方开展知识产权改革试验 重点破解知识产权运用和保护方面面临的深层次矛盾和问题，强化绩效考核 提升能力，实施知识产权人才工程。培育一批优势服务机构
T 挑战	**ST 利用优势，应对挑战**	**WT 减少劣势，应对挑战**
1. "中等收入陷阱"的挑战 2. 新科技革命带来的挑战 3. 知识产权文化的挑战	维护国家利益，加强国际协作和国内法制定 推进知识产权行政执法体系建设，进一步发挥行政保护作用 加强宣传，培育知识产权文化	创新知识产权管理模式。研究制定促进知识产权工作与经济社会发展深度融合的政策措施。加强部门协调合作 加强内部绩效管理 优化知识产权公共服务

第五章 中国知识产权行政管理
创新发展的定位与愿景

第一节 中国知识产权行政管理创新发展定位的视角

按照市场经济对行政管理创新的需求和党中央、国务院对知识产权行政管理创新的要求，可以从以下四个视角来定位知识产权行政管理。

一、从经济基础需求重新定位知识产权行政管理工作

政府的职能范围应当取决于市场和社会的需要，又能对其起到正向推动作用。改革开放以来，中国经济发展保持年均10%的增长速度，综合国力和人民福祉不断提升，但发展的可持续性面临着严峻的挑战。严格意义上，我国是生产加工大国，并非制造业大国。国际金融危机后，世界经济格局也发生着微妙的变化。新技术革命和新产业革命初现端倪，一些科技领域显现出发生革命性突破的先兆，知识创新、经济创新与产业创新深度融合，催生了新一代技术群和新产业增长点，全球将进入一个创新密集和新兴产业快速发展的时代。熊彼特提出，技术创新是决定资本主义经济实现繁荣、衰退、萧条和复苏周期过程的主要因素。德国经济学家格哈特·门施在《技术的僵局》一书中，利用现代统计方法，通过对112项重要技术创新的考察发现，重大基础性创新的高峰均接近于经济萧条期，技术创新的周期与经济繁荣周期成"逆相关"，因而认为经济萧条是创新高潮的主要推手，技术创新是经济发展新高潮的基础。当前，中国已经进入经济发展的总体转型期，从突出速度的经济发展方式向更加注重质量和效益的经济发展方式转变，从技术引进依赖型向创新驱动型经济发展方式转变。市场经济有效制度的供给相对不足，表现在市场发挥作用的范围和领域还很有限，市场制度不够完善。因此，要使市场机制发挥正常功能，还需要进一步界定和保护产权，规范市场经济规则，培育市场经济秩序，保证宏观经济稳定，创造良好的社会环境和国际环境。基于这一经济生态环境，知识产权行政管理的核心工作应做好产权的界定、保护和保障人们公平自由地通过各种方式来行使其权利，努力为完善和维护市场机制服务，支撑创新系统的有效运行。

二、从政府职能新的目标模式重新定位知识产权行政管理工作

党的十八届三中全会指出，"必须切实转变政府职能，深化行政体制改革，创

新行政管理方式，增强政府公信力和执行力，建设法治政府和服务型政府。"中央确定了中国政府职能的新目标模式：法治政府与服务型政府。1999 年通过的宪法修正案明确规定："中华人民共和国实行依法治国，建设社会主义法治国家。"中国第一次以根本大法的形式宣告了中国治国方略的"法治化"走向，也清楚地包含了"依法行政，建设法治政府"的立法意。国务院于 2004 年印发的《全面推进依法行政实施纲要》明确指出建设法治政府的目标。党的十九大再次强调："建设法治政府，推进依法行政，严格规范公正文明执法，转变政府职能，深化简政放权，创新监管方式，增强政府公信力和执行力，建设人民满意的服务型政府。"知识产权行政管理部门要建立一套知识产权法制体系，按照"法无授权不可为"的原则依法行政，形成行政权力法定化、行政程序公开化、行政执法规范化、法律监督体制化。知识产权行政管理部门要实现从政府主导型经济向市场主导型经济的转变，从审批型经济向服务型经济的转变，从行政控制型体制向依法行政型体制的转变，加强市场监管、社会管理和公共服务。

三、从政府与市场的关系重新定位知识产权行政管理工作

在市场经济分工体系中，政府的基本职能是营造市场经济环境、维护市场竞争的公平性。在这里，我们运用行政生态学的理论和方法来研究行政系统，从而探讨行政环境与行政管理之间的关系。

先说政府与市场。市场经济已经席卷了整个世界。丹尼尔·耶金在《制高点》一书指出，这场现代世界中的政府与市场之争的结果以市场经济重新占据制高点为最终结局。市场是资源配置的主要方式和手段，但是由于市场自身所固有的局限性，即垄断性、外部性和信息不对称性，导致市场失灵时有发生，知识产权作为一种商品，同样存在着市场失灵的现象。确立知识产权制度旨在激励创新，变知识产权本身价值为市场经济价值，但在知识产权制度的运行中同样也可能出现市场失灵现象，如技术创新激励机制不到位、权利人滥用许可权、知识产权转化不足、权利人与使用者之间利益不平衡等。这些市场固有缺陷对竞争规则、秩序等方面的影响单纯依靠市场机制是不可调和的，需要政府的介入以加强对知识产权的行政管理和保护，推动知识产权创新有序进行。但同时，政府也不是万能的，也有自己的能力界限，只有在自身的能力范围之内，政府才可以有所作为，而一旦超出了自己的能力边界，政府也免不了失灵。政府与市场的平衡，经历了从"守夜人""拐杖"到"另一只手"的过程。

再说政府与社会。我国政府治理方式的变革，决定于国内社会自治力量在社会治理和社会发展中具有越来越重要的地位和作用。长期以来，政府对社会微观管控过多，社会自我管理能力弱，社会组织也发育不全，社会缺少了活力和创造力。"弱社会"对政府产生高度的依赖，更助长了政府对社会事务的大包大揽。党的十八届三中全会提出，创新社会治理，加快形成科学有效的社会治理体制。政府职能转变的重要标志之一是建立"小政府"与"大社会"。"小政府"与"大社会"是

相辅相成的互动关系，只有大力培育社会中介组织，调整政府与社会的关系，发展和壮大社会自我管理与自我组织能力，让社会中介组织承担从政府分离出来的部分职能，与政府对社会生活各个领域实行共同管理，才能真正实现政府职能的转变。

因此，知识产权行政管理部门的职能同样要处理好与市场、与社会的关系，解决"越位""错位"和"缺位"的问题。要明确好与市场的边界，发挥市场在资源配置中的决定性作用，更好地发挥政府作用，构建有利于创新的知识产权公共政策体系，做好知识产权市场培育，完善市场经济秩序；更多的还权于社会，培育社会组织和中介服务发展，增强其知识产权社会自我管理、自我组织的社会自治力量，激发社会组织和中介服务业态的活力。

四、从知识产权对经济社会发展的促进作用重新定位知识产权行政管理工作

（一）发挥知识产权在资源配置中的牵引作用，是市场经济快速发展的客观要求

产权经济学强调产权界定、分配对资源有效配置的决定性影响。知识产权制度的核心是国家对权利独占的认可和保护，这一制度在一定程度上使重复的创造活动失去价值，从而使整个社会的创造活动以不断创新为导向，使整个社会投入创新活动的人力、物力得以实现较为有效的配置。产权的明确界定和可转让性成为市场配置资源的前提。知识产权交易是特定创新者与不特定使用者间就信息资源分配进行的交换，促进创新资源在利益平衡原则下的充分利用。在全球视野下，知识产权保护制度对创新资源要素流动产生了导向功能。

（二）发挥知识产权对激励创新的制度效应，是实施创新驱动发展战略的内在需求

激励产业技术创新的制度安排，是构建创新政府的根本途径。政府要有效履行推动产业技术创新的职能，主要靠制度安排。制度安排是政府的基本职责，正如弗里德曼指出的那样："政府的必要性在于：它是'竞赛规则'的制定者，又是解释和强制执行这些规则的裁判者。"创新政府的本质特征，就在于政府通过有效的制度安排，激励和促进产业技术创新。专利制度是开发和利用创新资源、保护创新活动和成果的基本制度，对于创新驱动发展战略实施起着重要的推动作用。专利制度之所以能对技术创新产生激励作用，是以市场经济条件即市场激励机制的运作为基础的。这种市场激励机制的本质，就是以技术创新成果的私有产权为特征并遵循"等价交换"原则的产权交易机制。只有通过专利制度的建立，才能既保护创新者的利益，又促进技术创新的溢出效应，减少社会技术创新的成本。据世界知识产权组织统计，在技术研究中如果充分利用专利文献，平均可节省60%的科研时间和40%的科研经费。

（三）发挥知识产权对创新成果的保护作用，是营造良好社会主义市场经济环境的必然要求

在知识经济条件下政府职能突出了对知识产权保护的职能。知识产权是以技术信息公开换取公权力对其的保护。美国著名经济学家斯蒂格利茨认为，知识产权不是普通的财产权。因为要由私人提供技术信息，一定要有某种"保护"形式，才能保证技术信息不能简单地被公开。然而常常是，知识产权与其他形式的财产权的区别被掩盖了。而且，信息技术的发展使得知识产权信息扩散更加迅捷，按照权利与义务相平衡的原则，政府应当对知识产权提供更加强有力的保护。与工业经济模式相比，知识经济模式要求政府对知识产权进行强有力的保护，这也是政府在保护创新行为主体利益方面的重要职能。对知识产权的保护可以看做是对知识创新行为结果的肯定，也是保护知识创新行为主体利益的一项合理而有效的制度。

第二节　中国知识产权行政管理创新发展的定位

一、战略定位

不同国家在不同的经济发展阶段，知识产权行政管理定位有不同的选择。当前，美国政府知识产权管理目标主要定位在维护海外企业知识产权贸易，韩国政府知识产权管理目标主要定位在支撑创新型国家建设，日本政府知识产权管理目标定位在以知识产权为立国根本。

我国知识产权行政管理工作从无到有，知识产权行政管理定位也不断发生变化。在筹备初建阶段，以推动建立适应改革开放要求的知识产权制度体系框架为工作定位；在完善发展阶段，以推动中国特色市场体系构建和完善为工作定位；在调整强化阶段，以适应世界贸易组织要求、有效保障我国与其他国家合作贸易为工作定位；在战略实施阶段，以保障我国与其他国家合作贸易与适应我国创新发展的需要并重。

现在至 2020 年，知识产权行政管理工作目标应该定位于：支撑创新驱动发展战略实施，发挥知识产权沟通科技与经济的制度优势，推动知识产权贯穿整个创新价值链，促进创新成果的知识产权化、商品化和产业化。加强知识产权保护，把全社会智慧和力量凝聚到创新发展上来，为全面建成创新型国家提供强力支撑。

到 2030 年，知识产权行政管理工作目标应该定位于：推动知识产权立国目标建立，促进知识产权全面融入国家经济社会发展，把我国建设成为知识产权强国。

二、职能定位

围绕知识产权行政管理的目标定位，按照十九大关于建设法治政府和人民满意的服务型政府的要求，知识产权行政管理应该在以下几个方面进行职能定位。

（一）拓展外交工具职能——营造有利于国家发展的国际环境

我国知识产权国际合作在目前新的"中国特色大国外交"方略下，主要面临的任务包含四个维度。一是如何最大限度地在维护国家利益的前提下融入现有知识产权保护的国际规范。放宽我国的知识产权国际合作的视野和格局。要有"大国"思维和"大国"气度，用发展的眼光看待世界知识产权格局的变化，不局限于眼前利益和目标，为我国知识产权事业开拓更加广阔的发展空间。二是如何将现有知识产权保护国际规则向有利于我国的方向进行改革。工作模式需要由消极被动应对转变为积极主动争取，在国际知识产权舞台发挥与我国目前的知识产权实力相适应的积极推动作用，增强工作的主动性，为维护良好的国际知识产权秩序和为我国营造良好的国外环境有力地开展工作。三是如何利用以上两个维度树立中国在知识产权保护领域的国际形象，争取国际社会大多数国家的支持，为我国的和平发展创造有利的国际环境。四是如何更好地维护企业海外知识产权利益。为适应国家大政方针调整，我国的知识产权国际合作工作也必须重新定位。

（二）加强经济调节职能——创造有利于创新发展的国内环境

在战略管理方面，通过制定国家知识产权战略，参与国家发展重大决策。在统筹管理方面，积极统筹各类知识产权协调发展，整合国家知识产权管理资源。在政策管理方面，会同有关部门拟定促进产业、区域发展的知识产权政策，加强知识产权对科技创新、企业转型、产业发展、国际贸易的引导职能。落实国家发展总体战略，服务于创新驱动发展战略，发挥知识产权在产业升级中的引领作用，在发展战略性新兴产业中的先导作用，在区域经济发展中的带动作用。

（三）完善市场监管职能——维护权利人与社会公众的利益平衡

完善知识产权确权工作。合理确定知识产权权利人的权利义务，妥善处理与竞争、发展和创新等的关系。既要保护好权利人的权益，也要尊重和保护公共利益，促进创新成果的传播和应用，造福公众。组织协调全国保护知识产权工作，推动知识产权保护工作体系建设。会同有关部门建立知识产权执法协作、行政执法与刑事司法衔接机制，开展相关的行政执法工作。为约束和规范各利益主体的行为，避免"劣币驱逐良币"情况的发生，需要知识产权行政管理部门以法律法规为准绳，加强对市场竞争主体行为的约束和监管。同时，也要改革创新知识产权执法监管方式，建立一套科学监管的规则和方法，避免"运动式""救火式"的监管方式。构建知识产权诚信制度，推动知识产权诚信制度纳入社会诚信体系，建立"一次失信，处处受限"的机制。扩大知识产权信息信用平台适用范围，包括政府部门、社会组织、市场主体、社会公众等都可通过不同界面进入平台，从而对市场主体实行实时监控和多点监控等。

（四）注重公共服务职能——更好地提供知识产权公共产品

在公共平台建设方面，建立有效的知识产权公共服务体系，更好地提供知识产权公共产品。在企业服务方面，建立为企业提供创新服务的机制，为小微企业提供知识产权服务。制定专利技术商品化、产业化政策，指导专利技术转化工作，组织相关重大专利技术应用示范。制定规范专利技术交易的政策措施，会同有关部门指导和规范知识产权无形资产评估、知识产权投融资工作。充分发挥知识产权社会管理组织和行业协会的作用，将属于社会管理的职能交给社会组织管理。制定专利代理中介服务体系发展与监管的政策措施，推动知识产权服务业发展。加强全国专利信息公共服务体系的建设，会同有关部门推动专利信息的传播利用，会同有关部门建立知识产权信息检索、重大事项预警和重大经济活动知识产权审议等制度。以购买服务形式搭建知识产权公共服务平台，促进知识产权运用。运用知识产权是知识产权创造、保护、管理的目的，也是知识产权行政管理部门着力促进的。在市场经济条件下，政府在促进知识产权运用中的首要任务不是去帮扶企业，而是去培育有利于公平竞争的市场环境，创建有利于知识产权运用的市场条件，然后让市场去选择。从经济学角度来看，在对供给与需求的管理上，政府主要干预总供给，不要去干预总需求。因为需求是市场决定的，并具有很大的不确定性，政府也管不了。在供给方面，应该管标准、管秩序。

（五）发挥文化渗透职能——建设促进创新的知识产权文化

市场经济是一种开放经济，实行市场经济制度的国家必然与世界各国发生广泛的经济联系。创造一个有利于本国经济发展的环境是各国政府的重要职能。加强知识产权外交战略的制定和实施，可以进一步提升我国参与国际知识产权事务的能力，提升知识产权外交软实力，最大限度地维护我国在知识产权国际事务方面的国家利益，同时也为我国市场主体实施"走出去"战略赢得更加有利的条件，为本国市场经济的发展和创新驱动战略的实施提供良好的国际环境。组织开展全国知识产权文化建设工作。组织开展知识产权的法律法规、政策的宣传普及工作，组织制定有关知识产权的教育与培训工作规划。会同有关部门制定知识产权人才培养政策和措施。利用教育、舆论等手段，净化知识产权环境，提高公共知识产权意识，建设诚信守法的知识产权文化。

三、工作定位

围绕知识产权行政管理的战略定位，按照知识产权行政管理职能定位的要求，结合知识产权行政管理的特点，知识产权行政管理的工作定位应落脚于创新知识产权制度规则体系、完善知识产权制度运行支撑体系、构建知识产权制度运行嵌入体系，在国家（区域）创新发展中实现知识产权制度功能最大化。

（一）创新知识产权制度规则体系

市场经济条件下，政府有责任制定各种市场经济规则，建立一套适应市场经济运行的法律制度。这是使商品与劳务有秩序地、持久地进行生产和交换成为可能的先决条件，也是政府义不容辞的公共职责。知识产权市场规则包括政策性知识产权市场规则和法律化的知识产权市场规则。市场经济需要政府出面制定有利于公平竞争的法律、法规和游戏规则。知识产权制度不是自然形成的产权制度，而是人为创设的产权制度。知识产权制度要根据经济社会发展的要求，持续进行创新、发展和完善。知识产权行政管理工作的首要任务就是要保障知识产权制度正常运行，促使知识产权制度实现功能最大化。

——完善知识产权法律法规体系。及时发现知识产权制度中存在的问题及与经济社会发展不相适应的问题，在符合国际规则的前提下，不断完善知识产权法律法规，构建符合国情、内容全面、协调完备的知识产权法律法规体系。

——创新知识产权政策体系。在政策层面，根据知识产权法律法规的调整，在法律法规的大框架下勇于创新知识产权政策，通过政策的细化，增强相关法律法规的可操作性，进一步加强知识产权与国家经济、科技工作的融合度，形成激励和保护创新的政策合力。

——知识产权制度规则创新科学化。深入研究知识产权制度规则运行的基本规律及相关国际规则，通过完善机制、规范程序，保障知识产权有关制度规则制定、执行、调整的合理性、有效性、及时性。

（二）完善知识产权制度运行支撑体系

在持续创新知识产权制度规则体系的基础上，知识产权行政管理工作要不断推动完善知识产权制度运行支撑体系，为知识产权制度的有效运行提供保障和支撑。

——完善知识产权质量保障体系。制定全国性知识产权质量促进政策，完善知识产权考核指标，加强对知识产权代理机构的培育和监管，加强与相关政策的衔接，进一步提高恶意申请的代价，不断提高审查效率，改进审查质量，引导知识产权质量提升。

——完善知识产权运用支撑体系。积极推动搭建全国知识产权交易中心、高等学校知识产权转移中心、知识产权风险投资公司、知识产权经营公司等各类知识产权转移转化的平台，形成多种形式的知识产权转移模式，推动建立质押贷款、风险投资、上市、证券化等多层次的知识产权融资体系，努力构建一个立体、全方位、多层次的知识产权运用体系。

——完善知识产权执法保护体系。进一步做好行政执法与司法程序的对接，提高知识产权执法保护效率，有效降低维权成本，进一步增强行政执法职能、健全执法机构、充实执法队伍、完善知识产权保护统筹协调机制，有效加强联合执法、跨地区执法的力度，形成知识产权的长效保护机制。

——完善知识产权行政管理体系。巩固现有优势，发挥资源效能，拓展工作内容，凸显工作成效，积极发挥管理工作的引导作用，推动知识产权管理机构建设进一步健全、人员编制进一步充实、工作职能进一步加强。

——完善知识产权服务体系。进一步完善知识产权公共服务体系，通过政策制定以及政府购买服务，积极培育知识产权服务市场需求；建立和完善知识产权服务业发展的政策体系，建立知识产权服务业发展的工作体系；创新体制机制，培育一批市场化、社会化的知识产权服务机构。

——完善知识产权人才体系。通过积极推动将知识产权专业人才纳入职称评价范围以及完善知识产权专业人才评价体系和职业资格证书制度，培育有利于知识产权人才成长的政策环境，建立政府部门、高等学校和研究机构、企事业等用人单位共同参与的知识产权人才培养机制。

（三）构建知识产权制度运行市场体系

要保障知识产权制度功能的充分发挥，知识产权行政管理部门发挥的是间接的支撑作用，而最为重要的是将知识产权制度嵌入经济、产业、科技、贸易等部门中，发挥其直接的贡献作用。知识产权行政管理工作要推动构建有效的工作体系和工作机制，推动知识产权制度嵌入企业管理、嵌入产业升级、嵌入科技项目、嵌入对外贸易，促进知识产权与科技、经济、产业和贸易有机结合，充分体现知识产权对国家经济社会发展的贡献。

——嵌入企业管理。不断创新工作抓手，完善企业知识产权管理规范、知识产权优势企业培育工程等有效机制，引导企业健全知识产权管理机构和管理制度，将知识产权工作嵌入企业生产经营全流程。

——嵌入产业升级。不断探索工作路径，建立知识产权运用与产业运行决策深度融合、知识产权创造与产业创新能力高度匹配、知识产权布局对产业竞争地位保障有力、知识产权价值实现对产业运行效益支撑有效的工作机制，培育形成知识产权导航产业发展新模式。

——嵌入科技项目。不断完善工作机制，将知识产权工作纳入科技计划管理全过程。在国家科技重大专项、高技术产业化项目、重大技术改造项目等重大项目中，配备知识产权专员，负责科研项目立项、执行、验收、评估及成果转化、运营等各环节的知识产权管理工作。

——嵌入对外贸易。不断加强工作融入，进一步提升知识产权国际规则制定的影响力，建立有效应对涉外知识产权纠纷的有效机制，为我国企业开展国际贸易保驾护航。

无论是国际形势还是国内形势要求，实施国家知识产权战略，提高我国知识产权创造、运用、保护和管理能力已刻不容缓，加强知识产权行政管理是重中之重。加强知识产权行政管理应该顺应我国行政管理体制改革与创新的发展趋势，转变职能，理顺关系，优化结构，提高效能，强化外交工具、经济调节、市场监管、公共服务和文化渗透职能，并在国家行政管理工作中找准自己的工作定位。

第三节　中国知识产权行政管理创新发展的意义与原则

一、中国知识产权行政管理创新发展的意义

加快知识产权行政管理体制改革，理顺知识产权行政管理和保护体系，是建设创新型国家的客观需要，是转变政府职能、加强市场监管的需要，也是提升企事业单位等市场主体竞争力的需要。如前所述，我国现行的知识产权行政管理体制普遍存在分散式管理成本高、效率低、资源浪费严重、资源配置不合理、不利于保护知识产权权利人的利益等弊端，已经难以适应我国当前经济社会发展，必须采取有力的改革措施，加快推进我国知识产权行政管理体制机制创新的步伐。

从"政府管制"到"行政管理"再到"知识产权行政管理创新"，充分体现出当代中国的治国方针与时俱进不断发展，使知识产权行政管理思路更加民主化、科学化、规范化，使知识产权行政管理行为更加人本化、法治化、理性化。这既是对我国经济社会发展规律的科学论断，也是党和政府在政府治理领域的重大理论创新和实践创新，昭示着当代中国的知识产权事业正不断走向成熟和完善。

（一）知识产权行政管理创新体现了行政体制改革的时代特征

从我国行政管理体制改革的历程来看，我国政府职能转变已历经梯次推进的三个阶段。第一阶段是 20 世纪 90 年代开始的政府职能转变，要求行政系统突破传统的计划经济体制下政府包办一切、包揽一切的模式。第二阶段是 2000 年前后，中央明确提出政府职能转变的新内容、新要求，指出社会主义市场经济条件下政府的新四项职能是"经济调节、市场监管、社会管理、公共服务"。第三阶段是 2012 年，十八大报告明确提出当前行政管理体制改革的着力点就是政府职能转变，包括三方面内容：一是要向创造良好的发展环境转变；二是要向提供优质的公共服务转变；三是要向维护社会公平正义转变。党的十八届三中全会进一步明确了全面深化改革的目标，将行政管理体制改革的视域聚焦聚焦到"良好环境、优质服务、维护公正"上来。党的十九大进一步强调深化机构和行政体制改革，要求增强政府公信力和执行力。由此可见，我国行政管理体制 30 多年来的改革发展，经历了从公共行政（Public Administration），嬗变到公共管理（Public Management），再演进到公共服务（Public Service）、公共治理（Public Governance），本身就是一个行政管理理论逻辑与实践逻辑同步运行的过程。

改革开放以来，我国的知识产权行政管理职能与我国的整体政府职能一样，经历了一系列转变。主要包括以下三方面：一是职能重心的转变，包括构建法律体系、推进法制建设、界定权利范围，保障知识产权权利的实现。二是职能方式的转变，从运用行政命令和指令性计划等行政手段为主，转向运用以经济杠杆组织、调节和影响经济活动的经济手段为主；从微观管理、直接管理为主，转向宏观管理、间接

管理为主。三是职能关系的转变，对政府与企业、与社会的关系、政府内部各职能部门的关系也进行了必要的调整。知识产权行政管理部门的职能调整与中国改革开放 30 年来的经济社会发展关系，体现了经济基础与上层建筑的辩证关系。经济体制改革的步伐决定了行政体制改革的进程，同时，通过行政体制改革又使得政府机构设置、职能运行得到调整和变化，从而推动中国的经济体制改革，促进社会经济发展。❶

　　时任国务委员兼国务院秘书长马凯在第十二届全国人民代表大会第一次会议上作《关于国务院机构改革和职能转变方案的说明》时指出："现行行政体制仍存在许多不适应新形势新任务要求的地方，国务院部门在职能定位、机构设置、职责分工、运行机制等方面还存在不少问题。主要是：职能越位、缺位问题依然突出，不该管的管得过多，一些该管的又没有管好；职责交叉、权责脱节、争权诿责等现象时有发生，行政效能不够高；机构设置不够合理，一些领域机构重叠、人浮于事问题依然存在。这些问题，需要通过深化体制改革、完善制度机制特别是职能转变加以解决。"目前我国知识产权行政管理体制就存在着这些突出问题。国务院颁布的《国家知识产权战略纲要》中明确提出要"深化知识产权行政管理体制改革，形成权责一致、分工合理、决策科学、执行顺畅、监督有力的知识产权行政管理体制"。将分散、交叉的知识产权管理部门进行整合和优化已经成为我国知识产权事业发展的趋势和方向。除了要提高知识产权行政管理的网络化、信息化和自动化水平，更需要简化管理程序、完善管理政策、创新管理方式，从而节约管理资源、提高管理效率，便于知识产权权利人的注册申请，满足知识产权现代化的需求。伴随着知识经济时代"财产的非物质化革命"进程加快，推动知识产权的权利体系不断扩张，域名权、商品化权、信用权等新的权利类型不断出现，使得知识产权制度随之愈加体系化，对行政管理系统的统一性要求更高，这无疑增加了现代知识产权管理的难度，更需要有统一的知识产权行政管理体制来进行科学管理。同时，经济全球化背景下，各国知识产权国际合作不断加强，TRIPS 等国际公约鼓励各国管理机构有效管理本国知识产权事业，积极参与知识产权国际合作。我国知识产权行政管理体制也需顺应国际发展趋势，整合行政管理资源，制定和实施知识产权国内外贸易政策、促进国际合作、顺应知识产权管理国际发展规律。

（二）知识产权行政管理创新体现了市场经济的现实需求

　　《中共中央关于全面深化改革若干重要问题的决定》提出"加强知识产权运用和保护，健全技术创新激励机制"。中央经济工作会议明确强调"政府要做好加强知识产权保护工作""探索加强知识产权运用和保护的新途径"。李克强总理在十二届全国人大二次会议上答记者问时指出"简政放权是实现市场在资源配置中发挥决定性作用重要的突破口、切入点。但放权并不是说政府就不管了，尤其需要加强在

---

❶　陈明媛．论市场经济环境下知识产权行政管理部门的职能转变［J］．知识产权，2015（1）．

事中事后的监管。对一些搞假冒伪劣、侵犯知识产权等违背市场公平竞争原则的行为，那就要严加监管、严厉惩处。"2014 年，李克强总理在夏季达沃斯论坛致辞中再次强调"保护知识产权，就是保护发明创造的火种、维护创新者的权益。对严重侵犯知识产权的行为，要依法严惩，包括实行巨额赔偿惩罚，使违法者付出难以承受的代价，为创新助力。"这表明，知识产权制度在加快完善现代市场体系中将发挥越来越重要的作用，加强知识产权运用和保护将作为加快完善现代市场体系、深化科技体制改革的一项重点任务。实行专利、商标、版权"三合一"管理，可以有效整合分散在各部门的行政执法力量、统一知识产权执法尺度，无疑是加大知识产权保护力度，提高知识产权行政执法效率的有效途径。

（三）知识产权行政管理创新体现了治理理念的深刻变革

由政府管制向行政管理创新转变，必然会带来治理理念的深刻变革。计划经济时代所奉行的"一元化"管制思维已经难以适应经济社会和科技事业发展的新形势，必须重塑政府治理理念，构建政府与其他治理主体平等协商、分工合作、互利互惠、共治共赢的新模式，《中共中央关于制定国民经济和社会发展第十三个五年规划的建议》提出"推动政府职能从研发管理向创新服务转变"和"加强深化知识产权领域改革，加强知识产权保护"，这对落实创新发展理念、深入实施创新驱动发展战略、加快我国经济发展动力转换和核心竞争力提升具有重大意义。加快政府职能从研发管理转向创新服务，要着眼国家创新体系建设这一目标、抓住理顺政府和市场关系这一关键、突出科技和经济结合这一重点、紧扣激发"人"的积极性、创造性这一根本，把全社会创新创业活力更加充分地激发、释放出来。特别是我国社会主义市场经济体制正在全面深化改革中不断完善，政府转变职能越主动，越有利于发挥市场和社会的创新力量，越有利于全社会创新创业队伍的扩大和总体效能的提高。通过创新知识产权行政管理理念，使各方社会主体的创新活力得到充分焕发、创新潜力得到充分激活，使政府治理结构达到资源整合、优势互补的均衡稳定状态，让改革发展和科技进步的红利惠及全体人民。

（四）知识产权行政管理创新体现了依法治国的基本方略

党的十八届四中全会《全面推进依法治国若干重大问题的决定》强调："全面推进依法治国，促进国家治理体系和治理能力现代化。"依法治国是党领导人民治国理政的基本方式，是社会主义民主的根本保障，也是全面深化改革的必由之路。实现知识产权行政管理创新，关键在于落实依法治国这一基本方略。

从依法治国在知识产权行政管理创新中的作用来看：第一，依法治国具有公正性。能够营造公平正义的社会秩序，维护社会和谐稳定，使社会治理井然有序。第二，依法治国具有权威性。通过制定严格的行为规范，强调宪法和法律面前人人平等，将权力关进制度的笼子。第三，依法治国具有科学性。根据社会发展的客观规律制定法律规范和程序，反映时代变迁的本质特征。第四，依法治国具有稳定性。

通过制定合理的利益协调机制，及时化解社会矛盾冲突。第五，依法治国具有强制性。由国家强制力保证实施，摒除体制机制的顽疾，推动改革阔步前行。由此可见，依法治国是一切政府治理活动必须遵循的基本原则，是实现知识产权行政管理创新的前提和基础。

（五）　知识产权行政管理创新体现了民主政治的发展进步

知识产权行政管理创新强调人民在科技事业发展中的主体地位，是社会主义民主政治的直接体现；充分保障人民参与管理知识产权公共事务的权利，使各阶层民众都能平等地参与公共决策，监督权力运行，实行自我管理，进而实现协商民主的目标。从知识产权行政管理创新的价值定位来看，不仅是为了满足群众日益增长的物质需求，更是为了满足群众日益高涨的民主诉求。政府通过建立信息公开、决策咨询、政策听证、舆论监督等制度，充分保障公民的知情权、表达权、参与权和监督权；通过积极培育社会自治组织，成为公民有效政治参与的重要载体；通过积极开展协商对话，形成政府与社会之间彼此尊重、平等交流的良性互动关系，使民主制度更加健全、民主渠道更加畅通、民主形式更加丰富。

（六）　知识产权行政管理创新体现了善治目标的价值指向

"善治"（Good Governance）即良好的治理，是以实现公共利益最大化为目标的社会治理过程。其本质特征是政府、社会组织与公民对公共事务实现分工协作、相互配合，充分整合治理资源，不断提高治理效率，最大限度地促进公共福利，维护社会和谐稳定。"善治"在赋予公民更多机会参与公共决策的同时，也强调充分发挥公共政策对于公共利益的维护功能；既为平衡政府治理结构提供了标尺，也为提升政府治理能力指明了方向，因而是当代中国知识产权行政管理创新的价值指向。

从内容上看，"善治"目标对知识产权行政管理创新的具体要求包括法治、公平、参与、效率、回应、透明、安全、和谐八个方面。所谓法治，是指社会全体成员普遍树立了正确的法治观念，严格依照法律规范和程序办事。所谓公平，是指各类社会主体在资源分配上享有公正待遇和平等权利。所谓参与，是指各类社会主体有权对社会事务广泛发表意见，并得到尊重。所谓效率，是指政府全面、准确、及时地提供公共服务，不断降低管理成本。所谓回应，是指政府认真对待社会成员的利益诉求，并积极加以满足。所谓透明，是指社会治理的决策、过程和结果应及时面向公众公开，不搞暗箱操作。所谓安全，是指人的基本生存得到保障，社会成员的各项权益不受威胁和侵害。所谓和谐，是指在社会关系中消除了冷漠、对抗和冲突，通过利益整合和文化趋同，实现不同主体之间融洽相处。

综上所述，知识产权行政管理创新的提出，必然会带来一场深刻的思想变革、制度变革和行为方式变革。"善治"目标的实现，必须以简政放权、多元共治、倡行法治为重点，对滞后的行政管理体制机制进行大刀阔斧的改革，实现多元化治理主体的交集融合，在全社会范围内营造促进知识产权事业发展健康有序的氛围。通过全面深化知识产权行政管理体制改革，强化顶层设计，切实保障各类知识产权主体的基本权利，维护社会公平正义，从根本上消除不稳定因素，使知识产权行政管理充满生机和活力。

二、中国知识产权行政管理创新发展的作用

2014 年 12 月 29 日，国务院通过了《深入实施国家知识产权战略行动计划（2014～2020 年)》，首次明确提出了"努力建设知识产权强国"的新目标，强调要"认真谋划我国知识产权强国的发展路径，努力建设知识产权强国"，推动知识产权密集型产业发展，用创新驱动支撑产业转型升级，适应经济发展的新常态。所谓知识产权强国，是指在知识产权国际竞争中具有强大知识产权实力的国家，在知识产权国际竞争中具有强大知识产权实力的国家。就国际比较而言，具有强大知识产权硬实力和软实力的国家。知识产权强国的知识产权实力在全球竞争中具有优势地位，在知识产权国际事务中具有引领作用和重要影响。建设知识产权强国，既是建设创新型国家的内在要求，也是未来赢得竞争优势的重要基础。

当前，我国已初步建立了中国特色的知识产权保护体系，知识产权强国建设将面临前所未有的重要战略机遇期，同时也将面临更大的挑战，必须从知识产权行政管理创新这一基础性工作抓起，牢牢把握发展时机，主动适应国家经济科技发展需要，努力开创新局面，为建设创新型国家、加快经济发展方式转变作出更大贡献。

（一）加强知识产权行政管理是实现强国梦的重要前提

改革开放以来，我国逐步建立了较为完善的知识产权制度，完成了发达国家数百年走过的制度变迁之路。特别是加入世界贸易组织后，我国全面履行"入世"承诺，在短短 12 年间，不断制定、完善与知识产权制度相关的法律法规，已构建了具有中国特色、体系完整、与国际接轨的知识产权行政管理模式。2008 年 6 月，国务院正式颁布《国家知识产权战略纲要》，首次将知识产权的创造、运用、保护与管理提升到了国家战略层面，各相关部门通力协作、严格执法，开创了知识产权行政与司法保护新局面。

知识产权保护有力地促进了我国自主创新能力的提升。以专利申请量为例，近年来我国专利申请量增长迅速，2013 年发明专利申请受理量达到 82.5 万件，同比增长 26.3%；全年累计完成专利审查 131.3 万件，同比增长 4.6%；专利审查周期稳中有降，发明专利审查周期缩短为 22.2 个月。截至 2013 年年底，经国家知识产权局授权并维持有效的发明专利为 103.4 万件，同比增长 15.4%。2013 年，国家知识产权局共受理依据 PCT 提出的国际申请 22924 件，同比增长 15%；进入中国国家阶段的国际申请 7 万余件，同比增长 4.6%；全年共收到集成电路布图设计登记申请 1561 件，予以公告并发出证书 1612 件。中国已经迈入知识产权大国行列。

随着我国经济发展进入新阶段，知识产权行政管理促进经济转型的功能凸现。

针对这一新特征，我们深入分析知识产权在国民经济发展中的战略作用，一方面着力深化各项管理制度改革，优化审查管理程序，不断扩大人员规模，提高专利审批能力；另一方面推动各项专利工程与产业促进试点相结合，积极引导知识产权服务业健康发展，发挥专利对产业的导航功能，帮助市场主体实施全球专利布局，着力提升我国的产业地位。2012 年，华为和中兴两家通信企业在专利申请量上分别位居世界第一和第三，表现出了强劲的自主技术创新能力。这两家企业主要受益于国家知识产权保护体系，是我国较早实施知识产权试点示范的企业。华为近 10 年投入的研发费用达 1300 亿元，中兴则在国内企业中率先尝试发明专利资产经营，开创了中国通信企业向跨国通信巨头进行专利许可的先河。正是在知识产权保护激励下，我国涌现出越来越多的创新型企业，并正在汇聚成为推动我国迈向经济强国的中坚力量。

改革开放以来我国知识产权事业发展的实践证明，加强知识产权行政管理工作既是国家储备创新型战略资源的必经之途，更是未来中国赢得国际竞争优势、占领战略制高点的必然选择。当前，我国应从自身发展阶段出发加快完善有利于促进创新的知识产权行政管理制度和政策，努力实现创新投入与创新回报的良性循环，为建设创新型国家进而实现强国梦提供坚实基础。❶

（二）加强知识产权行政管理是提升国家创新能力的必由之路

追溯历史，世界上大国先后崛起，无不与知识产权行政管理息息相关。但早期的知识产权实际上就是一种特许权，国家通过授予市场独占权利，鼓励本国企业持续创新，以赢得国际竞争优势。1624 年英国颁布了《垄断法》，以立法取代了由君主赐予特许权的制度传统，打破了封建社会长期的技术封锁，促进了技术交流和传播。正是在这一制度激励下，英国率先发起了工业革命，成功实现大国崛起。

20 世纪以来，美国立足于全球战略，将知识产权保护列为其经济稳定发展和保持全球领先地位的关键动力。在国内，美国重视从战略层面对知识产权事务进行统筹规划，修改美国专利法等知识产权法律，构建全方位的知识产权保护和转化体系，推进联邦及州政府机构间的协作，加强对中小企业的知识产权扶持，提升管理能力从而鼓励创新。在国际上，美国通过将知识产权国际立法从世界知识产权组织体制转换到关税与贸易总协定/世界贸易组织体制，将知识产权与对外贸易相捆绑，产生了空前高水平知识产权保护。同时，美国以对外贸易知识产权保护协议的制定为契机，加大知识产权的国际执法力度，保持其在世界知识产权规则制定中的领导地位，在全球范围推动建立知识产权新秩序，并借助在"二战"后形成的国际霸主地位，进一步巩固其超级大国地位。

在全球化进程加快的今天，有效管理知识产权，发挥知识产权对于科技创新的杠杆作用，成为后发国家崛起的必然选择。早在 20 世纪七八十年代，日本企业曾是

---

❶ 贺化. 我国要成为知识产权强国 [J]. 求是，2014（5）.

侵犯美国知识产权的被诉重点，如 TDK、索尼、东芝、日立等跨国公司，经常是美国"337 调查"的对象。但是，日本企业依靠技术引进吸收消化再创新，经历了从最初的缺席诉讼，到之后的积极应诉，再到后来积极主动地在美国申请专利以防止或避免被调查。时至今日，日本企业已开始凭借知识产权实力，反过来频频起诉仿冒其产品的美国企业。借助于知识产权保护，日本冲破了美国的知识产权封锁和制裁，逐步成为知识产权强国，实现了从制造业的底端向附加值较高的价值链顶端的嬗变。近年来，韩国作为成功进行技术追随的典范，业已跻身知识产权强国行列，逐步实现了由跟随者向引领者的过渡。印度也正在以建设全球一流国家为目标，实施全球知识产权战略，主张建立知识产权国际新秩序，在发展中国家中崭露头角。

目前，我国正处于从"中国制造"向"中国创造"的转型。在这一关键时期，我国劳动力、资本和土地资源等传统生产要素对经济增长的边际贡献率出现递减趋势，创新日益成为支撑和引领经济社会发展的主导因素。但与经济社会发展的紧迫要求相比，我国自主创新的现实情况远不尽如人意，关键技术自给率低，高新技术产业在整个经济中所占的比例不高，虽在少数科技领域达到了国际领先水平，但在整体上仍属于技术引进国和模仿国的事实不容忽视。缺乏自主创新的核心技术是我国经济的最大软肋。总结世界大国崛起经验，依靠知识产权保护激励创新活动，从而引领经济增长转变为主要依靠自主创新能力和科技进步上来，是这一时期推动经济社会又好又快发展的根本任务。

（三）加强知识产权行政管理是转变经济发展方式的引领力量

改革开放 30 多年来，我国经济保持了快速稳定增长，经济发展成就举世瞩目。但是，我国经济发展效益远远低于国际先进水平，经济发展也日益面临着资源、环境的制约。目前，我国正处于由"中国制造"向"中国创造"的转型之中。在这一关键时期，我国劳动力、资本和土地资源等传统生产要素对经济增长的边际贡献率出现递减趋势，经济发展方式滞后成为制约我国经济发展的主要矛盾，而创新意识、创造水平和知识产权综合能力薄弱则是我国经济发展缺乏内在动力和核心竞争力的深层次原因。要实现经济发展方式从数量型向质量型转变、从规模扩张型向效益提高型转变、从高成本向低成本转变、从投资和要素驱动型向创新驱动型转变，必须通过行政管理手段推动知识产权成为增长要素，依靠知识产权制度，进行创新资源的有效配置，激发创新活力、推动创新成果应用。

加快产业结构调整，是经济发展到一定阶段的客观要求，也是实践科学发展观的必然选择。要实现"推进产业结构优化升级"，应以拥有相当规模的知识产权为前提。结构优化是对传统产业进行技术改造，以市场为导向，以产品为龙头，以效益为中心，以管理为基础，提高资源配置效率和传统产业水平；产业升级是加快发展高新技术产业，形成一批由技术创新带动的新产业，增加高附加值产品在总产出中的比重。这两者都依赖于技术进步。只有技术进步，才可能提高产品质量、增加产品品种，才能降低生产成本，才可能生产出高附加值的产品。只有技术创新达到一定的程度，并且其成果受到知识产权制度的有效保护，自主知识产权拥有量达到一定规模，能够引起整个行业生产效率的提高和产品更新、质量改善，相应扩大对其他行业产品的需求时，产业结构的改变才是可能的。因此，必须高度重视知识产权行政管理对科技进步的重要作用，着力推动产业结构升级，提高经济效益，节约和合理利用资源，保护生态环境，走可持续发展之路。

三、中国知识产权行政管理创新发展的原则

（一）从行政管理向公共服务转变

向全体人民提供基本公共服务是政府的责任，构建基本公共服务体系是政府转变职能的重要方面。服务型政府并非不注重行政管理，而是要使政府的管理职能更多地向服务方向转变。公共服务的本质，是政府在履行自身职能时坚持以人为本，充分体现"社会本位、民众本位"精神，在决定政府该管什么不该管什么时，首先要看社会和人民是否需要，并以此作为确定政府职责和功能的依据。政府是最重要的公共权力载体，它理应成为社会公共利益的代表和社会秩序的维护者，并通过提供公共产品来行使行政权力，实施积极的公共管理，以公众需求和经济社会发展需要为导向，以公众满意程度和推动经济社会协调发展力度作为衡量其履行职能水平和成效的重要评判标准，确定提供公共物品及其优先顺序。政府在制定与知识产权相关的政策、实施管理、提供服务时，都应从公共性角度来考虑。坚持政府引导和市场主导相结合，实现由控制者、管理者向组织者和服务者的身份转变，将政府定位为知识产权制度和规则的制定者以及市场环境的维护者，必须坚持有限干预，更好发挥社会力量在管理社会事务中的作用，弱化对微观经济活动的干涉，充分发挥市场在资源配置中的决定性作用，以优质服务推动知识产权事业健康发展，满足人民群众日益增长的公共需求。

（二）从权力导向向规则导向转变

长期以来，受到"大政府—小社会"的计划经济模式影响，政府习惯于奉行高度集权的"一元化"行政体制和以权力为导向的决策方式，将政府作为唯一的管理主体，由政府单方面主导公共事务，独占权力资源，崇拜权力万能，热衷权力集中，强调命令与服从，排斥民主协商，不尊重社会发展客观规律的管理思路。

具体而言，权力导向具有如下特征：首先，将社会管理活动的主体划分为管理者与被管理者两个层面，强调管理者对被管理者施加命令或进行约束。其次，政府是管理者的唯一代表，掌控绝大部分社会资源，既是"全能政府"，又是"全责政府"，包揽独办几乎所有的社会事务，承担全部的社会责任；公民、企业和各类社会组织成为被管理的对象，只能被动服从政府管理。最后，权力导向的实质是一种自上而下的控制。由于权力调控机制的缺失，政府注定永远都得不到充足的信息，

也就无法准确地对决策进行科学测算，随之而来必然会造成管制失败和经济崩溃，❶哈耶克将这一现象称为政府"致命的自负"。随着社会变迁和政治文明进步，这种日趋保守、封闭、僵化的权力导向思维已经越来越不适应经济社会协调发展，无法有效解决社会转型期出现的各类利益冲突，难以充分满足知识产权行政管理创新的时代需求。必须实现由以领导意志行政向依法行政转变，树立守纪律、讲规矩的法治规则意识，倡导法治思维，明确法治红线，遵循依法行政的原则，制定完善行为规范，以高效、协调、监督的知识产权管理规则来管理知识产权实务，为知识产权发展营造一个良好环境。

（三）从政府主导向市场配置为主转变

提高知识产权行政资源的高效管理，坚持基础建设和能力提升相结合，运用先进的平台和手段，提高管理效能和公共服务水平。

一是彰显市场在知识产权资源配置中的核心地位与作用。无论是政府的知识产权行政管理还是"第三部门"的知识产权管理，无论是针对传统知识产权的管理还是新型知识产权的管理，都必须首先考虑到市场的自我组织功效，通过市场的自我发育和政府的适度引导，实现知识产权资源创造、运用和保护。只有在市场失灵或者市场无法作用的领域，才允许政府等管理机构强行介入知识产权资源的配置，并且即便是在知识产权管理所指向区域，也应允许市场组织的自我管理，确保多元化的制度和组织结构安排。

二是发挥权利人的主观能动性，在管理架构上形成知识产权权利人与管理机构双向合作。权利人一般最关心自己的知识产权权利行使前景，因而知识产权管理进程中应听取权利人的意见，实行政务公开，使其能够参与和监督知识产权管理活动。此外，知识产权管理政策和执法措施的出台及执行，均应有适当的程序空间和途径允许权利人发出自己的声音，从而与管理者一道在市场的浪潮中促使公共权威和公共秩序的生成。

三是以市场机制促进知识产权资源配置，推动市场体系形成。知识产权的功效最终要通过知识产权的产业化、市场化才能完成。市场运行以自由竞争为基础，以价格机制为中心，以个别利益最大化为目标。因此必须充分运用市场的理念构筑知识产权资源平台，特别是考虑到知识产权客体的非物质性特征，更应运用市场形成知识产权资源价格评估体系，使知识产权资源的创造和利用能够形成良性的运行链条，切实发挥权利型无形资产在增强企业核心竞争力和国家竞争力中的作用。

（四）从被动应对向主动作为转变

政府行政管理逐渐由被动处置向主动服务转变，要坚持战略布局与积极应对相

---

❶ 嘉杰. 管制思维为什么不可持续 ［N］. 东莞日报，2012 - 03 - 19（4）.

结合，强化知识产权管理的前瞻性，加强风险防控能力建设，实现被动应对向主动管理的转变。

一是推动知识产权密集型产业发展。更加注重知识产权质量和效益，优化产业布局，引导产业创新，促进产业提质增效升级。面向产业集聚区、行业和企业，实施专利导航试点项目，开展专利布局，在关键技术领域形成一批专利组合，构建支撑产业发展和提升企业竞争力的专利储备。加强专利协同运用，推动专利联盟建设，建立具有产业特色的全国专利运营与产业化服务平台。建立运行高效、支撑有力的专利导航产业发展工作机制。完善企业主导、多方参与的专利协同运用体系，形成资源集聚、流转活跃的专利交易市场体系，促进专利运营业态健康发展。

二是加强重点领域知识产权行政执法。积极开展执法专项行动，重点查办跨区域、大规模和社会反响强烈的侵权案件，加大对民生、重大项目和优势产业等领域侵犯知识产权行为的打击力度。加强执法协作、侵权判定咨询与纠纷快速调解工作。加强大型商业场所、展会知识产权保护。督促电子商务平台企业落实相关责任，督促邮政、快递企业完善并执行收寄验视制度，探索加强跨境贸易电子商务服务的知识产权监管。加强对视听节目、文学、游戏网站和网络交易平台的版权监管，规范网络作品使用，严厉打击网络侵权盗版，优化网络监管技术手段。开展国内自由贸易区知识产权保护状况调查，探索在货物生产、加工、转运中加强知识产权监管，创新并适时推广知识产权海关保护模式，依法加强国内自由贸易区知识产权执法。依法严厉打击进出口货物侵权行为。

三是强化科技创新知识产权管理。加强国家科技重大专项和科技计划知识产权管理，促进高等学校和科研院所知识产权转移转化。落实国家科技重大专项和科技计划项目管理部门、项目承担单位等知识产权管理职责，明确责任主体。将知识产权管理纳入国家科技重大专项和科技计划全过程管理，建立国家科技重大专项和科技计划完成后的知识产权目标评估制度。探索建立科技重大专项承担单位和各参与单位知识产权利益分享机制。开展中央级事业单位科技成果使用、处置和收益管理改革试点，促进知识产权转化运用。完善高等学校和科研院所知识产权管理规范，鼓励高等学校和科研院所建立知识产权转移转化机构。

四是完善知识产权法律法规。推动《专利法》《著作权法》及配套法规修订工作，建立健全知识产权保护长效机制，加大对侵权行为的惩处力度。适时做好遗传资源、传统知识、民间文艺和地理标志等方面的立法工作。研究修订《反不正当竞争法》《知识产权海关保护条例》《植物新品种保护条例》等法律法规。研究制定防止知识产权滥用的规范性文件。

（五）从各自为战向组合优化转变

科学合理的知识产权行政管理体制是奠定知识产权管理事业的基石，必须坚持分工负责与统一协调相结合，健全行政管理机构，强化协作配合，形成中央部门间及中央与地方之间的管理合力。

一是综合管理、相互协作。知识产权行政管理是一项综合、复杂的系统工程，涉及多个部门、多个层级、多个方面，需要有统一的综合领导机构，合理设置、分工明确的管理部门，以及各部门之间的相互配合、相互协作，唯此才能实现知识产权管理的效率最大化。我国现有知识产权行政管理体制机构繁杂，各部门分散管理、各司其职，易出现权力重叠和管理空白等现象，知识产权行政管理体制构建需要设立统一的综合领导机构，从而合理分配管理权限，避免机构重叠、管理冲突以及条块分割导致的灰色地带。各部门之间也要加强信息交流和相互配合，建立沟通和协调机制，努力构建一个有机统一、高效、协调的知识产权行政管理系统。

二是精简建制、高质高效。精简行政管理体制是知识产权行政管理体制改革的重要环节。精简和规范各管理机构，减少行政层级，降低行政成本，可以有效解决职责交叉、政出多门的问题。我国正努力构建服务型政府，这就要求行政管理机构高质高效地对国家和社会事务进行管理。为最大限度地保障知识产权权利人和利害关系人的合法权益，同时维护社会公共利益，知识产权行政管理机构应合理设置，讲究工作效率，切实提高为民服务的质量和时效性。

三是分工合理、权责一致、监督有力。知识产权行政管理的系统性和专业性要求在统筹管理的前提下合理划分管理范围、明确管理职责，促使各部门各司其职并相互协作，以产生最大化的合力效应。同时，根据依法行政原则，有权必有责，职权和责任需一致。一个机构有多大责任，就应赋予多大职权；有多大职权，就应承担多大责任。权责一致是行政管理法治化和现代化的必然要求。对知识产权行政决策和行政执法等行为要加强监督，建立公开、透明的行政管理制度，以解决某些方面权力过于集中，权力滥用、保护不力、执行不力等问题。有效的监督是知识产权行政管理科学化和规范化的保障。因此，知识产权行政管理创新应明确各机构管理权限和责任，合理分配管理任务，科学制定管理方案和程序，完善各部门协调机制，完善行政执法机制，设立督促有力的监管部门，促进我国知识产权的创造、运用、保护和管理能力。

第四节　中国知识产权行政管理的愿景

愿景是对整体事业战略预期取得的主要成果的期望值。

愿景目标具有宏观性。愿景目标的设定，是一种宏观目标，它是从宏观角度对事业的未来的一种较为理想的设定，是事业整体发展的总任务和总要求。愿景目标着眼点于未来和长远，是一种长期的发展方向和长期的任务，绝不是一蹴而就完成的。愿景目标既然是一种长期目标，那么它在其所规定的时间内就应该是相对稳定的。但是，强调战略目标的稳定性并不排斥根据客观需要和情况的发展而对战略目标作必要的修正。科学的愿景目标，总是对现实利益与长远利益，局部利益与整体利益的综合反映。科学的愿景目标虽然总是概括的，但它对人们行动的要求，却又总是全面的，甚至是相当具体的。愿景目标虽为一种总目标、总任务和总要求，但是可以按时间阶段、按不同方面分解成某些具体目标、具体任务和具体要求。

一、中国知识产权行政管理创新发展的愿景目标

（一）远期目标

到 2030 年，围绕知识产权强国战略实施，健全归属清晰、权责明确、保护严格、流转顺畅的现代知识产权制度；形成分工合理、责权一致、运转高效、法治保障的知识产权管理体制机制；形成规则健全、竞争有序、透明高效、法治保障的知识产权保护格局；构建统一开放、公平普惠、完善高效、规范有序的知识产权公共服务体系。使知识产权成为经济转型升级的新引擎、优化资源配置的新动力，创新驱动发展的新支撑。

（二）近期目标

到 2020 年，建立起适应经济社会发展需要的知识产权行政管理体系和高效顺畅的协调机制，知识产权宏观管理能力显著加强，战略规划和政策引导水平明显提高。企业、高等学校和科研院所建立起满足发展需求的知识产权管理制度和管理团队，重大科研项目实现知识产权全过程管理。知识产权执法监管能力进一步加强，社会组织和服务机构的服务能力基本满足市场需要，知识产权交易和服务市场秩序明显改善。科技、教育、经贸、文化等领域建立起比较规范和完善的知识产权管理制度，知识产权公共服务能力基本满足社会需求。建设成为满足创新型国家需要、具有中国特色的职能科学、结构优化、廉洁高效、人民满意的知识产权公共服务型政府。具体而言，这类服务型政府具有如下特点：

——管理理念更加创新。着眼于从知识产权事业自身发展向全面融入经济社会发展转变，由"促进知识产权自身发展"向"服务国家战略和经济社会发展需要、服务经济发展方式"转变。从直接微观管理转向政策制度导向宏观管理，把原来所擅长的部门管理和业务管理向政府社会管理拓展。

——管理职能更加优化。由"全能而低效"政府转向"有限而有为"的政府，逐步从微观管理脱离出来，把更多的精力放到宏观管理上来，加强战略管理、政策管理、协调管理，真正建立有限政府。

——管理体系更加健全。推动建设统一协调的行政体制，知识产权管理体制改革有效推进，形成纵向统一高效、横向协调顺畅的知识产权行政管理体系，显著提高行政效能，真正建立责任政府。

——管理手段更加科学。由行政控制型转向市场引导型，善于运用市场机制、社会力量，善于运用现代信息技术，推行电子政务、优化管理流程，创新公共服务提供方式，真正建立服务型政府。

——管理能力大幅提升。推动知识产权行政管理法制化，由被动授权向主动服

务转变，知识产权公共服务与市场化服务相辅相成的知识产权服务体系进一步完善，基本满足市场主体不同层次的需求，建立健全公平公正、惠及全民、水平适度、可持续发展的公共服务体系，真正建立高效政府。

二、中国知识产权行政管理创新发展的基本思路

党的十八届三中全会通过的《中共中央关于全面深化改革若干重大问题的决定》指出："政府的职责和作用主要是保持宏观经济稳定，加强和优化公共服务，保障公平竞争，加强市场监管，维护市场秩序，推动可持续发展，促进共同富裕，弥补市场失灵"。从适应市场经济发展需求、顺应党中央、国务院要求出发，知识产权行政管理创新的职能转变应注重以下几个方面：

（一）更加注重顶层设计，推进强国建设

要加强知识产权改革发展的顶层设计，由追踪型向超前谋划型调整，对知识产权重大理论、重要规则、重点问题开展分析和研究。要根据世情、国情的新变化，适时提出建设知识产权强国的奋斗目标，探索建设知识产权强国的新路径。在知识产权强国目标体系、指标体系、政策体系、工作体系、保障体系等方面加强研究和论证。要结合制定知识产权"十三五"发展规划，深入研究世界知识产权发展的态势、国际知识产权规则变化的影响、知识产权法律体系与管理体制构建、知识产权与经济深度融合路径、知识产权国际交流与合作等重大问题，在新常态下找到知识产权深度融入经济社会发展的新路径。要抓住机遇，创新思路，围绕宏观管理，谋划和实施若干重大项目、重大政策、重大工程，打造若干重要平台。要坚持点线面结合，各省市联动，国内外统筹，以深入实施国家知识产权战略为根本途径，以完善中国特色知识产权制度为根本保障，努力推动知识产权强国建设不断取得新进展、实现新突破。

（二）更加注重提质增效，推进创造运用

要坚持知识产权"数量布局、质量取胜"理念，尽快占领创新制高点和产业链高端，支撑创新驱动发展。要按照建设知识产权强国的要求，在巩固知识产权大国的基础上，继续加大研发投入，科学配置创新资源，围绕产业升级和新经济增长点的培育，集合企业、高等学校、科研院所研发优势资源和专利审查资源，集中研发一批基础和核心技术专利。要统筹指导企业专利申请和品牌培育等工作，努力使中国企业拥有数量多、质量高的知识产权，打造中国企业知识产权的"升级版"，提高知识产权转化率，释放知识产权能量，充分发挥知识产权在推动创新发展中的支撑、引领作用。要更加重视知识产权的产业化。这是知识产权创新价值目标的最终表现形态。产业化的核心目标，在于使知识产权市场能够依靠自身力量维持生产链条的持续。中央经济工作会议指出，要把创新成果变成实实在在的产业活动，这实际上指出了当前知识产权产业化的现实短板。要更加注重市场作用，在注重发挥市

场在配置知识产权、金融资本、产业需求等资源基础上，推动知识产权运用和产业化。同时要发挥好政府在政策制定、资源整合、平台搭建、信息服务等方面的作用。着力培育一批专业强、素质高的知识产权评估、交易、金融保险、法律服务中介组织和服务机构，构建全链条的知识产权运用政策体系、工作体系、交易体系和服务体系。

（三）　更加注重执法保护，营造良好创新环境

知识产权保护是一项长期、艰巨、复杂的任务，是不可能一蹴而就的。加强知识产权保护有赖于政府、企业和社会公众对知识产权保护的正确认识，有赖于良好的社会舆论和氛围的形成，有赖于知识产权法制、体制、机制的完善，有赖于政府坚定的决心和行之有效的执行，更有赖于知识产权保护长效机制的形成，实现知识产权保护的常态化、机制化。要坚决打击侵权假冒行为，支撑"一带一路"建设。加强专利行政执法体系建设，通过联合执法、集中执法、委托执法等手段，严厉打击侵权假冒行为。学习社会治安、环境卫生领域标准化建设的经验，探索在企业、商业流通领域开展知识产权保护标准化试点工作。针对中小企业知识产权保护体系不健全、知识产权人才匮乏且资金短缺问题，发挥专利行政执法高效、快捷、低成本的优势，切实解决中小企业知识产权保护难题。认真研究司法体制改革及成立巡回法院、知识产权法院后，知识产权行政执法、司法保护的有机衔接问题，提高知识产权保护整体水平。通过严格的知识产权保护所形成的良好市场经济秩序，能够让创新主体和市场主体依法、安心开展创新活动和市场竞争，有利于"大众创业、万众创新"。实现知识产权保护常态化应该是知识产权保护的理想归宿，实行没有"专项行动"的常态化知识产权保护之时，将是我国知识产权保护实现标本兼治之时。

（四）　更加注重公共服务，实现共同治理

知识产权行政管理部门向服务型政府转变是部门改革的方向，在经济新常态下需继续坚持。要完善知识产权公共服务，努力提升治理能力，充分发挥知识产权制度的经济调节和市场监管功能，营造公平公正、开放透明的法治和市场环境，即推动形成各方面共同参与的知识产权治理体系。要完善专利基础数据服务系统，扩大专利基础数据开放范围。加强对企业特别是中小微企业的专利信息推送服务。推动解决专利分类和行业分类的衔接问题。完善专利数据信息加工体系，增强提供专利数据的完整性、准确性和时效性。开展重点产业专利分析，及时发布分析报告。完善知识产权标准化工作体系。做好标准体系规划，发布实施科研组织、高等学校知识产权管理规范，出台专利代理、分析评议等服务标准。加强贯标咨询和认证服务机构建设，深入推进企业知识产权贯标工作。推动知识产权服务业创新发展。加快知识产权服务业集聚区建设，积极培育品牌服务机构。促进和规范专利代理行业发展。支持自贸区、中关村等地积极引进高水平知识产权服务机构。

（五） 更加注重联动协调，加强宏观管理

一是要加强纵向联动。要加强国家知识产权局与地方知识产权局的互动，构建从国家知识产权局到省、到市、到企业的知识产权宏观管理工作体系，提升全系统的宏观管理能力水平。要围绕京津冀协同发展、长江经济带建设重大决策部署，从知识产权资源合作向创新发展互动合作转变，从松散型合作向机制化合作转变，形成知识产权区域合作。二是要加强横向协调。要充分发挥好国务院知识产权战略实施工作部际联席会议机制的作用，加强部际间的沟通、协调与合作，提升知识产权宏观管理效能，推进知识产权战略行动计划更好地实施。三是要按照分工做好知识产权国际事务的统筹协调。要主动融入国家外交大局，积极参与知识产权国际事务，加强与国际组织、世界各国的交流合作，努力让世界了解中国知识产权发展的新成就，提高中国知识产权的国际话语权。

三、中国知识产权行政管理创新发展的规划

（一） 奠定基础阶段（2017～2020 年）

转变知识产权行政管理职能，按照国务院的有关要求，取消、下放、精简、加强、完善相关知识产权行政管理职能；完善知识产权法律法规政策体系，逐步健全与知识产权制度相配套、符合经济社会发展要求的知识产权政策法规体系，进一步加强知识产权政策与财政、税收、金融、科技、产业、贸易等政策的融合；组织机构及人员编制实现向科学化、规范化、法制化的根本转变，知识产权统筹协调能力大幅增强，基本建立起统筹协调、体系完善、运转顺畅、精简高效的知识产权行政管理体系；健全行政运行机制和管理方式，向规范有序、公开透明、便民高效的根本转变，有效提升知识产权部门的工作水平和执行效率。

（二） 能力提升阶段（2020～2025 年）

经过"十三五"的战略调整基础，我国知识产权发展将步入一个水平较高的新阶段，知识产权管理实现重要转变。到 2020 年，围绕创新驱动发展战略，全面履行政府职能转变要求，知识产权行政管理体制更加科学合理、管理制度体系更加健全完善、管理职能得到充分履行、管理能力大幅提升，建设成为满足创新型国家需要、具有中国特色的职能科学、结构优化、廉洁高效、人民满意的知识产权公共服务型政府。

进一步优化知识产权行政管理职能，实现向有效服务经济发展、创造良好发展环境、提供优质公共服务、维护市场公平竞争的根本转变；着力加强知识产权服务经济发展能力，服务经济发展的工作机制基本建立，知识产权在服务和支撑经济社会科学发展中的重要地位和作用进一步体现；知识产权公共服务与市场化服务相辅相成的知识产权服务体系进一步完善，基本满足市场主体的不同层次需求；建立完善的知识产权制度和政策体系；建立起统一高效的知识产权行政管理体系，建立起

综合高效的行政管理机制；建立起高效的行政、司法保护相互衔接的知识产权保护协调机制；建立起高效的知识产权涉外协调机制；建立起能培养适应知识产权工作需要的知识产权人才队伍。

（三）全面融入阶段（2025～2030年）

知识产权有效融入经济社会主战场的路径实现全面突破；推动将知识产权作为立国的基本策略，推动知识产权工作的高层领导组织体系全面加强，实现知识产权工作的统一领导和协调运行；管理手段上，由行政控制型转向市场引导型，由被动授权向主动服务转变，善于运用市场机制和社会力量，善于运用现代信息技术，推行电子政务、优化管理流程，创新公共服务提供方式；知识产权法治环境完善，市场主体创造、运用、保护和管理知识产权的能力显著增强，知识产权意识深入人心，自主知识产权的水平和拥有量能够有效支撑创新型国家建设，实现知识产权有机嵌入至企业、科技、经济、贸易中的目标。

——打造知识产权强国。以建设具有竞争力和控制力的知识产权强国为目标，发明专利、商标以及版权等拥有量与经济发展相适应、相匹配；实现关键技术的群体性突破，拥有大批基本专利和核心专利；有一批世界名牌，屹立于世界名牌之林；有一批我国主导的技术标准，在高技术领域和战略性新兴产业取得一定的控制力；有一大批知识产权优势企业；版权产业比重大幅提升，成为有国际影响的文化大国。中国在世界知识产权的最高端有一席之地。

——知识产权行政管理工作体系健全有力。建立中国特色的知识产权制度，国家知识产权体系建成，知识产权综合能力大幅提升，大幅提升在国际知识产权规则中的影响力和话语权，核心技术和发明专利处于国际先进水平，知识产权的财富价值和资产属性充分体现，知识产权保护环境优化，侵权减少，建立知识产权部门协调、上下联动、政企呼应、社会普及的知识产权工作体系，实现由知识产权初级阶段到高级阶段的升级、由知识产权大国向知识产权强国的升级。

——有效服务于"四个全面"战略布局。推动创新型国家初步建成，自主创新能力大幅提升；实现产业结构优化升级、产业附加值大幅提升；实现经济发展方式转变、知识要素贡献率大幅提升；实现向国际贸易强国发展转型、国际知识产权纠纷大幅减少、知识产权贸易逆差大幅减少；推动区域经济发展和谐发展、支撑区域特色经济快速发展。

第六章　中国知识产权行政管理创新的具体路径

　　根据《中共中央、国务院关于深化体制机制改革加快实施创新驱动发展战略的若干意见》和《国务院关于新形势下加快知识产权强国建设的若干意见》的要求，未来的我国知识产权行政管理创新发展，要按照创新驱动发展战略总体要求，围绕知识产权强国建设，大力实施国家知识产权战略，加强知识产权运用和保护，健全技术创新激励机制，以创造良好发展环境、提供优质公共服务和维护社会公平正义为宗旨，突出改进宏观管理、加强市场监管、健全管理制度、创新服务方式，全面提高知识产权科学管理水平，为市场主体创新发展提供强有力支撑。

第一节　深化改革　建立现代知识产权治理体系

一、构建协调统一的知识产权行政管理体系

（一）推进知识产权管理体制改革

　　针对专利、商标、版权等知识产权行政管理分散管理的现状，按照《国务院机构改革和职能转变方案》的原则要求，最大限度地推动知识产权行政管理职责、管理体制、运行机制、管理能力协调统一。按照原则上由一个行政机构承担相同或者相近的管理职责的要求，整合专利、商标、版权等知识产权行政管理职责。按照减少微观事务管理的要求，建立规范的行政审批制度。按照把更多的精力放到宏观管理上来的要求，加强知识产权管理部门的战略、规划、政策、标准等制定实施能力，统筹协调涉外知识产权事宜。按照实施严格的知识产权保护的要求，推进知识产权综合行政执法。按照加强地方政府公共服务要求，强化知识产权公共服务职责。强化知识产权管理部门决策能力，消除部门间职能重叠、交叉问题，将跨部门协调转变为内部部门协调，划清各部门职责，使得部门间职责、利益清晰，形成合力，从而提高协调效率，减少协调成本。

（二）健全国家层面的知识产权协调机构

　　由于知识产权行政管理工作具有很强的渗透性，即使组建了统一综合管理的国家知识产权机构，也不能包揽所有知识产权行政管理事务，还需要经济、科技、贸易、文化、司法、海关等部门的支持配合，所以有必要健全国家知识产权统筹协调

管理机制。建立具有权威性的协调机构，建立多主体、多层次、跨部门、跨领域的协调机制和具有法律效力的协调制度，最终实现部门间协调"权责一致、分工合理、决策科学、执行顺畅、监督有力"。

建议成立国家知识产权强国战略协调推进委员会。借助加快推进国家创新驱动发展战略的重要契机，借鉴发达国家知识产权管理协调机制的经验，在总结我国已有协调机制经验教训的基础上，建议整合现有的协调机制，升级改革为"国家知识产权强国战略协调推进委员会"，其职责应为开展国家知识产权强国战略顶层设计，统筹推进知识产权战略、规划与重大政策的实施，统筹协调重大涉外知识产权事宜，协同推进知识产权领域政府与社会的共治，决策知识产权领域重大事项。在委员会的层级和隶属关系上，该委员会隶属于国务院，由国务院领导任主任，来统领、负责创新驱动战略和知识产权强国战略的综合协调。办公室设在知识产权局，具有协调权、执行权和监督权，督促其他相关部门的知识产权管理职能的履行。❶

（三）完善地方知识产权行政管理构架

加强国家知识产权局对地方知识产权行政管理工作的指导与支持，凝聚上下管理合力，逐步形成统一管理、结构合理、协调有序、联动发展的知识产权行政管理新格局。一是授权地方开展知识产权改革试验。在总结上海浦东新区建立统一的知识产权行政管理体制经验的基础上，鼓励、指导其他有条件的地方开展知识产权综合管理改革试点。二是从立法层次明确地方知识产权行政管理机构的行政性质，加强地方知识产权行政管理机构职能。三是完善国家、省、市、县知识产权行政管理体系，形成各部门密切配合、中央和地方紧密互动、政府和企业紧密联系的知识产权管理格局。

二、加快知识产权行政管理职能转变

十二届全国人大一次会议审议通过的《国务院机构改革和职能转变方案》，强调政府职能转变是深化行政体制改革的核心。转变职能，必须处理好政府与市场、政府与社会、中央与地方的关系，深化行政审批制度改革，减少微观事务管理，该取消的取消、该下放的下放、该整合的整合，以充分发挥市场在资源配置中的决定性作用、更好发挥社会力量在管理社会事务中的作用、充分发挥中央和地方两个积极性，改善和加强宏观管理，注重完善制度机制，加快形成权界清晰、分工合理、权责一致、运转高效、法治保障的政府职能体系，真正做到该管的管住管好，不该管的不管不干预，切实提高政府管理科学化水平。

（一）下放地方可以承担的职能

一是对已有的涉及下放的审批项目，按照《国务院机构改革和职能转变方案》

---

❶ 宋世明，孙彩红．建立知识产权治理的国务院综合协调机制研究［J］．行政管理改革，2016（1）．

原则，主动下放。二是加强各地专利代办处职能，探索试点将专利许可备案、专利证书副本制作、专利质押登记等下放至专利代办处。三是对新增涉及资质认定的项目，涉及需要对企业事业单位和个人进行知识产权水平评价的，依法制定职业标准或评价规范，由有关社会组织具体认定。

（二）增加应该增加的职能

一是加强知识产权外交职能，积极参与国际知识产权规则制定，争取更多国际话语权。充分利用多边、双边和区域合作平台，在知识产权国际规则制定谈判中主动作为，推动知识产权国际规则体现更多的中国元素、中国智慧，推动知识产权国际规则朝着"普惠包容、平衡有效"的方向发展。二是增加知识产权服务经济发展方式转变的职能，加强宏观管理，注重统筹规划和顶层设计，推动制定影响大局、融入经济、切实可行的知识产权公共政策。三是增加防止知识产权制度异化，制止知识产权滥用，保护社会公共权益的职能。

（三）强化知识产权管理核心职能

知识产权行政管理职能很多，但核心职能必须突出强化，从国家层面，主要应该围绕知识产权的确权、维权与用权三个核心职能展开。一要强化知识产权确权管理，确权管理是知识产权行政管理的基础。要以社会需求为导向，以服务国家经济建设为前提，不断完善专利审查标准和审查管理政策，建立更为高效、科学的审查业务运行管理体系，不断提高审查效率和审查质量。二要强化知识产权维权职能。维权管理是知识产权行政管理的核心。知识产权维权管理主要体现在对外维护国家的整体利益，助推企业"走出去"；对内维护权利人的合法权益，为"大众创业、万众创新"营造良好的法治环境。三要强化知识产权用权职能。用权管理是知识产权行政管理的根本。知识产权用权管理是一项系统工程，要从传播利用、支撑科技、服务产业、融入经济等方面全面加强。

（四）发展知识产权社会管理组织

改变政府行政管理一元主体的局面，使社会、公众成为知识产权公共管理的主体，积极发挥其协调沟通作用，实现知识产权行政管理与社会管理的有机结合和有效协调。鼓励协会、商会等社会组织建立知识产权管理部门，支持社会组织依法开展知识产权鉴定、咨询、培训、维权、调解等活动。鼓励发展知识产权联盟等新兴知识产权组织，集中管理行业知识产权资源，探索集约化运用和保护机制。引导社会组织健全行业知识产权自律规范，发挥自我约束、共同维权作用。建立专门机制，畅通社会组织与政府间的常态化、便捷化沟通渠道。强化各类行业协会、商会等的知识产权协调和服务能力，实现二者的相互补充。加大对著作权集体管理组织的监管和扶持力度。完善著作权集体管理机构收益分配制度，规范著作权集体管理机构收费标准，完善收益分配制度，让著作权人获得更多许可收益。加强自身组织建设、队伍建设、制度建设、管理建设，依法开展著作权集体管理活动。

三、深化知识产权制度运行机制改革

（一）深化知识产权权益分配改革

深化知识产权权益分配改革，解决好知识产权的所有权、处置权、收益权"三权问题"。推动制定职务发明条例，构建更加科学合理的知识产权权益分配机制，从根本上调动创新主体实施成果转化的积极性和主动性。完善奖励报酬制度，推动修订《专利法》《公司法》等相关内容，完善科技成果、知识产权归属和利益分享机制，提高骨干团队、主要发明人收益比例。鼓励各类企业通过股权、期权、分红等激励方式，调动科研人员创新积极性。对高校和科研院所等事业单位以科技成果作价入股的企业，放宽股权奖励、股权出售对企业设立年限和盈利水平的限制。建立促进国有企业创新的激励制度，对在创新中作出重要贡献的技术人员实施股权和分红权激励。

（二）建立国有事业单位专利法定许可制度

建立国有事业单位专利法定许可制度。国有事业单位专利自授权后 3 年内未实施、许可或转让的，专利发明人可无偿或低价获得实施许可，授权后 5 年内未实施、许可或转让的，可以根据公众请求免费或低价许可他人实施。鼓励国有事业单位通过无偿或低价许可专利的方式，支持单位职工或大学生创新创业。支持职务发明人受让单位拟放弃的知识产权。国家设立的高等学校、科研院所拟放弃其享有的专利权或者其他相关知识产权的，应当在放弃前 1 个月内通知职务发明人。职务发明人愿意受让的，可以通过与单位协商，有偿或者无偿获得该专利权或者相关知识产权。单位应当积极协助办理权利转让手续。

（三）建立重大经济活动知识产权评议制度

研究制定知识产权评议政策。完善《知识产权分析评议工作指南》，规范评议范围和程序。建立国家科技计划知识产权目标评估制度，积极探索重大科技活动知识产权评议试点，建立重点领域知识产权评议报告发布制度，提高创新效率，降低产业发展风险。知识产权管理部门要加强与当地经济科技管理部门的沟通协作，制定完善知识产权评议制度规范，建立完善跨部门知识产权评议工作机制。针对当地支柱产业和发展重点，结合实际需求和资源条件，选取具有一定影响力的重大经济科技项目开展知识产权评议。充分利用评议成果，积极推送相关成果，切实为产业规划、项目决策和政策制定等提供支撑和指引。

第二节　总体部署　加强知识产权宏观战略管理

一、以知识产权强国建设为契机加强顶层设计

2014 年年底，国务院办公厅发布《深入实施国家知识产权战略行动计划（2014～

2020 年)》明确提出了"建设知识产权强国"的知识产权事业发展新目标。2015 年 12 月印发的《国务院关于新形势下加快知识产权强国建设的若干意见》，是国家对"十三五"及今后一个时期知识产权工作的重大部署，是我国知识产权事业未来发展特别是知识产权强国建设的重要遵循和行动指南。我们要在国家层面推动完善中国特色的知识产权制度，做好改革发展的顶层设计。要坚持创新发展，高度重视对新形势、新情况、新问题的持续深入系统研究，不断推进知识产权行政管理的理论创新、实践创新和制度创新。

（一）制定《知识产权强国战略》，推进知识产权强国建设

一是积极开展知识产权强国建设的重大问题的研究。建设知识产权强国首先应当明确知识产权强国的基本定位，界定知识产权强国的基本内涵、主要表征，分析知识产权强国建设面临的国内外知识产权发展的新形势，明确建设知识产权强国的重要意义，甄别知识产权强国战略与国家知识产权战略纲要、创新驱动发展战略以及其他强国战略的关系。在此基础上，认真谋划知识产权强国的路径，围绕知识产权强国的本质内涵，着眼世界发展的大势，立足我国知识产权事业发展的阶段性特征和长远发展目标，坚持走有中国特色的知识产权强国之路，全面提升知识产权事业发展水平和综合实力，有力地支撑经济发展新常态。在此基础上，制定《知识产权强国战略》。

二是厘清知识产权强国战略与现行《国家知识产权战略纲要》的关系。知识产权强国战略和《国家知识产权战略纲要》都属于国家发展战略，具有一脉相承性。知识产权强国战略是对国家知识产权战略在新形势下的进一步发展和完善。二者只是在战略内涵、战略目标、战略内容、组织实施方式和制定基础上存在区别。

三是加快制定《知识产权强国战略》。知识产权强国战略涉及国民经济各行各业，知识产权强国战略的分析水平、强国导向、对未来知识产权形势的预判、对知识产权政策法制的调整等内容会深入影响到我国知识产权事业的发展。因此，知识产权强国战略制定工作的开展，需要在统一部署下，充分发挥国家相关部委、科研院所、企业、中介机构、行业协会的力量，在国务院知识产权战略实施工作部际联席会议办公室的牵头下，在战略制定的过程中，需要征求多方面的意见，了解我国知识产权现状存在的问题，站在多个角度和立场系统思考知识产权发展的矛盾，统一协调战略制定过程中出现的决策问题。

（二）制定《知识产权基本法》，推进知识产权制度本土化

一是制定《知识产权基本法》，强化知识产权制度顶层设计，统筹协调知识产权相关法律法规，通过法律形式将知识产权从部门主管事务上升到国家性事务高度，为知识产权强国战略的推行及相关措施的实施提供有力的制度保障。在即将开展的民法典编纂活动中，应考虑知识产权制度中的私权性规范作为"一般规定"写进未来民法典。同时，从知识产权政策法治化目标出发，将国家的战略构想、政策立场等规范化，即制定中国的《知识产权基本法》，以解决我国各知识产权专门法不协调、有冲突的状况。探索《知识产权促进法》立法，以法律的形式将国家知识产权战略实施、知识产权协调机制、知识产权财政投入等重大问题固定下来。

二是加快进行知识产权主要法律修订工作。知识产权法律体系已经从立法时代进入了释法时代和适法时代，法律的增补与修改尤为重要，知识产权法律体系的保护对象相比于其他法律体系具有更显著的时代感，随着时代的发展与进步，保护对象范围可能会发生颠覆性的变化。虽然《著作权法》《专利法》与《商标法》分别进行了三次修改，然而仍然存在着很多尚待知识产权法律解决的问题。要推动以上三部法律及配套法规修订工作。研究修订《反垄断法》《反不正当竞争法》《知识产权海关保护条例》《植物新品种保护条例》等法律法规。

三是填补知识产权法律空缺。加紧制定急需的知识产权专门法规。加强地理标志专门保护立法，按照便利申请、统一对外、加强保护的原则，优化地理标志顶层设计。完善植物新品种、生物遗传资源及其相关传统知识、数据库保护和国防知识产权等相关法律制度。研究制定商业秘密保护法律制度，明确商业秘密和侵权行为界定，研究制定相应保护措施。研究制定防止知识产权滥用的规范性文件。建立进口贸易知识产权边境保护制度。研究完善商业模式知识产权保护制度和实用艺术品外观设计专利保护制度。加强互联网、电子商务、大数据等领域的知识产权保护规则研究，推动完善相关法律法规。

（三）积极谋划知识产权重大项目、重大政策、重大工程

当前我国正处于由知识产权大国向知识产权强国转变、"十二五"向"十三五"迈进的重要时空交接点上，应抓住机遇，创新思路，围绕宏观管理，谋划和实施若干重大项目、重大政策、重大工程，打造若干重要平台。紧密结合经济社会发展的需求，从国家现有或地方已成功开展的管理工作专项中，筛选出具有推广意义的专项作为全国管理工作重点专项，协调相关部门申报立项，并在全国进行推广部署。建立和完善知识产权分级分层分类的工作体系，推进项目化管理，优化管理工作流程，健全项目管理制度，建立一套行之有效的符合知识产权发展的项目管理机制。指导各地投入配套资源，确保全国重点专项有效实施，逐步形成以重点专项的有效实施带动管理工作科学推进的良好局面。

二、以知识产权战略实施为统领加强横向协调

要充分发挥好国务院知识产权战略实施工作部际联席会议机制的作用，加强部际间的沟通、协调与合作，提升知识产权宏观管理效能，推进知识产权战略行动计划更好地实施。积极谋划工作机制和抓手，健全相关配套政策和制度，逐步形成"高层重视、集中管理、统筹协调、上下联动"的知识产权战略实施工作机制，推进战略实施工作制度化、规范化和常态化，从宏观调控和微观运行上全面提升我国

知识产权战略实施工作效能。

（一）完善工作机制，明确成员单位职责

根据每年实施知识产权战略的需要，制定年度部门工作重点和任务分工，推动协调机制规范化、常态化运行。制定工作制度，依据知识产权战略实施工作推进计划，细化目标任务分解，磋商制定相关部门任务分工和工作重点，下发各成员单位遵照执行，各责任部门制订年度推进计划，推动知识产权工作融入相关部门的工作计划、政策措施和工作环节。

（二）加强部际协调平台建设，完善信息沟通机制

在部际联席会议指导下，强化国家知识产权局的组织协调职能，完善部际协调平台建设，加快构建跨部门的知识产权信息化平台，实现部门间的网络互联、数据共通、信息共享，推动国家知识产权战略顺利实施。畅通信息适时沟通渠道，建立成员单位信息上报通报机制，譬如采取定期或不定期编发专报和简报形式，将开展知识产权工作中的新情况、新问题及时向主管部门领导汇报，并抄送各成员单位周知，以引起主管领导和成员单位的重视。定期组织召开会议，总结布置工作，沟通情况，分析问题，研究对策。成员单位领导参加的会议至少每年召开一至两次，联络员参加的会议每季度召开一次。遇到问题，可召开专题会议讨论。通过会议制度，加强合作、破解难题、形成合力。

（三）构建科学合理的知识产权战略实施评价指标体系

由部际联席会议牵头，以国家知识产权局为主，联合成员单位，充分利用高等学校智力资源，针对知识产权相关单位和各级地方政府，分别制定科学合理的知识产权战略实施评价指标体系。推动将知识产权战略实施评价指标纳入科学发展考核评价体系，纳入各级党委政府和党政领导干部的绩效考核体系并增大权重，将知识产权战略推进纳入各级政府对有关成员单位的绩效目标考核体系。

（四）加强知识产权管理部门与其他部门的分工合作

加强知识产权管理部门与产业、科技、贸易和标准化等部门的协调配合，积极开展部门间多种层次的合作共建，创新合作模式，拓展合作深度。与国家财税管理部门沟通协调，争取更多的项目资金支撑工作专项；争取更多的税收政策，鼓励市场主体知识产权创造和运用。与国家发展和改革委员会、科学技术部、工业和信息化部等部门沟通协调，将知识产权政策与经济、科技、贸易政策相结合，推动企业知识产权能力建设。与教育、文化、组织、宣传、编制管理部门沟通协调，共同推动知识产权文化和人才队伍建设。与商标、版权、植物新品种、标准等管理部门沟通协调，共同推动知识产权试点示范工作和行政执法工作。

三、以知识产权强省、强市建设为抓手加强纵向联动

要加强国家知识产权局与地方知识产权局的互动，构建从国家局到省、到市、

到企业的知识产权宏观管理工作体系，提升全系统的宏观管理能力水平。

（一）完善知识产权省部合作会商机制

成立知识产权合作会商工作领导机构，明确组成部门及工作职责。定期总结合作会商工作开展情况。将国家知识产权局主动加入到科技部与各省区域的合作共建中来，共同促进区域自主创新和知识产权发展，推动科技成果转化和技术转移，加快战略性新兴产业培育和发展，充分利用知识产权制度对于激励科技创新、保护创新成果、支撑产业发展的作用，实现科技和知识产权互利共赢。

（二）开展知识产权强省建设

按照"试点探索、分类推进、分步实施、动态调整、整体升级"的工作方针，科学规划并推进形成知识产权强省建设的总体布局，有力支撑知识产权强国建设。鼓励有条件的省份先行推进知识产权强省建设，大胆探索实践知识产权强省建设路径和举措。结合各省发展实际，推动若干省份建设引领型知识产权强省，全面提升知识产权综合实力，率先达到国际一流水平；推动部分省份建设支撑型知识产权强省，推进知识产权重点环节突破发展，带动知识产权综合实力显著增强；推动一批省份建设特色型知识产权强省，聚焦区域特色领域，培育形成知识产权新优势。结合知识产权强国建设进度安排，分三个阶段推进知识产权强省建设。分批布局知识产权强省建设试点省，着力探索路径、总结经验；对试点省进行考核评价，确定一批知识产权强省建设示范省，着力推广经验、深化发展；确定一批知识产权强省，着力引领带动、全面推进。

（三）加强区域知识产权合作机制

结合西部开发、东北振兴、中部崛起和东部率先等区域发展重点，围绕"一带一路"、京津冀协同发展、长江经济带等战略实施，发挥引领型、支撑型和特色型知识产权强省示范带动作用，引导周边省份探索实践适合自身发展特点的知识产权强省建设路径模式，逐步构建形成以知识产权强省为主要支撑，以知识产权强市为发展极，以知识产权强企为重要支点的环渤海、长三角、珠三角和丝绸之路四大知识产权发展隆起带，推动各省知识产权综合实力升级，有力支撑知识产权强国建设。一是建立专门的区域知识产权协调机构。该机构负责制定区域知识产权发展战略，协调区域内知识产权合作项目，协助筹备知识产权合作相关会议等工作。二是完善区域合作协调内容，加强区域合作深度。在区域联合执法机制基础上，增加合作内容，可以每年或每两年由成员单位轮流牵头举办知识产权合作论坛，建立区域知识产权信息共享平台，建立区域内知识产权专家库。扩大区域合作参与者的范围，不仅有区域知识产权局行政人员和知识产权专家参与，还可以邀请国家知识产权局、区域内与知识产权密切相关的部门、区域内知识产权协会、区域内自主创新能力较强的企业代表、专利中介机构负责人以及一直关注知识产权发展的社会人士参与其中，实现区域合作参与者多元化。三是制定区域合作协调制度。该制度要明确区域合作宗旨、合作内容、合作要求、合作形式以及合作最终达到的目的，并由区域内知识产权局局长签署并带头执行。

（四）构建先进地区与落后区域的知识产权帮扶机制

我国知识产权区域分布很不均衡，区域差异非常明显，呈现由东部地区向中西部地区递减的阶梯状分布特征。可以考虑由过去的强强合作，逐步向强弱合作，以强带弱的模式发展。通过建立东部地区和中西部地区知识产权合作，实现知识产权发展均衡，进一步促进中西部地区经济发展。加强对知识产权工作比较落后省份的指导和扶持。给予资金支持，加大人员流动，培养知识产权人才或者鼓励知识产权发展较快的省份与知识产权发展落后的省份结对，加强知识产权合作。

四、以中国特色大国外交为大局加强共赢统筹

为了应对国际经济政治格局变革，营造我国和平发展的良好外部环境，党的十八大后提出了"中国特色大国外交"理念，核心内容是中国要在国际上更好地发挥负责任大国作用，并体现中国特色。中国特色大国外交主张合作共赢的新理念，以合作共赢为核心构建新型国际关系，通过广泛开展经贸技术互利合作，形成深度交融的互利合作网络。2014年，中国以"一带一路"建设为纽带，以互联互通为抓手，将自身发展战略与区域合作对接，将"中国梦"与"亚洲梦""欧洲梦"连通，打造合作共赢大格局。同时，中国在务实合作上拿出大手笔，亚洲基础设施投资银行开始起步，丝路基金已经设立，为"一带一路"建设提供了有力支撑。党的十九大进一步明确，中国特色大国外交要推动构建新型国际关系，推动构建人类命运共同体。知识产权国际合作在目前新的"中国特色大国外交"方略下，主要面临的任务包含四个维度：一是如何最大限度地在维护国家利益的前提下融入现有知识产权保护的国际规范；二是如何将现有知识产权保护国际规则向有利于我国的方向进行改革；三是如何利用以上两个维度的树立中国在知识产权保护领域的国际形象，争取国际社会大多数国家的支持，为我国的和平发展创造有利的国际环境；四是如何更好地维护企业海外知识产权利益。

（一）维护国际知识产权领域国家利益

积极参与国际规则制定，强化我国的利益。要科学判断和准确把握我国知识产权发展态势和面临的挑战，用全面的、联系的、发展的观点来分析和认识知识产权国际形势的新情况、新问题、新挑战，切实提高对重大事件和动向的预见性，积极参与和推动国际知识产权规则平衡发展。进一步解放思想，调整工作思路，创新工作方式，积极反映我国知识产权诉求和利益，积极参与国际知识产权规则制定，逐步增强对前沿性知识产权事务发展的影响，推动国际知识产权规则朝着更加公平、合理、平衡同时又能够有效施行的方向发展。要善于利用规则，在规则允许的前提下争取为我国商品出口创造更有利的内部和外部环境。积极参与联合国框架下的发

展议程，推动《TRIPS 与公共健康多哈宣言》落实和《视听表演北京条约》生效，参与《专利合作条约》《保护广播组织条约》《生物多样性公约》等规则修订的国际谈判，推进加入《海牙协定》和《马拉喀什条约》进程，推动知识产权国际规则向普惠包容、平衡有效的方向发展。

（二）制定不同层次的国际知识产权外交政策

在后 TRIPS 时代的大背景下，未来我国应分层次，与不同的地区、国家、国家集团施行不同的区际、国际知识产权外交政策。总体原则包括：全面提升与全球知识产权大国的合作水平，创新合作模式；拓展与新兴市场国家的战略合作伙伴关系；加强向发展中国家提供技术援助。充分利用金砖国家合作框架，加强对全球性知识产权议题的引导。拓宽知识产权公共外交渠道。拓宽企业参与国际和区域性知识产权规则制订、修订途径。推动国内服务机构、产业联盟等加强与国外相关组织的合作交流。建立具有国际水平的知识产权智库，建立博鳌亚洲论坛知识产权研讨交流机制，积极开展具有国际影响力的知识产权研讨交流活动。

（三）积极维护企业知识产权的海外利益

一是完善海外知识产权风险预警体系。建立健全知识产权管理与服务等标准体系。支持行业协会、专业机构跟踪发布重点产业知识产权信息和竞争动态。制定完善与知识产权相关的贸易调查应对与风险防控国别指南。完善海外知识产权信息服务平台，发布相关国家和地区知识产权制度环境等信息。建立完善企业海外知识产权问题及案件信息提交机制，加强对重大知识产权案件的跟踪研究，及时发布风险提示。二是提升海外知识产权风险防控能力。研究完善技术进出口管理相关制度，优化简化技术进出口审批流程。完善财政资助科技计划项目形成的知识产权对外转让和独占许可管理制度。制定并推行知识产权尽职调查规范。支持法律服务机构为企业提供全方位、高品质知识产权法律服务。探索以公证方式保管知识产权证据、证明材料。推动企业建立知识产权分析评议机制，重点针对人才引进、国际参展、产品和技术进出口等活动开展知识产权风险评估，提高企业应对知识产权国际纠纷能力。三是加强海外知识产权维权援助。制定实施应对海外产业重大知识产权纠纷的政策。研究我国驻国际组织、主要国家和地区外交机构中涉知识产权事务的人力配备。发布海外和涉外知识产权服务和维权援助机构名录，推动形成海外知识产权服务网络。

第三节　突出质量　建立提升创造水平的行政引导机制

要坚持"数量布局、质量取胜"的理念，稳增长、调结构、提质量，促进知识产权创造由多到优、由大到强转变。

一、建立专利申请质量宏观管理体系

建立起质量发展规划科学、质量激励政策健全、质量考核评价合理、质量监督

管理有力、质量服务体系完善、质量文化氛围浓郁的知识产权宏观质量管理体系（见图1），为建设创新型国家提供强力支撑。

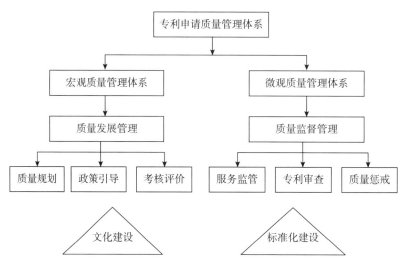

图1 专利申请质量宏观管理体系

（一）编制科学的专利申请质量发展规划

专利申请质量发展规划是专利申请质量工作的行动纲领，是专利申请质量、专利质量发展的宏观蓝图。只有统筹区域经济、社会、文化等事业发展的要求和人民群众的需求，统一思想，明确行动方向，突出重点，分工负责，充分发挥区域优势，充分调动各方面的资源，才能推动专利申请质量整体水平的不断提升和发展。否则，专利申请质量提升活动因无法准确把握各地的专利申请质量水平和管理水平，因无法采取有针对性的措施集合各方力量而陷入困境。专利申请质量发展规划必须建立在对专利申请质量和专利申请质量管理水平的深入调查的基础上，全面分析评估我国专利申请质量水平，识别自身质量优势，寻找与主要竞争对手的差距，确立专利申请质量提升的目标，并根据我国的实际情况，制定专利申请质量发展的政策、策略和实施方案。

专利申请质量发展规划包含专利申请质量发展的基础与环境、专利申请质量发展规划的指导思想、工作方针和发展目标、专利申请质量发展的任务措施与组织领导三个部分。

（二）完善专利申请质量发展引导政策

专利申请质量宏观管理，有赖于公共政策的运用。主要是通过制定实施专利申请资助、奖励政策和与专利申请有关的科技、产业、企业、人才等政策，引导市场主体提高专利申请的积极性，开展专利申请布局，提升专利申请质量。

一是调整专利申请资助政策。当前，专利资助已经成为知识产权管理部门的基本政策，形成了范围广、受众多、影响深的资助格局。为了提高专利资助金的利用效率，进一步促进专利申请量增长与专利质量提高的协调发展，需要对专利资助政策进行调整。第一，要按照"授权在先、部分资助"的要求，不断调整和完善资助政策，加强对授权专利的资助，以及对授权后维持、申诉、维权等后续程序的资助。第二，将当前普惠制模式调整为择优和扶小制模式。资助政策以中小微企业、事业单位、科研机构及非职务发明申请人为主要资助对象。第三，加大对外专利申请的资助力度，尤其应支持重大科技攻关项目进行对外专利申请。第四，完善资助程序，杜绝仅凭受理通知书领取资助。建立资助评审和考察机制，保证资助经费得到有效利用。各级专利管理部门应根据地方财力状况，或自建机构或与第三方评估机构合作逐步建立资助专利的质量评估机制，专利质量作为资助的核心标准。

二是改进专利收费减缓政策。第一，适当降低专利费用的减免额度，增大专利申请人实际负担的比例。第二，逐步建立费用缓交机制，避免费用减免政策的滥用，增加部分申请人提交大量低水平专利申请的成本。第三，优化减免对象，加强对减免对象资格的审查，仅对中小企业和个人减免专利费用。第四，采用不同梯度的费减比例，对无费视撤、非正常专利申请情况严重的申请人降低费减比例，甚至不予费减。

三是建立专利资助信用管理制度。应通过信息化手段，建立有效衔接、统一的专利资助信用数据库，对专利申请情况、授权情况、受资助情况甚至实施应用情况进行跟踪监测。专利资助申请、审核均通过电子平台实现，资助管理部门可依据专利申请人的信用记录情况，决定是否给予资助以及资助的额度和方式。对于存在交易信用不诚信、违规申请资助、非正常申请资助等行为的企业给予重点监测，严重的记入黑名单，不再给予资助。

（三）健全专利申请质量的评价体系

专利申请质量评价体系按评价对象分为微观专利申请质量评价和宏观专利申请质量评价。微观专利申请质量评价包括单个专利申请质量评价、企事业单位专利申请质量评价。宏观专利申请质量评价主要是对区域和行业的专利申请质量的评价。

构建宏观专利评价考核体系，不能仅仅追求专利产出数量，同时要注重专利质量指标、专利产出的技术、市场及应用价值等方面的总体水平。改进现行区域专利申请质量评价体系，进一步突出区域专利评价工作的专利申请质量导向。在充分发挥"每万人口发明专利拥有量"指标引领作用的基础上，结合不同区域发展水平分类确定评价指标，将发明专利申请量占比、发明专利授权率、PCT专利申请量、专利维持率、未缴纳申请费视撤率、视为放弃取得专利权率、专利实施率等指标纳入区域专利工作评价指标体系，合理设定增长率评价指标。

（四）加强专利申请质量的惩戒管理

专利申请质量惩戒管理对提升专利申请质量有着重要的作用。对非正常专利申请惩处，将会有效打击和预防非正常专利申请行为。一是强化对非正常专利申请的查处。加强专利审查过程中对非正常专利申请等不规范行为查处的及时性、准确性和全面性。各地发现疑似非正常专利申请等不规范行为的线索应及时上报。对于被确认存在非正常专利申请行为的专利申请人、专利代理机构和代理人，按照相关规定严肃处理。建立申请主体信用档案管理制度，推动将专利申请信用情况纳入知识产权保护社会信用体系。二是严肃处理套取专利资助和奖励资金行为。对于弄虚作假套取专利资助和奖励资金的申请人，限期收回已拨付的资助和奖励资金，情节严重的，依法追究法律责任。对于弄虚作假获得专利费用减缓的专利申请人或专利权人，要求在指定期限内补缴全部已经减缓缴纳的费用。三是进一步规范专利代理行为。积极协调有关部门，共同加强对非法从事专利代理业务的组织和个人的查处，制止低价恶性竞争和虚假宣传，不断规范专利代理服务市场秩序。进一步加强对专利代理机构分支机构的监督管理，规范分支机构的经营行为和业务活动。完善"中华全国专利代理诚信信息平台"，加强对违规行为的曝光。四是探索建立专利申请质量监测和反馈机制。探索建立面向区域、产业和各类主体的专利申请质量信息监测体系，开展专利申请质量监测试点工作。完善专利申请质量信息反馈机制，定期将监测信息向有关部门、地方政府和行业协会进行反馈，为其决策提供支撑。

二、完善知识产权审查管理体系

（一）提升专利审查质量效率

按照"客观、公正、准确、及时"的要求，完善专利审查业务指导体系和审查质量保障体系，制定审查质量保障手册，形成响应更快、联动更畅、成效更实的外部质量反馈机制。进一步提高专利审查水平，确保授权专利保护范围清晰、适当，专利申请驳回客观、公正，专利审查周期科学、合理。严格全流程审查周期分段目标管理，确保审查周期合理。合理扩大专利确权程序依职权审查范围，完善授权后专利文件修改制度。拓展"专利审查高速路"国际合作网络，加快建设世界一流专利审查机构。

（二）发挥专利审查对经济社会发展的支撑作用

完善专利审查快速通道，优化专利审查方式，稳步推进专利审查协作中心建设，提升专利审查能力和为地方经济服务的能力。优化专利的审查流程与方式，实现知识产权在线登记、电子申请和无纸化审批。完善知识产权审查协作机制，建立重点优势产业专利申请的集中审查制度，建立健全涉及产业安全的专利审查工作机制。

（三）建设素质高能力强的审查队伍

加强专利审查员队伍建设。专利审查员要做到以下四点要求：一是要站位全局，了解知识产权事业发展面临的形势任务，熟悉专利工作的整体思路，使审查工作目标更明确，定位更清晰。二是要立足审查，不断提升专利审查能力，做到干一行、爱一行、钻一行、精一行，使授权的每一件专利都经得起时间和市场的检验。三是要全面发展，积极拓展和发挥自身在技术、外语、法律等方面的综合能力，做一个审查能力强、综合素质高的审查员，努力为社会作出更大贡献。四是要立足长远，积极投身知识产权强国建设的光辉事业，在推动实现知识产权强国梦的伟大实践中，实现自己的人生价值。

三、开展知识产权布局，培育知识产权密集型产业

（一）开展全球范围内的知识产权布局

一是通过科学统筹规划，优化专利、商标、版权等知识产权拥有量、结构和布局，实现专利、商标、版权等的知识产权数量、结构和布局全球领先。发明专利拥有量、PCT 申请量大幅增长。商标拥有量和马德里国际商标注册量持续增长。计算机软件版权登记数量、科技论文数量稳步提升。二是围绕战略性新兴产业等重点领域，建立运行高效、支撑有力的专利导航产业发展工作机制。面向产业集聚区、行业和企业，实施专利导航试点项目，开展专利布局，在关键技术领域形成一批专利组合，构建支撑产业发展和提升企业竞争力的专利储备。绘制服务我国产业发展的相关国家和地区专利导航图，推动我国产业深度融入全球产业链、价值链和创新链。三是拓展海外知识产权布局渠道。推动企业、科研机构、高等学校等联合开展海外专利布局工作。鼓励企业建立专利收储基金。加强企业知识产权布局指导，在产业园区和重点企业探索设立知识产权布局设计中心。分类制定知识产权跨国许可与转让指南，编制发布知识产权许可合同范本。

（二）培育知识产权密集型产业

制定知识产权密集型产业目录和发展规划，加快出台知识产权密集型产业认定标准，加强知识产权密集型产业统计工作。运用股权投资基金等市场化方式，引导社会资金投入知识产权密集型产业。加大政府采购对知识产权密集型产品的支持力度。各地要积极探索知识产权密集型产业发展的有效路径，鼓励有条件的地区发展区域特色知识产权密集型产业，构建优势互补的产业协调发展格局。建设一批知识产权密集型产业集聚区，在产业集聚区推行知识产权集群管理，构筑产业竞争优势。

四、发挥知识产权在科技创新中的导向作用

（一）建立重大科技项目知识产权评议机制

对政府投资或支持的重大科技项目，进行专利风险评价，对涉及国家利益并具有重要自主知识产权的企业并购、技术出口等活动进行监督或调查。明确审议目标和责任主体，规范审议流程和内容，强化科技层面的知识产权布局，最大限度地降低知识产权创造风险，提高知识产权创造的针对性和有效性。对于国家财政投入较大的科技重大专项，在立项初期要提供第三方的知识产权检索报告，项目承担方制

定知识产权创造战略。科技部和国家知识产权局应合作开发国家科技重大专项和科技计划成果专用数据库，为重大项目知识产权审议、项目知识产权成果的后评估提供支持。

（二）推行科技项目知识产权全过程管理

将知识产权管理全面纳入科技重大专项和国家科技计划全流程管理。建立国家科技重大专项和科技计划完成后的知识产权目标评估制度。各项目应制定本项目知识产权目标，并纳入项目合同管理。在高技术产业化项目、重大技术改造项目、国家科技重大专项等项目中，探索建立知识产权专员制度，加强科研项目立项、执行、验收、评估及成果转化、运营等各环节的知识产权管理。

（三）改革科技项目知识产权管理方式

一是将知识产权成果商业化应用情况作为国家财政科技经费绩效评价的重要指标，明确各级科技计划支持专利产业化的比例，支持产业化企业创造的专利技术。二是在国家科技重大专项和科技计划中，允许项目组列支知识产权费用，降低项目承担单位的知识产权申请、维持成本，针对优先发展科技领域的专利申请、维持设立特殊的扶持资助政策，通过有效的政策措施体现国家优先发展的意志。三是在项目进程中，定期对知识产权布局情况进行专门和全面评估，在国家工程中心、国家工程实验室的认定和评价中，设置发明专利相关评价指标并赋予其较高权重，激励科技活动主体创造知识产权。四是鼓励有条件的高等学校和科研院所设立集知识产权管理、转化运用为一体的机构，统筹知识产权管理工作。

第四节　效益优先　健全知识产权运用市场规则体系

要着力推动知识产权运用从单一效益向综合效益转变。发挥知识产权推动供给侧改革的作用，推动知识产权市场价值充分显现。

一、运用知识产权促进产业转型升级

（一）支撑高新技术产业发展

在高技术产业发展目标中进一步凸显知识产权的重要性。为进一步凸显知识产权水平提升对高技术产业塑造可持续发展竞争力的重要性，应在产业规模、技术创新能力、产业组织、布局、政策环境等目标的设定上均考虑知识产权战略的有关部署。提高高技术产业知识产权创造的数量和质量，尤其突出重点领域、发达地区知识产权数量布局的提升和质量的提高；明确提出高技术产业知识产权成果产业化的效率目标，确保知识产权成果的商业价值得到体现；要以创造更完善健全、与国际知识产权制度对接的高技术产业知识产权政策环境为目标，进一步提升高技术产业知识产权的管理和服务水平。

要形成产业的持续竞争力和持续的增长空间，在新一轮全球科技产业结构调整和竞争中抢占发展先机，就必须将技术创新和专利布局作为新兴产业发展的主攻方向，把本土企业拥有自主知识产权作为主要的战略导向和目标。一是在产业政策中落实知识产权任务和要求。继续落实相关产业政策、规划中的知识产权工作的具体要求和措施，在产业化专项和技术改造工作中继续重点安排、扶持具有自主知识产权的项目，形成运用知识产权制度支撑工业转型升级和培育战略性新兴产业发展的政策环境。二是加强战略性新兴产业中的专利布局。做好重大关键技术的专利前瞻性布局，突破制约发展的关键、核心技术，在关键技术领域形成知识产权比较优势，开展知识产权战略规划、专利分析及风险评估，着力抓好创新成果和专利技术的产业化与应用。三是制定重点产业技术路线图，明确产业研发重点和方向，推动关键专利技术的转化，并形成技术标准，增强产业的市场控制能力，为实现产业可持续发展提供有力支撑。四是深化重大经济科技活动知识产权评议，指导重大专项实施、重大技术改造以及重大项目建设等，围绕产业研发新产品、新技术、新工艺，运用知识产权拉长产业链，向产业价值高端发展。加大对绿色环保技术的创新、开发与推广，实施节能减排知识产权推广计划，促进循环经济发展。

（二）服务现代农业发展

要构建以知识产权为导向的农业产业政策，需要从农业技术产业化培育、品牌农业打造、产业组织农业知识产权扶持等多维视角，综合运用规划引导、市场培育与规范、财政补贴等多种手段，发挥农业知识产权积极作用，实现从传统农业向现代农业转变。加强植物新品种、农业技术专利、地理标志和农产品商标创造运用，促进农业向技术装备先进、综合效益明显的现代化方向发展。扶持新品种培育，推动育种创新成果转化为植物新品种权。以知识产权利益分享为纽带，加强种子企业与高等学校、科研院所的协作创新，建立品种权转让交易公共平台，提高农产品知识产权附加值。增加农业科技评价中知识产权指标权重。提高农业机械研发水平，加强农业机械专利布局，组建一批产业技术创新战略联盟。大力推进农业标准化，加快健全农业标准体系。建立地理标志联合认定机制。推广农户、基地、龙头企业、地理标志和农产品商标紧密结合的农产品经营模式。

（三）扶持小微企业创新发展

一是支持创新成果在国内外及时获权。完善专利审查快速通道，对小微企业亟须获得授权的核心专利申请予以优先审查。充分利用电话讨论、远程会晤等方式指导小微企业合理缩短实质审查时间。开展小微企业"专利审查高速路"推广帮扶项目，编制针对小微企业的海外获权指导手册，建立小微企业国外专利申请—获权援助渠道，支持小微企业在海外快速获得专利权。二是完善专利资助政策。积极探索推进小微企业专利费用减免政策，加大对小微企业专利申请资助力度，推动专利一般资助向小微企业倾斜。结合科技型中小企业专利申请"消零"行动，对小微企业申请获权的首件发明专利予以奖励。鼓励小微企业通过实施专利提高专利产品种类和产值，对小微企业通过独占许可和排他许可方式引进实施专利给予专项资助。三是创新知识产权金融服务。建立小微企业知识产权金融服务需求调查制度，鼓励小微企业以质押融资、许可转让、出资入股等方式拓展知识产权价值实现渠道。进一步推动开发符合小微企业创新特点的知识产权金融产品，引导各类金融机构为小微企业提供知识产权金融服务。鼓励建立小微企业信贷风险补偿基金，对知识产权质押贷款提供重点支持。加快推动知识产权保险服务纳入小微企业产业引导政策，完善小微企业风险补偿机制。四是完善小微企业知识产权社会化服务。建立健全省、市、县三级知识产权服务网络，完善对小微企业创业辅导、管理咨询、投资融资、人才培训、技术创新等方面的知识产权服务功能。在小微企业集聚的创业基地、孵化器、产业园等逐步建立知识产权联络员制度和专家服务试点。引导各类知识产权服务机构为小微企业提供质优价惠的专业服务，采取"创新服务券"等政府购买服务方式满足小微企业服务需求。五是加强专利信息利用。在小微企业集聚区开展专利导航公共服务平台建设，深入开展专利信息利用帮扶促进工作，开展专利信息助推小微企业创新发展试点。依托各类服务平台向小微企业免费或低成本提供专利查新检索服务，广泛开展知识产权信息订制推送服务。六是提升知识产权实务技能。将小微企业的业务骨干培养纳入年度全国知识产权人才培训计划。加强国家中小微企业知识产权培训基地建设，建立小微企业管理团队知识产权业务技能培养机制。七是建立小微企业维权援助工作机制。鼓励各维权援助中心在小微企业聚集区设立分中心、工作站等，帮助被侵权小微企业制定完善的维权方案，提高确权效率，降低维权成本。

二、激活知识产权运营市场

（一）搭建知识产权运营公共服务平台

在坚持市场化运作的前提下，充分运用社区网络、大数据、云计算，发挥中央财政资金引导作用，通过集成政策、整合资源、创新机制，加快推进全国知识产权运营公共服务平台建设，建立起覆盖重点区域、重点产业，定位清晰、领域齐全、能力突出、竞争有序的知识产权运营体系。培育一批知识产权运营机构，推动形成全国统一的知识产权交易市场。发挥好重点产业知识产权运营基金的作用，促进知识产权协同运用。积极构建知识产权运营服务体系，通过公益性与市场化相结合的方式，为创新创业者提供高端、专业的知识产权运营服务。探索通过发放创新券的方式，支持创业企业向知识产权运营机构购买专利运营服务。培育发展一批本土知识产权高端运营产业，使之成为具有较强国际化经营能力的知识产权运营机构。

（二）完善知识产权估值体系

一是建立健全知识产权资产价值评估体系。建立第三方知识产权估值服务机构，形成和完善知识产权交易价格发现机制，健全知识产权价值分析标准和评估方法。推进专利价值分析指标体系运用，结合知识产权资产评估方法，对专利项目进行科学合理评价，支持专利投融资工作有效开展。二是推进开展专利应用效果检测及评价服务。依托企业建立专利应用效果检测分析服务平台，为拟投融资、转让、许可的项目提供检测分析支持。三是帮助企业按照企业会计准则相关规定，科学合理地划分知识产权开发过程中应予以费用化和资本化的部分，准确反映知识产权资产的入账价值。科学核算企业自创、外购和投资获得的知识产权资产，规范企业在并购、股权流转、对外投资等活动中对知识产权资产的处置和运营。

（三）培育专利资本市场

通过融资，采用收购、合作、创造等方式寻找优秀发明，优化成增值的专利组合，将其许可或转让给相关企业，提升专利资产流动性，使专利的价值得到实现并盈利。制定上市公司知识产权资产信息发布指南，引导企业及时合理披露知识产权信息。大力推进中小企业板制度创新。扶持发展区域性产权交易市场，拓宽创业风险投资退出渠道。优先支持拥有自主知识产权的企业上市，对拥有自主知识产权的企业到境外上市筹资给予优先支持。支持符合条件的自主创新企业发行公司债券。

（四）促进产业知识产权联盟建设

知识产权联盟是以知识产权为纽带、以专利协同运用为基础的产业发展联盟，是由产业内两个以上利益高度关联的市场主体，为维护产业整体利益、为产业创新创业提供专业化知识产权服务而自愿结盟形成的联合体，是基于知识产权资源整合与战略运用的新型产业协同发展组织。一是坚持市场导向。以企业为主体，充分发挥市场在资源配置中的决定性作用，发挥知识产权制度对产业创新资源的配置力，建立和完善利益分配机制，激励高等学校院所、金融机构、知识产权服务机构、创业群体等开展产业专利协同运用。二是制定联盟发展战略规划。产业知识产权联盟应针对产业技术演进特点、全球知识产权布局态势、国际竞争格局以及发展重点等，结合产业知识产权联盟各成员单位所处发展阶段，知识产权数量、质量与布局结构等实际情况制定联盟发展战略规划。规划应明确联盟的发展方向，确定战略目标、发展任务和工作重点，并规划具有前瞻性与可操作性的战略路线图。三是加强资源整合。利用联盟化手段整合全产业链知识产权资源，凝聚全产业链创新力量，解决产业发展中的知识产权问题，降低产业创新成本，提升产业创新效率。依托知识产权资源，优化配置金融资源、技术资源、人力资源、政策资源等，提升产业创新驱动发展能力。通过联盟内部交叉许可、共有共享专利权等方式共同使用专利池中的专利或专利组合，实现知识产权的共享。四是建立健全利益分配机制，在专利池运营中，应遵照以专利价值比例分配专利运营收益的原则；在服务知识产权创新创业中，可采取一事一议的方式，实行风险共担、利益共享的市场化利益分配机制。

三、创新知识产权金融支持服务

推动完善落实知识产权金融扶持政策措施，优化知识产权金融发展环境，建立与投资、信贷、担保、典当、证券、保险等工作相结合的多元化多层次的知识产权金融服务机制，知识产权金融服务对促进企业创新发展的作用显著提升。

（一）深化和拓展知识产权质押融资工作

一是加强对企业知识产权质押融资的指导和服务。引导企业通过提高知识产权质量，加强核心技术专利布局，提升知识产权质物价值的市场认可度；开展针对企业知识产权质押融资的政策宣讲和实务培训，使企业深入了解相关扶持政策、融资渠道、办理流程等信息；加强专利权质押登记业务培训，规范服务流程，为企业提供高效、便捷、优质的服务；建立质押项目审核及跟踪服务机制，对拟质押的知识产权项目，开展法律状态和专利与产品关联度审查，对在质押知识产权项目进行动态跟踪和管理，强化知识产权保护。二是鼓励和支持金融机构广泛开展知识产权质押融资业务。推动并支持银行业金融机构开发和完善知识产权质押融资产品，适当提高对中小微企业贷款不良率的容忍度；鼓励各类金融机构利用互联网等新技术、新工具，丰富和创新知识产权融资方式。三是完善知识产权质押融资风险管理机制。引导和支持各类担保机构为知识产权质押融资提供担保服务，鼓励开展同业担保、供应链担保等业务，探索建立多元化知识产权担保机制；利用专利执行保险加强质押项目风险保障，开展知识产权质押融资保证保险，缓释金融机构风险；促进银行与投资机构合作，建立投贷联动的服务模式，提升企业融资规模和效率。四是探索完善知识产权质物处置机制。结合知识产权质押融资产品和担保方式创新，研究采用质权转股权、反向许可等形式，或借助各类产权交易平台，通过定向推荐、对接洽谈、拍卖等形式进行质物处置，保障金融机构对质权的实现，提高知识产权使用效益。

（二）加快培育和规范专利保险市场

一是支持保险机构深入开展专利保险业务。推动保险机构规范服务流程，简化投保和理赔程序，重点推进专利执行保险、侵犯专利权责任保险、知识产权质押融资保险、知识产权综合责任保险等业务运营。二是鼓励和支持保险机构加强运营模式创新。探索专利保险与其他险种组合投保模式，实践以核心专利、专利包以及产品、企业、园区整体专利为投保对象的多种运营模式；支持保险机构开发设计符合企业需求且可市场化运作的专利保险险种，不断拓宽专利保险服务范围。三是加大对投保企业的服务保障。结合地区产业政策，联合有关部门，利用专利保险重点加强对出口企业和高新技术企业创新发展优势的服务和保障；加强对企业专利纠纷和维权事务的指导，对于投保专利发生法律纠纷的，要按照高效、便捷的原则及时调处。四是完善专利保险服务体系。加大工作力度，引导和支持专利代理、保险经纪、专利资产评估与价值分析、维权援助等机构参与专利保险工作，充分发挥中介机构在投保专利评估审核、保险方案设计、企业风险管理、保险产品宣传推广、保单维护和保险理赔服务等方面的重要作用。

（三）积极实践知识产权资本化新模式

一是研究建立促进知识产权出资服务机制。开展本地区知识产权出资情况调查，了解有关知识产权和企业发展现状，会同工商等部门建立项目资料库；开展对出资知识产权的评估评价服务，对于出资比例高、金额大的知识产权项目加强跟踪和保护；将知识产权出资与本地区招商引资工作相结合，加强跨地区优质知识产权项目引进，加快提升地区经济发展质量。二是推动知识产权金融产品创新。鼓励各地建立知识产权金融服务研究基地，为产品及服务模式创新提供支持；鼓励金融机构开展知识产权资产证券化，发行企业知识产权集合债券，探索专利许可收益权质押融资模式等，为市场主体提供多样化的知识产权金融服务。

（四）加强知识产权金融服务能力建设

一是组织中介机构积极参与知识产权金融服务。引导知识产权评估、交易、担保、典当、拍卖、代理、法律及信息服务等机构进入知识产权金融服务市场，支持社会资本创办知识产权投融资经营和服务机构，加快形成多方参与的知识产权金融服务体系。二是完善企业和金融机构需求对接机制。开展知识产权金融服务需求调查，建立企业知识产权投融资项目数据库，搭建企业、金融机构和中介服务机构对接平台，定期举办知识产权项目推介会。三是加强知识产权金融服务专业机构及人才队伍建设。加大中介服务机构培育和人才培养工作力度，加快形成一批专业化、规范化、规模化的知识产权金融服务中介机构，造就一支具有较高专业素质的知识产权金融服务人才队伍，满足各地知识产权金融服务工作需求。四是加强经验交流和工作宣传。认真做好本地区工作总结，加强地区间经验交流，不断优化工作模式；积极发挥舆论宣传的导向作用，组织媒体对知识产权质押融资、投融资、专利保险等工作进行报道，并通过召开新闻发布会和宣讲会、政府网站设置专栏等形式，推广知识产权金融服务的政策、经验、成效及典型案例。

（五）强化知识产权金融服务工作保障机制

一是完善工作协调机制。各地知识产权管理部门应加强与金融、财政、银监、保监等部门的沟通合作，建立工作协调机制，将知识产权系统在政策、信息、项目以及知识产权保护和服务等方面的优势与相关部门的资源优势有机结合，促进知识产权金融服务工作有效开展。二是加强政策落实和绩效评估。各地知识产权管理部门应会同相关部门对出台的政策措施落实情况及实施效果进行跟踪评估，切实发挥政策的导向作用。三是加强经费保障。各地要积极推动建立小微企业信贷风险补偿基金，对知识产权质押贷款提供重点支持；要加大经费投入，通过贴息、保费补贴、担保补贴、购买中介服务等多种形式，深入推动知识产权金融服务工作健康快速发展。发挥金融创新对技术创新的助推作用，培育壮大创业投资和资本市场，提高信贷支持创新的灵活性和便利性，形成各类金融工具协同支持创新发展的良好局面。

四、大力发展现代知识产权服务业

（一）制定知识产权服务业发展规划

提出知识产权服务业远景目标，描绘发展蓝图。加强行业发展规划，完善行业标准体系。研究制定专利代理行业发展中长期规划，进一步明确行业发展的方向、目标、主要任务及政策措施。构建以专利代理服务标准、专利代理质量评价指标和专利代理机构管理规范为支撑的行业标准体系。促进资源配置的区域平衡，引导、鼓励大中型专利代理机构到专利代理服务需求旺盛地区、专利代理人才紧缺地区开设分支机构。建立知识产权服务业统计调查制度。明确统计范围和统计对象，设计统计指标，规范统计内容，统一统计口径，支持完善高技术服务统计监测体系。探索研究将知识产权服务的新兴业态纳入国家统计的方式方法。建立健全知识产权服务业发展监测和信息发布机制。

（二）完善知识产权服务业政策

结合科技、经济发展，及时修订完善知识产权服务相关的法律法规和配套政策。加强产业、区域、科技、贸易等政策与知识产权政策的衔接。配合服务业改革的总体安排和试点工作，推动制定有利于知识产权服务业发展的财政、金融和税收政策。研究推动知识产权服务机构享受相关税收优惠政策。一是建立知识产权公共信息服务平台，拓展知识产权服务模式，发展综合知识产权体系化服务，强化知识产权保护服务，并加强知识产权投融资服务。二是吸引优秀人才进入知识产权服务行业。允许具有理工科背景的在读满一年以上的研究生报名参加全国专利代理人资格考试。做好面向高等学校在校生的专利代理行业宣传工作，组织有针对性的考前培训。探索建立与高等学校联合培养知识产权实务人才的长效机制，引进实务师资，完善课程设置和教学方式，培养国际化、复合型、实用性人才。三是营造有利于人才顺畅流动的环境，广泛集聚有资质的优秀人才进入专利代理行业执业发展。对于同时具有专利代理人资格证和法律职业资格证的人员，其律师执业经历视为专利代理执业经历；对于企业、高等学校、科研院所中具有专利代理人资格证的人员，其从事本单位专利申请工作的经历视为专利代理执业经历。

（三）培育知识产权服务市场

按照政府职能转变和事业单位改革的要求，推进知识产权领域事业单位体制改革。支持各地有条件的知识产权公共服务机构进行企业化转制改革试点，并按规定享受有关税收优惠政策。有序开放知识产权基础信息资源，使各类知识产权服务主体可低成本地获得基础信息资源，以多种方式参与知识产权服务，增强市场服务供给能力。加大政府采购力度，在公共服务领域引入市场机制，促进服务主体多元化。探索设立由国家引导、多方参与的知识产权运营资金，促进知识产权运用。培育发展知识产权证券化、知识产权保险、知识产权经营等新兴模式。加强知识产权服务宣传和文化建设，扩大行业影响。引导企业开展个性化服务。搭建多种形式的对接平台，引导、鼓励专利代理机构和专利代理人更新服务理念、拓展服务范围，在不断提高专利申请基础业务服务质量的同时，为创新主体提供专利维权、知识产权托管、知识产权分析评议、专利分析和预警、专利技术转让和许可等多种服务。

（四）开展知识产权服务试点示范

组织开展知识产权服务集聚发展和试点示范工作，鼓励先行先试。支持知识产权服务机构进驻国家自主创新示范区、国家现代服务业产业化基地、高技术服务产业基地、国家服务业综合改革试点、港澳台与大陆合作区域，支持国家现代服务业创新发展示范试点城市发展知识产权服务业，引导知识产权服务集中、集约、集聚发展。依托移动互联网、下一代互联网、云计算、物联网等新技术，开展知识产权服务模式创新试点示范项目。在知识产权服务业重点发展领域，开展知识产权服务示范机构创建工作，推进知识产权服务机构品牌建设，重点培育一批基础较好、能力较强、业绩显著、信誉优良的知识产权服务机构，提升社会影响力和国际竞争力。

（五）加强知识产权服务监管

加强知识产权服务行业监督管理环境，建立知识产权服务机构客观评价体系。强化从业人员的质量意识，加大对违规违纪机构及其人员的惩戒力度。推动形成规范化、多元化的专利代理服务市场。建立并完善知识产权服务行业协会（联盟），充分发挥行业协会（联盟）在行业自律、标准制定、产品推广、交流合作等方面的作用。建立合理开放的知识产权服务市场准入制度，维护公平竞争的市场秩序。建立知识产权服务标准规范体系，提高服务质量和效率。加强对服务机构和人员的执业监督与管理，引导服务机构建立健全内部管理制度。建立知识产权服务机构分级评价体系，完善行业信用评价、诚信公示和失信惩戒等机制。鼓励服务机构成立区域性服务联盟，实现优势互补、资源共享。加强政府对行业协会的指导、支持与监管。健全专利代理行业退出机制。简化专利代理机构组织形式变更以及注销程序，增强审批流程的可操作性和便利性。

（六）积极引导知识产权服务机构"走出去"

培养一批具有国际水准的中国服务品牌，使我国知识产权服务业加快转型升级步伐，参与国际竞争。认真办理海外并购、海外知识产权保护、海外投资等方面法律事务，依法妥善处理涉及我国企业的贸易摩擦和贸易争端，促进外向型经济稳步发展。培育涉外高端业务律师人才力度，鼓励和支持有条件的律师事务所到境外设立分所。

第五节 严格保护 加强创新市场知识产权监管

一、完善中国特色的知识产权大保护体系

建立起严格的知识产权大保护格局，推动形成自我约束、行业自律、行政执法、司法保护四个层面的有机衔接、相融互补的综合保护体系，完善覆盖知识产权确权、用权、维权等多个环节的保护链条，重点推动加强注册登记、审查授权、行政执法、司法裁判、仲裁调解等保护手段，充分利用大数据、云计算、互联网等现代技术条件，营造出协调、顺畅、高效的知识产权保护格局。

（一）建立便捷高效的知识产权行政执法体系

建立完善的知识产权综合行政执法体系，明确执法权限，统一执法标准，完善执法程序，完善知识产权执法协作机制，提高执法办案水平与效率。完善知识产权侵权纠纷简易诉讼程序，提高小额诉讼处理效率。推动建立行政执法决定司法确认制度。探索建立知识产权行政确权执法联合办案工作机制，协同处理知识产权确权纠纷和侵权纠纷。加快建设一批快速响应、快速确权、快速调处的维权援助中心。建立专业市场、展会知识产权行政执法快速程序。加强执法力量建设，严格行政执法人员资格管理，健全执法目标责任制，落实执法激励措施，完善执法装备条件，规范开展行政执法。

（二）完善监管得力的知识产权海关保护体系

完善知识产权海关保护立法，支持自贸区海关结合自身实际需要，探索调整和完善海关知识产权保护范围。创新海关知识产权监管机制，针对自贸区海关监管新的模式，将知识产权海关保护工作的链条前推后移，拓展监管时空，提升监管效能。探索在货物生产、加工、转运中加强知识产权监管，对过境货物、贴牌加工出口、平行进口、跨境电子商务等过程中的知识产权侵权行为，创新并适时推广知识产权海关保护模式，完善执法措施。扩充海关知识产权执法队伍，组织开展专题知识产权保护技能培训，提升知识产权保护意识，提高把关能力和执法水平。

（三）推进知识产权多元化纠纷解决机制

综合运用包括诉讼、调解、仲裁、行政调处等多种方式和途径解决知识产权纠纷。完善知识产权举报投诉机制，加强知识产权侵权热线举报投诉平台建设和信息共享，健全举报投诉电子档案库。加强知识产权维权援助中心建设，规范中心运行，扩大维权志愿者、监督员队伍。针对知识产权保护需求强烈的产业集聚区，探索建立专利快速维权工作机制，为权利人提供快速确权、维权等服务。动员社会资源，包括调动社会公众积极性和参与、增强企业自身的维权意识和自律行为，最重要的是要加强行业协会和知识产权联盟在知识产权执法中的作用。建立知识产权公益诉

讼机制。立法应当赋予国家特设机关（知识产权公益诉讼中心）代表公共利益，可考虑在知识产权局中设置专门的人员或机构，以担负公益维护之职责。必要时可设专门基金予以资助与扶持。

（四）加强社会信用体系建设

完善失信惩戒机制。将有关知识产权违法违规行为信息纳入企业和个人信用记录，明确有关信用信息的采集规则，积极推进信用信息的有效使用。充分利用统一社会信用代码数据库，有效使用全国统一的信用信息共享交换平台，加强知识产权违法失信行为信息在线披露和共享。加快推进知识产权领域联合惩戒机制建设，充分利用相关监管惩戒手段，加大对不良信用记录较多者实施严格限制和联合惩戒的力度，推进强化针对侵权假冒的惩戒手段。

二、加大知识产权行政执法力度

李克强总理在 2014 年的十二届全国人大二次会议答记者问时指出："简政放权是实现市场在资源配置中发挥决定性作用重要的突破口、切入点。但放权并不是说政府就不管了，尤其需要加强在事中事后的监管。对一些搞假冒伪劣、侵犯知识产权等违背市场公平竞争原则的行为，那就要严加监管、严厉惩处。"

（一）增强知识产权行政执法手段

为知识产权行政执法部门提供必要的法律依据，增强执法部门在处理知识产权，尤其是处理专利侵权纠纷、查处冒充专利、假冒他人专利行为中的执法手段，赋予执法部门更为有力的行政执法措施，将有利于打击和遏制知识产权侵权和违法行为。因此，需要加快推进制定和完善专利保护法规，切实解决专利执法手段不强、专利侵权救济措施不力等问题，加强对专利权人的侵权救济力度，加大对侵权假冒行为的打击力度。

（二）加强重点领域知识产权行政执法

积极开展执法专项行动，重点查办跨区域、大规模和社会反响强烈的侵权案件，加大对民生、重大项目和优势产业等领域侵犯知识产权行为的打击力度。加强执法协作、侵权判定咨询与纠纷快速调解工作。加强大型商业场所、展会知识产权保护。督促电子商务平台企业落实相关责任，督促邮政、快递企业完善并执行收寄验视制度，探索加强跨境贸易电子商务服务的知识产权监管。加强对视听节目、文学、游戏网站和网络交易平台的版权监管，规范网络作品使用，严厉打击网络侵权盗版，优化网络监管技术手段。开展国内自由贸易区知识产权保护状况调查，探索在货物生产、加工、转运中加强知识产权监管，创新并适时推广知识产权海关保护模式，依法加强国内自由贸易区知识产权执法。依法严厉打击进出口货物侵权行为。

（三）推进知识产权行政执法规范化建设

贯彻落实党的十八届四中全会全面推进依法治国的精神以及中央"严格规范公

正文明执法"的要求，大力推进知识产权行政执法规范化建设，制定和完善《专利行政执法操作指南》《专利侵权判定和假冒专利行为认定指南》《关于公开有关专利行政执法案件信息具体事项的通知》等规范性文件，加强全系统执法工作的规范性，提升全系统执法办案工作水平和质量。

（四）建立健全知识产权保护预警防范机制

将故意侵犯知识产权的行为情况纳入企业和个人信用记录。推动完善商业秘密保护法律法规，加强人才交流和技术合作中的商业秘密保护。开展知识产权保护社会满意度调查。建立收集假冒产品来源地相关信息的工作机制，发布年度中国海关知识产权保护状况报告。加强大型专业化市场知识产权管理和保护工作。发挥行业组织在知识产权保护中的积极作用。运用大数据、云计算、物联网等信息技术，加强对在线创意、研发成果的知识产权保护，提升预警防范能力。加大对小微企业知识产权保护援助力度，构建公平竞争、公平监管的创新创业和营商环境。

（五）规制知识产权滥用行为

完善规制知识产权滥用行为的法律制度，制定相关反垄断执法指南。完善知识产权反垄断监管机制，依法查处滥用知识产权排除和限制竞争等垄断行为。完善标准必要专利的公平、合理、无歧视许可政策和停止侵权适用规则。

三、建立知识产权保护执法协调机制

（一）推动建立知识产权司法保护与行政执法协调机制

推动建立知识产权司法保护与知识产权行政执法、海关知识产权保护的衔接机制，提高知识产权纠纷解决的质量和效率。建立知识产权执法协作调度中心，强化执法协作机制，提高执法办案协作水平与效率，实现知识产权境内保护与进出口保护的协同。推动建设知识产权行政执法与刑事司法衔接工作信息共享平台，实现执法司法信息全面共享。加强信息化、数字化、网络化建设，实现数据共享、线索移送、执法协助、联合办案等功能，进一步提高知识产权保护的效能。

（二）完善区域知识产权行政执法协作机制

可以在区域内建立联席会议制度。比如，根据《泛珠三角区域知识产权合作协议》，泛珠三角区域各方建立联席会议制度。会议成员由协议各方省（区）级及特区知识产权协调机构及相关专利、商标、版权管理部门负责人组成。会议每年举行一次，研究决定合作重大事宜，必要时可召开临时联席会议。为了整合执法资源，使我国目前实行的知识产权行政保护和司法保护"两条途径、并行运作"的保护模式充分发挥效能，各职能部门分工负责、各司其职，又互相配合，在区域内形成条块结合、上下联动的工作机制，在建立联席会议制度的基础上应设立常设机构（比如秘书处），负责联席会议处理的日常工作事务。

（三） 加强知识产权保护国际合作

开展与相关国际组织和境外执法部门的联合执法，推动加强知识产权司法保护对外合作，推动我国成为知识产权国际纠纷的重要解决地，构建更有国际竞争力的开放创新环境。完善涉外知识产权执法机制，加强刑事执法国际合作，加大涉外知识产权犯罪案件侦办力度。推动加强与有关国际组织和国家间打击知识产权犯罪行为的司法协助，加大案情通报和情报信息交换力度。

第六节　多元共建　完善知识产权公共服务体系

以市场需求为导向，以效率为目标，以制度建设为保障，以信息化建设为重点手段，明确政府在知识产权公共服务中的主导地位，创新知识产权公共服务供给机制，提高政府知识产权公共服务监管效率，充分发挥知识产权公共服务对于资源配置的引导作用，实现知识产权公共服务与经济社会发展的有效对接，助力产业发展，助推经济转型升级。

一、发挥政府在知识产权公共服务中的主导地位

（一） 明确政府知识产权公共服务的角色定位

加快政府从公共服务主办者向主导者的角色转变，完善政府知识产权公共服务的投入保障机制、管理运行和监督问责机制，制定知识产权公共服务的支持政策，形成保障知识产权公共服务体系有效运行的长效机制。充分发挥市场机制的作用，鼓励、支持和引导社会力量参与知识产权公共服务，拓展知识产权公共服务的发展途径。深化知识产权公共服务各领域的管理体制和运行模式改革。创新政府知识产权公共服务的供给模式，引入竞争机制，积极采取购买服务等方式，形成多元参与、公平竞争的格局，不断提高知识产权公共服务的质量和效率。

（二） 加强政府知识产权公共服务顶层设计

政府发挥制度创新优势，加强制度设计与安排，通过体制机制创新来促进知识产权公共服务有效供给。结合知识产权服务的公益性和经营性程度的差异，按照纯公益性、准公益性和经营性三种类型，调整政府在不同类型知识产权公共服务提供中的相应职能；同时加快推进政事分开、管办分离，探索知识产权公共服务市场化、社会化的供给方式。在纯公益性知识产权公共服务提供中，政府要承担主要承办责任，承办形式可采取财政全额拨款、向不同经营类型的组织和机构购买相关产品或服务等；对于准公益性知识产权公共服务，政府需要通过财政拨款、政府采购、政府项目招标、与其他经营主体合资合作经营、税收优惠等方式提供支持和补偿。针对不同行业、不同项目、不同经营主体特点，要探索引入签约外包、代用券等方式，鼓励社会力量参与知识产权公共服务的提供。

（三）提升知识产权公共服务的供给能力

一是拓宽知识产权公共服务的供给主体。知识产权公共服务是一个系统工程。一方面，需要大量的人力、物力和财力，通过某个具体的知识产权政府机构来提供纷繁复杂的各类知识产权公共服务不具有现实性；另一方面，现有的行政职权的划分体系在一定程度上制约了知识产权公共服务工作的统一开展。另外，由于市场失灵与政府失灵现象并存，未来知识产权公共服务的发展中供给者格局将发生变化：形式上将逐步依托社会服务机构，从过去政府作为主要的甚至是单一的公共服务供给者，逐步转变为政府、企业、社会的多元化供给者。二是调整知识产权公共服务的内容布局。公共服务的内容将从仅涵盖知识产权制度供给、知识产权意识培养的知识产权普及服务拓展到知识产权信息服务和知识产权定向服务。通过延伸公共服务的内容，合理调配社会资源，将公共服务贯穿于知识产权的创造、运用、保护和管理的全过程中。三是优化知识产权公共服务的供给流程。政府部门需要从创造、运用、保护、管理几个方面，对公共服务的已有布局和结构进行梳理，对服务供给的效率进行评估，在此基础上删除那些重复的甚至冲突的服务，覆盖那些服务空白地带，在知识产权的运用和保护环节增加服务，包括资金、人才、培训、评估等。对服务供给的流程进行优化，使得公共服务的供给更加顺畅、高效。

（四）构建知识产权公共服务的协同机制

知识产权公共服务体系的正常高效运行，依赖促进协同发展的系统环境。第一，应该加强政府与企业、社会之间良好的信息互动，构建科学决策机制。由于信息不对称等各种因素的存在，政府的政策供给常常与实际政策需求相脱节，因此必须加强；第二，构建中央知识产权公共服务与地方知识产权公共服务之间的协同机制。由于差异性与多样性的存在，中央知识产权公共服务不可能覆盖全部的知识产权服务需求，需要地方知识产权公共服务的弥补；第三，实现知识产权硬件与软件良好配合。硬件建设重点是知识产权公共服务的信息化建设，致力于分析技术咨询、风险预警、法律咨询、管理规划等领域，提供涵盖侵权监控、评价论证、举报投诉及顾问咨询等内容；软件体系包括工作效率、行政观念、人才素质以及制度体系等。完善的硬件体系与优化了的软件体系实现良好配合，可以提供系统化、多元化、层次化的知识产权公共服务。

（五）完善政府知识产权公共服务的投入和保障机制

建立知识产权公共服务财政支出持续稳定增长机制，加快推进财政从一般竞争性生产领域、应用性研究等可以利用社会资金发展的领域和企业亏损补贴等"越位"领域中退出来，加大财政在知识产权公共基础设施、公共服务提供等方面的投入，根据实际工作需要增加人员编制，在重点科研项目和基础建设项目中予以更多资金支持等，从组织上保证知识产权公共服务体系建设和运行的顺利实施。调整优化财政支出结构，实现知识产权公共服务财政支出向重点产业、关键技术倾斜，向中小企业、小微型科技企业倾斜，向高水平的知识产权市场化运用倾斜。建立规范的知识产权公共服务采购制度，改革知识产权公共服务财政补贴的支付，从主要提供给供给方，转向提供给需求方，通过消费者的选择，促进服务机构提高服务质量和服务效率。规范政府公共财政行为，建立以需求为导向、以项目为载体的知识产权公共服务提供方式。适当放宽知识产权公共服务购买对象的范围，研究引导和支持措施，吸引更多的社会组织投入知识产权公共服务的生产，用市场竞争手段实现资源的合理配置。

（六）建立对知识产权公共服务提供者的监督机制

一方面，制定相应的准入门槛，核定提供知识产权公共服务的机构和组织，不管是公立机构，还是非营利机构，准入门槛要一致；另一方面，政府对提供知识产权公共服务的机构和组织定期进行资质检查，敦促知识产权公共服务提供机构不断提高服务质量。

二、加强政府对企业的知识产权公共服务

（一）推动企业建立知识产权激励机制

推动企业建立知识产权激励制度，提高企业研发人员待遇和工作环境，为企业研发人员多提供学习培训机会，重视研发人员个人成长。推动企业对实现技术创新的科研人员进行物质和精神奖励，科技人员进行技术创新获得专利权，新技术转化为商品后，企业可以将所得利润的一定比例奖励给技术创新人员或者将提成奖励折成股权，使员工收益和企业发展紧密相连。同时，推动企业让实现技术转化的科技人员在晋级、技术职务聘任、退休待遇等方面享受优惠，增加研发人员在企业的管理决策权和发言权。推动企业对在技术创新方面有突出贡献的员工给予"技术创新骨干"等称号，增强技术创新人员的荣誉感。

（二）探索政府与产业界的沟通交流机制

定期举办知识产权企业家恳谈会，选择一大批典型、有代表性的企业，听取企业的知识产权发展状况以及他们的需求。与各主要的行业协会建立正式、有效的沟通渠道，包括建立知识产权交流会、成立知识产权交流平台等，与产业界建立了直接沟通渠道，形成了上情下达、下情上传的机制。成立专门网站和《知识产权动态》的刊物，定期向企业界通报知识产权发展的信息与动向，同时开设知识产权直通热线，建立接受企业反馈的渠道，企业可以直接向知识产权局或者联席会议反映情况。在重要的行业协会、重点企业等单位中，建立联络点，定期交流信息，发挥上传下达作用。政府企业伙伴关系建设工程，比如知识产权局与重点单位之间建立"联络员"制度、建立重点外贸出口企业联系制度等。

（三）完善中小企业知识产权服务援助机制

一是完善知识产权托管机制。建立企业托管信息网络共享平台，配备专职知识

产权托管人员，开展知识产权托管培训，在严格保护企业商业秘密的前提下，接受企业委托，代办所有与知识产权相关的业务，包括咨询、申请、维护、维权、经营等，为企业提供专利挖掘经营、专利侵权预警和维权业务。二是依托各地知识产权维权援助中心，建立维权援助合作单位库和专家库，建立知识产权管理专家指导委员会，为寻求援助的企业诊断并开出处方，对接受专家意见的企业进行跟踪回访。完善海外知识产权纠纷预警应急援助机制。依托相关单位，判断危机重点行业所处的危机状态，对处于警戒状态的行业给予危机警报设立应急工作小组和危机管理工作小组，当行业或企业处于危机状态时，启动应急机制，确定危机处理方案。三是建立企业申诉机制。加强企业与政府部门的沟通，通过设立网上的知识产权贸易申诉平台，开设知识产权直通热线等方式，通过各地行业协会或政府基层管理部门，把企业在国际化中碰到的各种不公平待遇汇总到政府，由政府出面，利用世界贸易组织规则维护企业在国际市场中的利益。

三、完善知识产权信息公共服务体系

（一）推进基础数据信息资源开放共享

做好专利信息利用工作的顶层设计，制定规划，对各层面、各领域、各层级进行谋划部署。一是围绕国家区域经济发展规划，扎实做好会同有关部委、地方政府和行业协会，依托"大云平移"等新技术，积极建设专利信息公共服务体系，为社会公众提供更加便捷、有效、优质的专利信息服务。二是加快建设互联互通的集专利、商标、版权、标准、植物新品种、集成电路布图设计等于一体的新型知识产权公共信息服务平台。加强对专利信息资源的收集整理和相关专利文献的引进，加大对专利基础数据的开放力度，免费向社会提供国内外最新专利基础数据；通过扩大专利信息资源量及其种类、开发功能更齐全的应用工具、增加专利信息传播渠道，促进专利信息服务受众范围扩大。三是各级政府应尽快开放非涉密的涉及市场活动、经济发展的基础信息，推动专利信息、科技情报、学术期刊、会议文献、研究报刊、图书等各类信息资源的整合与共享。

（二）鼓励开展知识产权信息增值服务

实现专利信息服务与互联网和大数据的深度结合，既要依托互联网提高专利信息的传播利用效率，也要借助大数据对专利数据信息进行深度整合、加工、挖掘、处理，并实现与经济、贸易等数据的关联分析，使得更有价值的隐性信息浮出水面，并对其加以利用。积极引入云计算、移动互联等新兴技术，创新知识产权信息公共服务模式；吸引社会机构进入专利信息服务领域，为其挖掘专利、产业、经济运行大数据提供高附加值的信息服务创造条件，推动国内知识产权信息服务机构探索创新服务形态和模式。鼓励各类信息服务机构开展专利信息检索、分析预警和专利导航产业发展等工作，及时发布专利信息分析报告和专利竞争情报，支撑重大经济活动专利评议，为政府、产业和企业提供决策参考。大力推进知识产权信息利用工程重大项目建设，创新知识产权利用服务模式，提高为科技创新提供知识产权专业服务的能力。为企业提供集技术信息检索、法律状态分析、竞争情报、价值评估、专家信息为一体的"一站式"信息服务，针对小微企业开展专利信息推送服务。

四、推行知识产权标准化管理

当前，我国进入了经济发展新常态，对知识产权运用和保护提出了更高的要求。无论是从我国经济社会发展的需要来看，还是从知识产权强国建设的需要来看，都需要运用标准化手段，进一步夯实知识产权宏观管理基础，提升各类创新主体的知识产权综合能力，推进知识产权服务业健康发展，更好地支撑创新驱动发展和经济转型升级。

（一）充分发挥全国知识管理标准化技术委员会的作用

2015 年 2 月 13 日，全国知识管理标准化技术委员会成立大会暨第一次全体委员会议在京举行。全国知识管理标准化技术委员会的成立是我国知识管理标准化发展历程中一件具有里程碑意义的大事，是运用标准化手段，加强知识资源战略管理的重大举措，对于实现知识产权战略与标准化战略融合发展，建立健全我国知识产权领域的标准体系，提升知识产权综合能力，推动中国制造向中国创造、中国速度向中国质量、中国产品向中国品牌转变具有重要意义。国家知识产权局要以此为契机，按照国务院常务会议关于标准化改革发展的有关精神，扎实推进知识管理标准化建设，探索建立符合我国经济社会发展需要的知识管理标准化体系，为我们进一步做好知识管理标准化工作提供了有力的抓手。当前，要着力做好顶层设计、突出工作重点、加强自身建设，夯实工作基础，确保全国知识管理标准化技术委员会高效运转，作用有效发挥。

（二）全面推行《企业知识产权管理规范》国家标准

将贯标作为企业知识产权能力建设的基础性工作，加强政策引导，创新服务模式，立足企业需求，培育服务业态，指导企业建立系统、规范的知识产权管理体系，提升企业核心竞争力，为建设创新型国家和全面建设小康社会提供强有力支撑。一是加强政府引导。充分发挥政府在战略规划、政策制定、行业管理、公共服务和环境营造方面的作用，有效整合和聚集社会资源，出台激励措施，吸引各类知识产权咨询服务机构参与推行《企业知识产权管理规范》。综合运用财政、税收、金融等政策引导企业完善知识产权管理体系，调动企业实施《企业知识产权管理规范》的积极性。二是坚持市场驱动。发挥市场在资源配置中的决定性作用，健全市场导向机制，建立第三方的咨询服务体系和认证体系，培育一批高质量咨询服务机构，发展市场化服务业态，形成竞争有序的服务市场。三是注重统筹协调。建立国家和地方各级有关部门共同推行《企业知识产权管理规范》的工作机制，坚持分工负责、统筹推进相结合，形成横向协调、纵向联动的工作局面。四是分类指导。基于我国区域经济发展不平衡的实际状况，综合考虑行业特征、企业特点等方面的差异，强化《企业知识产权管理规范》推行工作中的分类指导。五是不断持续改进。持续完善《企业知识产权管理规范》推行体系。科学评测企业实施《企业知识产权管理规范》的效果，及时修订相关内容，围绕不同类型企业实施《企业知识产权管理规范》的需求，进一步细化和规范知识产权管理体系。

（三）完善知识产权领域标准化管理体系

围绕知识产权标准化体系建设整体部署，按照"紧贴需求、突出重点、统筹协调"的原则，充分发挥全国知识管理标准化技术委员会的平台作用，推动知识产权领域国家标准的制修订工作，逐步完善知识产权领域标准化管理体系。一是制定知识产权领域基本通用标准，开展《科研组织知识产权管理规范》和《高等学校知识产权管理规范》编制工作，推动科研组织和高等学校加强知识产权工作。二是开展有关专利信息利用、专利分析、知识产权代理、质押融资、专利交易、价值分析、专利许可等知识产权服务业相关标准化编制工作。三是开展知识产权的获取、维护、运用、保护等业务流程标准，知识产权的文献与信息化标准等。四是加大与国际标准化组织、知名机构的合作交流，积极参与制定知识管理国际标准。

第七节　循序渐进　强化知识产权文化管理手段

知识产权文化是中国特色社会主义文化的组成部分，是实施国家知识产权战略、建设创新型国家的重要思想意识保障。要坚持弘扬传统优秀文化和积极吸收借鉴各国优秀文明成果相结合，以正确价值观引领知识产权文化建设方向，把弘扬尊重知识、崇尚创新、诚信守法的知识产权文化核心观念和以树立创新为荣、剽窃为耻，以诚实守信为荣、假冒欺骗为耻的荣辱观作为根本任务，大力发展面向中华民族未来发展需要的知识产权文化。

一、坚持知识产权文化建设基本原则

（一）发扬传统、弘扬创新

坚持按照中国特色社会主义文化建设的总体要求，有效运用中外各种优秀文化资源，发扬中国文化中尊重知识的优良传统，以崇尚创新的核心观念引领知识产权文化建设。树立文化自信，促进中国品质知识产权文化的交流传播。开放、吸纳、包容和扬弃是中华文明生生不息、发扬光大的关键。尽管我国传统文化中存在与知识产权文化相悖的价值观，但教育至上、重德精神、辩证思维、和实生物、多元共生等传统文化精髓与知识产权文化的精神实质具有潜在的一致性。我国政府应充分利用国际交流平台，将蕴含中国品质的知识产权文化理念通过有效途径输出，这不仅是对西方中心主义知识产权单极文化的消解，也是弘扬多元和多级知识产权文化的具体实践。

（二）贴近大众、促进发展

坚持把知识产权文化建设与公民维护自身合法权益的现实需要紧密结合起来，不断丰富知识产权文化建设的形式，把社会公众普遍增强的知识产权意识转化为维护知识产权的自觉行为，促进知识产权制度的有效实施和经济社会的创新发展。建立知识产权文化建设的法制环境、政策体系和诚信机制。养成公民自觉尊重和维护知识产权、自觉抵制"山寨"文化的行为习惯，加大对侵权行为的整治和惩处力度，推动建立健全知识产权侵权违法失信惩戒制度，使造假欺诈、见利忘义、损人利己的歪风邪气失去滋生土壤，有效激发全社会的创新热情和创造活力。加强商标权、著作权、专利权等与社会公众利益和观念形成紧密相关的知识产权执法和管理，构建公平竞争、有利于创新发展和品牌化发展的长效机制。推动创建知识产权诚信经营文明单位，鼓励企业和行业组织承诺"真品、正版、正宗"，大力宣传锐意创新和诚信经营的典型企业和人物。

（三）政府推动、社会参与

坚持把政府推动和全社会广泛参与紧密结合起来，建立协同推进的工作机制，调动全社会各方面力量广泛参与，促进知识产权文化建设蓬勃开展。推进跨部门协同建设，实现知识产权文化工作的综合效应。知识产权文化建设工作涉及的部门众多，而这些部门的协作正是知识产权文化建设工作特色的体现和成效的保障。在宣传普及、教育培训、学术研究与交流、文化人力资源开发与利用、公共文化服务体系建设、国际交往与文化传播等方面，不仅涉及各级政府知识产权主管部门和相关部门，亦涉及具体的媒体、学校、科研、公共服务等单位，故跨部门协同建设是必然的工作状态。在工作部署中，应充分发挥和进一步挖掘现行知识产权战略实施部际协调会议的协调作用。不仅要注重各级知识产权主管部门间的纵向沟通和协调，更要加强与相关部门和行业协会的横向联系与交流，围绕知识产权文化建设的目标和任务，明确自身职责、发挥各方职能，相互支持、密切配合，形成"上下联动、多方协同"的共同建设格局。

二、深入普及宣传知识产权文化理念

（一）提高公众知识产权的认知水平

加强相关知识传播，提升公众对专利权、商标权、著作权等知识产权的认知水平，宣传知识产权对国家富强、民族振兴、人民幸福、社会和谐、国家形象提升的重要价值和意义。将知识产权文化建设纳入普法宣传、道德教育、诚信建设、文明创建等全民思想文化宣教活动中，在全社会形成尊重知识、尊重人才、崇尚创新、诚信守法的知识产权文化。继承革故鼎新、推陈出新的传统文化，融入改革创新的时代精神，成为社会新风尚，不断增强全民法律素质、思想道德素质和科学文化素质。支持相关研究机构、社会团体定期开展社会知识产权意识和认知度调查活动，建立科学测评知识产权普及状况的指标体系，完善调查内容，健全调查渠道，及时发布调查结果。

（二）加强知识产权文化舆论宣传

坚持日常宣传与专项宣传相结合、普及宣传与重点宣传相结合，充分利用电视、广播、报刊、网络等媒体，多形式、多渠道地广泛开展知识产权的宣传普及活动。鼓励各类媒体开设固定栏目，及时、充分宣传报道知识产权新闻，加强媒体监督，以正确的舆论引导社会。发挥政府、媒体、中介、研究机构的作用，运用微博、微信公共号等移动互联网新媒介，广泛普及知识产权知识。定期召开新闻发布会，发布知识产权状况白皮书和知识产权重大新闻、重大举措。充分运用公益广告作用，宣传知识产权文化核心观念。

（三）打造知识产权文化宣传品牌

精心组织每年一度的"4·26"知识产权宣传周、中国专利周等有影响的品牌化宣传活动。抓住"3·15"消费者权益日、"4·23"国际软件日、"4·26"世界知识产权日、"中国专利周"、"12·4"法制宣传日、"音像市场法制宣传周"等年度集中宣传的有利时机，集中组织开展不同主题、内容丰富、形式多样的大型宣传普及活动，促使知识产权"进机关、进乡村、进社区、进学校、进企业、进军营、进市场"，将知识产权文化的宣传推向高潮，形成浓厚的知识产权文化氛围。

三、拓展知识产权文化传播渠道

（一）加强知识产权文化理论研究

鼓励支持教育界、学术界广泛参与，提高知识产权学术和文化建设理论研究水平。建立若干知识产权文化研究传播基地，支持学者深入挖掘中国优秀传统文化，探索知识产权文化建设规律，译介国外知识产权法律和知识，研究知识产权文化建设的新情况和新问题。推出一批优秀知识产权研究成果和普及读物，引领社会广泛参与和探讨知识产权文化建设，扩大知识产权文化的社会影响力，支撑和促进中国特色知识产权文化建设。

（二）支持知识产权题材作品创作

支持创作既有社会效益、又有经济效益的以知识产权为题材的电影、电视剧等作品。制作适合新兴媒体传播的系列知识产权普及读物，增强知识产权文化传播普及活动的针对性和实效性。把知识产权知识、信息、观念传播纳入国家文化信息资源共享工程建设，弘扬有利于鼓励创新创造和诚信守法的优秀传统文化。

（三）开展知识产权文化国际交流

进一步拓宽对外宣传渠道，加强与有关国际组织、外国有关政府部门、专业机构、民间机构以及媒体的交流与合作，积极借鉴国外知识产权文化普及推广经验，宣传我国全社会知识产权社会认知程度、文化观念、知识产权保护水平的进步，释疑解惑、加深相互理解。探索建设海外中国创新成就展示中心，宣传推介有代表性的中国品牌产品，打造"中国制造"创新形象，营造良好的知识产权国际环境。

四、加强知识产权文化教育培训

（一）将知识产权纳入国民教育体系

鼓励高等学校在本科中开设知识产权选修课程，在理工农医等本科教育中设立知识产权第二学位，培养在校学生创新能力和知识产权意识。支持高等学校开设知识产权专业，协助高等学校开展职业化知识产权人才培养，加强知识产权学科建设，鼓励和支持设立知识产权学院、研究中心，加强知识产权硕士、博士等人才培养，加大知识产权人才培养国际化合作力度。把知识产权文化建设与大学生思想道德建设、校园文化建设紧密结合，开展各类主题教育活动，增强各类学校学生的知识产权意识和创新意识。鼓励高等学校的大学生开展以知识产权为主题的社团、志愿者和社会公益活动。健全人才培养开发机制。

（二）开展形式多样的知识产权培训

完善知识产权在职人员网络化、开放式、自主性继续教育制度，分级分类制定知识产权在职人员培训制度。加强各职能部门协调力度。一是推动将知识产权知识纳入各级党校、行政学院培训和选学内容，增强党政干部、特别是领导干部的知识产权意识。二是鼓励企事业单位、中介服务机构开展各种形式的知识产权知识、业务培训，提高员工尊重、创造和保护知识产权的自觉性。将知识产权培训纳入专业技术人员继续教育内容。三是加强知识产权人才培训基地建设。充分依托高等学校等培训机构的教育资源和人才优势，在全国建立一批培训水平较高、辐射能力较强的国家知识产权培训基地。发挥培训基地知识产权培训的先导作用，创新知识产权培训方式方法，摸索建立特色培训模式，拓展社会服务功能，加强培训基地的信息交流和资源共享，促进教学培训资源的优势互补与合作。加大知识产权师资培养力度，加快培养一支适应本地区知识产权培训需求的高水平师资队伍，建立各级各类知识产权师资库。组织开发和认定一批精品培训教材。四是加快建设知识产权人才教育培训网络平台。积极开展国际学术交流，扩宽对外合作培训渠道，探索利用国外优质资源培养知识产权人才的有效途径。建立健全培训考核评价机制。

（三）推进中小学知识产权素质教育

在全国具备一定条件的中小学中开展知识产权教育试点、示范学校的认定和培育工作。通过开展知识产权教育，落实国家知识产权普及教育计划，整体提升青少年的知识产权意识。通过学校开展知识产权教育实践，为学生发明创造、文艺创作和科学实践提供施展平台，培养学生社会责任感、创新精神和实践能力。通过培育一批能带动全国中小学知识产权教育工作的试点、示范学校，使知识产权教育成为学生素质教育的有机组成部分，形成教学有师资、学习有课时、体验有平台、创新有激励的良好氛围，确保师生知识产权意识和能力得到显著提高，让青少年从小形成尊重知识、崇尚创新、保护知识产权的意识。充分发挥中小学知识产权教育的辐射带动作用，形成"教育一个学生，影响一个家庭，带动整个社会"的局面，增强全社会的知识产权意识，营造"大众创业、万众创新"的良好社会氛围。

第八节　优化整合　合理配置知识产权管理资源

知识产权行政管理资源整合就是运用系统控制、现代管理等科学理论和方法，最优地或合理地调控配置资金、政策、人力等多方面、多层次的知识产权行政管理资源，并使之达到优质、高效、低耗的完美运行状态，从而获得知识产权行政管理整体的最优，保证管理目标的顺利实现。

一、争取更多财政资源投入

（一）进一步加大财政投入

保持必要的财政投入水平和增长对于实现推动知识产权事业发展很有必要。国家在维持现有投入水平的基础上，要针对薄弱环节，着力解决投入上的"短板"问题，加大对专利审查、知识产权公共服务以及知识产权战略规划等方面的投入力度。推动将知识产权投入纳入法定财政投入增长范围，将知识产权投入与研发投入挂钩，设置一定的比例，切实保障知识产权工作机构运转和事业发展。

（二）发挥中央财政和地方财政两个积极性

知识产权财政政策要明确财政政策的层级划分，发挥中央和地方两个积极性。对于知识产权市场能够有效发挥作用的领域，中央和地方财政政策原则上不宜干预，中央财政和地方财政切忌"越俎代庖"。而在知识产权市场因其外部性、信息不对称等问题的存在而不能有效发挥作用的领域，则中央政府和地方政府就应当给予必要的财力支持。落实到知识产权强国战略，其中央财政政策主要职责体现在宏观性和全局性，主要是负责拟定全国知识产权发展规划、知识产权判断标准、出台知识产权的内外政策、实施知识产权政策（宣传和执法等）。中央国家财政还设立能够推动经济发展的重大知识产权计划工程专项，并取得财政部的支持，保证经费投入，可要求地方配套资金。地方也可参照国家知识产权局的重大专项设立本地的工作专项。

（三）优化财政支出结构

在知识产权科技投入结构调整方面，充分发挥公共财政的职能作用，大力增加财政对知识产权研发环节及应用环节的投入。一是科学合理地调整科研、中试和产业化阶段的经费结构及比例关系，逐步加大后两个阶段的投入比重。二是研发经费应主要用于重大项目关键技术的攻关，向关系到国计民生、行业发展和着力提高国际竞争力的攻关项目倾斜。三是在中试经费中，向重大科技成果中试以及行业关键技术和共性技术引进、消化、吸收和推广应用方面倾斜。四是科技成果产业化经费应着重向重大科技成果转化以及交易平台建设方面倾斜。在知识产权市场培育方面，加强专业市场知识产权保护和执法投入力度，提升知识产权社会公共服务水平，培育形成一批引领示范型专业市场。通过政府购买服务等方式，发挥商会协会参与专业市场知识产权保护的积极性，推动建立专业市场知识产权保护评价体系。

（四）积极争取财政设立专项发展基金

推动设立国家知识产权发展基金，主要用于支持、引导和推动知识产权强国建设，支持具有示范性、导向性的知识产权项目建设，推动知识产权服务创新，促进知识产权转化运用，扶持知识产权队伍和人才培养，促进知识产权领域的较量，支持、引导和推动知识产权战略实施。

二、完善知识产权政策资源

围绕经济发展主战场开展工作，从强调与国际接轨向符合国际惯例并强化中国特色转变，形成以"深化知识产权制度运用，提升创新驱动发展能力"为纲领性政策文件、涵盖全国知识产权战略深入实施所需的财税、金融、科技、贸易等各方面配套政策的框架体系。

（一）完善知识产权税收激励政策

一是提高普惠性财税政策支持力度。坚持结构性减税方向，逐步将国家对企业技术创新的投入方式转变为以普惠性财税政策为主。二是全面实施税收优惠。统筹研究企业所得税加计扣除政策，完善企业研发费用计核方法，调整目录管理方式，扩大研发费用加计扣除优惠政策适用范围。完善高新技术企业认定办法，重点鼓励中小企业加大研发力度。制定知识产权优势产业的增值税优惠政策。提高专利等技术转让免营业税的最低额度，实行累进优惠政策。对个人专利技术转让所得允许减除合理成本，并允许其在专利技术研究开发的整个时间段内按月计算所得额和缴纳个人所得税。调整产品出口退税目录，享受高技术商品出口退税政策的产品要增加具有专利等自主知识产权的规定。对自主知识产权产品出口实行更优惠的出口退税政策。制定财税等相关政策鼓励企业引进符合国家产业政策的专利技术，并通过消化吸收再创新形成自有专利。三是奖酬计入成本。将对发明人的奖酬计入生产成本，促进落实企业对发明人的奖酬政策。四是高新技术企业和科技型中小企业科研人员通过知识产权转化运用取得股权奖励收入时，可在一定期限内分期缴纳个人所得税。

（二）完善知识产权政府采购政策

一是建立健全符合国际规则的支持采购创新产品的政策体系，落实和完善政府采购促进中小企业创新发展的相关措施，加大创新产品的采购力度。二是要设立自主创新产品的认定标准、评价体系和建立严格规范的认证制度。财政部门要将通过认证的自主创新产品及时纳入政府采购目录并向社会公布。三是强化预算控制。在编制年度部门预算时，要求采购人将采购自主创新产品优先列入预算；财政部门在预算审批中，要优先安排采购自主创新产品的预算；在财政支出绩效考评中，要将采购自主创新产品纳入考核范围；同时发挥财政、审计和其他部门对财政预算的监督作用，将采购自主创新产品列入监督内容。四是对于国家重大建设项目以及其他使用财政性资金采购重大装备和产品的项目，应将承诺采购自主创新产品作为申报立项的条件，并明确采购自主创新产品的具体要求。在国家和地方政府投资的重点工程中，国产设备采购比例一般不得低于总价值的60%。五是改进政府采购评审方法，在满足采购总需求的条件下，给予自主创新产品优先待遇。对经认定的自主创新技术含量、技术规格和价格难以确定的服务项目采购，可以在报经财政部门同意后，采用竞争性谈判方式，将合同授予具有自主创新能力的企业。

（三）建立创新产品首先采购制度

对于自主创新的试制品和初次投向市场的产品，一时难以形成生产规模并未被市场广泛接受，但又符合国民经济发展要求和先进技术发展方向，科技含量高、市场潜力大，总要政府重点扶持的，经认定，由政府首先采购，以推动其市场化和产业化。政府对于总要研究开发的重大创新产品或技术，应通过政府采购招标方式，面向全社会确定研究开发机构，签订政府订购合同，并建立相应的考核验收和成果推广机制。

三、优化知识产权人才资源

（一）建立健全知识产权人才管理体制

一是建立人才管理领导体制。坚持党管人才原则，发挥国家知识产权局人才工作领导小组的作用，推动人才工作体制机制改革和政策创新，统筹推进各级各类知识产权人才队伍建设。各省级知识产权局要建立知识产权人才工作领导小组，由主要负责同志担任领导，指定专门部门，具体负责知识产权人才工作，建立健全工作目标，及时研究部署人才工作，谋划大局、把握方向、整合力量、解决问题，切实担负起知识产权人才体系建设的领导责任。二是健全人才管理运行机制。在全国知识产权系统范围内，建立统分结合、上下联动、协调高效、整体推进的人才体系运行机制。国家知识产权局负责全国知识产权人才体系建设的统筹协调和宏观指导，各省级知识产权局负责本地区知识产权人才体系的建设和实施工作。三是制定人才工作规划。全国知识产权系统要以《国家中长期人才发展规划纲要（2010～2020年)》为指导，结合工作实际，制定《知识产权人才"十三五"规划（2015～2020年)》，切实提高人才工作的前瞻性、科学性和系统性。规划制定过程中，应注重与现行国家人才和知识产权各规划、其他各行业、各领域战略发展规划相衔接，形成互相促进、互为支撑的全国知识产权人才规划体系。

（二）完善知识产权人才管理工作机制

一是建立人才评价发现机制。完善以岗位职责要求为基础，以品德、能力和业绩为导向的人才评价标准，建立科学的知识产权职业分类体系，制定各类知识产权人才能力素质标准，积极推动建立全国统一的知识产权专业技术职务任职资格评审制度和企事业单位知识产权人才水平评价制度，支持有条件的地区根据本地区的实际情况先行先试。大力应用和改进现代化人才测评方法，根据知识产权人才特点开展多层次、多角度人才评价，形成有利于各类人才脱颖而出、充分展示才能的评价发现机制。二是完善人才选拔使用机制。加强人才选拔工作研究，创新各级各类知识产权人才选拔方式，进一步完善知识产权专家、领军人才的分类选拔办法，充分发挥知识产权专家的智囊作用和领军人才的引领作用，增加社会急需紧缺的企业和服务业知识产权人才的选拔力度。三是促进人才流动配置机制。探索建立知识产权人才跨地区、跨部门交流机制，特别是国有企业、高等学校和科研机构等组织或部门与知识产权系统间的人才交流机制，继续加大知识产权系统内挂职锻炼力度。四是加强人才激励保障机制。综合运用精神激励和物质奖励手段，健全以政府奖励为导向、用人单位和社会力量奖励为主体的人才奖励制度。鼓励用人单位结合实际情况、针对不同类型人才和群体研究制定灵活多样的激励措施，形成一套与工作业绩紧密联系、充分体现人才价值、有利于激发人才活力的激励机制。

（三）推动实施知识产权人才工程

一是实施知识产权高层次人才工程。实施知识产权高层次人才引领计划，发挥知识产权领军人才的引领辐射和示范带头作用。继续实施"百千万知识产权人才工程"，以百名高层次人才培养人选为重点，开展高层次人才国内外培训工作，做好高层次人才的考核工作，全面推进千名、万名专业人才的培养。完善知识产权人才库建设。二是实施知识产权人才信息化工程。着力完善人才信息资源共享机制，整合各方信息资源，构建开放、互动、高效、安全的人才资源公共信息平台和人才公共服务平台。建立和完善本地区人才信息的实时跟踪和预测预警机制，建立知识产权人才资源统计分析制度，制定人才信息采集与共享标准，加强对知识产权专家、领军人才和高层次人才信息资源的管理和使用。三是实施知识产权服务人才支撑计划。适应创新创业人才对知识产权服务的需要，以知识产权代理、知识产权资产评估、知识产权质押、知识产权信息、知识产权分析、知识产权交易和经营等知识产权服务人才为重点，加强知识产权服务人才的培育。组织实施知识产权服务业人才培训计划，培养数千名高素质、复合型的知识产权服务业人才，培养数百名精通业务、诚信度高、具有世界水平的高层次知识产权服务人才，加快建设一支职业化、专业化的知识产权服务人才队伍。

第九节　多措并举　提升知识产权行政管理能力

一、实施知识产权绩效评价

《国务院关于新形势下加快知识产权强国建设的若干意见》提出要建立以知识产权为重要内容的创新驱动发展评价制度。

（一）构建科学合理的知识产权评价指标体系

完善知识产权评价指标体系，将知识产权产品逐步纳入国民经济核算，将知识产权指标纳入国民经济和社会发展规划。一是探索"中国知识产权的经济贡献"调研统计工作，积极、深入和权威性地研究和说明知识产权对经济增长的贡献，推进将知识产权纳入 GDP 统计范围。二是建立与全国经济发展状况相适应的知识产权综合统计核算指标体系，将知识产权指标纳入经济社会发展情况统计调查范围，定期监测和发布知识产权发展状况。三是针对知识产权相关单位和各级地方政府，分别建立科学合理的知识产权绩效评价指标体系。推动将知识产权评价指标纳入科学发展考核评价体系，纳入各级党委政府和党政领导干部的绩效考核体系。四是探索建立经营业绩、知识产权和创新并重的国有企业考评模式。引导企事业单位建立以知识产权实绩为核心的考核评价制度，正确引导知识产权创造与运用。

（二）建立知识产权绩效考核机制

由国务院知识产权战略实施工作部际联席会议办公室牵头，建立健全政府、知识产权主管部门、相关成员单位的知识产权工作考核机制，以评价考核为手段，强化责任意识，健全和完善行政问责机制。在对党政领导班子和领导干部进行综合考核评价时，注重鼓励发明创造、保护知识产权、加强转化运用、营造良好环境等方面的情况和成效。要把知识产权绩效纳入科学发展考核评价体系作为评价地区发展水平、衡量发展质量和领导干部工作实绩的重要内容，推动各级党委政府将知识产权工作作为硬任务纳入重要议事日程，纳入当地总体发展规划和财政预算。加强对相关成员单位知识产权战略实施的考核机制，强化考核监督，定期对《国家知识产权战略纲要》推进计划完成情况、领导批示落实情况以及其他重要工作开展情况进行督察。加大对地方政府知识产权战略实施工作考核力度，对各地方的战略措施落实情况和战略目标完成情况进行综合考评。

（三）建立知识产权战略实施奖惩制度

建议考核结果与干部选拔、任用、奖惩和单位财政拨款等挂钩，发挥绩效考核对于相关机构、部门和个人的激励和约束机制。按照国家有关规定设置知识产权奖励项目，加大各类国家奖励制度的知识产权评价权重。可设立知识产权类政府奖励，建立知识产权国家荣誉制度。对工作成绩突出的知识产权战略实施成员单位及个人予以奖励；对知识产权工作开展不力或对协调机构工作不配合、不支持的单位给予通报批评。

（四）构建宏观专利评价考核体系

改进现行区域专利申请质量评价体系，进一步突出区域专利评价工作的专利申请质量导向。在充分发挥"每万人口发明专利拥有量"指标引领作用的基础上，结合不同区域发展水平，分类确定评价指标，将发明专利申请量占比、发明专利授权率、PCT专利申请量、专利维持率、未缴纳申请费视撤率、视为放弃取得专利权率、专利实施率等指标纳入区域专利工作评价指标体系，合理设定增长率评价指标。不能仅仅追求专利产出数量，同时要注意专利质量指标、专利产出的技术、市场及应用价值等方面的总体水平。

二、依法行政建设法治政府

党的十八大和十九大都把法治政府基本建成确立为到2020年全面建成小康社会的重要目标之一。各级知识产权行政管理机构要经过坚持不懈的努力，坚持依宪施政、依法行政、简政放权，把知识产权行政管理工作全面纳入法制轨道，到2020年基本建成职能科学、权责法定、执法严明、公开公正、廉洁高效、守法诚信的法治政府。

（一）大力推行清单制度

各级知识产权行政管理机构要根据国务院和各级政府的安排，在全面梳理、清理调整、审核确认、优化流程的基础上，将知识产权管理职能、法律依据、实施主体、职责权限、管理流程、监督方式等事项以权力清单的形式向社会公开，逐一厘清与行政权力相对应的责任事项、责任主体、责任方式。实行统一的市场准入制度，在制定知识产权负面清单基础上，各类市场主体可依法平等进入清单之外领域。

（二）健全依法决策机制

各级知识产权行政管理部门要完善重大行政决策程序制度，明确决策主体、事项范围、法定程序、法律责任，规范决策流程，强化决策法定程序的刚性约束。一是提高群众参与度。事关经济社会发展全局和涉及群众切身利益的重大行政决策事项，应当广泛听取意见，与利害关系人进行充分沟通，并注重听取有关人大代表、政协委员、人民团体、基层组织、社会组织的意见。二是提高专家论证和风险评估质量。加强中国特色新型智库建设，建立知识产权行政决策咨询论证专家库。对专业性、技术性较强的决策事项，应当组织专家或专业机构进行论证。落实重大决策社会稳定风险评估机制。三是加强合法性审查。建立知识产权行政机关内部重大决策合法性审查机制，未经合法性审查或经审查不合法的，不得提交讨论。

（三）坚持公正文明执法

一是完善知识产权行政执法程序。建立健全行政裁量权基准制度，细化、量化行政裁量标准，规范裁量范围、种类、幅度。建立执法全过程记录制度，制定行政执法程序规范，明确具体操作流程。健全行政执法调查取证、告知、罚没收入管理等制度，明确听证、集体讨论决定的适用条件。完善行政执法权限协调机制，及时解决执法机关之间的权限争议，建立异地行政执法协助制度。二是创新行政执法方式。推行行政执法公示制度。加强行政执法信息化建设和信息共享，完善网上执法办案及信息查询系统。强化科技、装备在行政执法中的应用。推广运用说服教育、劝导示范、行政指导、行政奖励等非强制性执法手段。健全公民和组织守法信用记录，完善守法诚信褒奖机制和违法失信行为惩戒机制。三是全面落实行政执法责任制。严格确定知识产权行政执法岗位执法人员的执法责任，建立健全常态化的责任追究机制。加强执法监督，加快建立统一的行政执法监督网络平台，建立健全投诉举报、情况通报等制度，坚决排除对执法活动的干预，防止和克服地方保护主义，防止和克服执法工作中的利益驱动，惩治执法腐败现象。

（四）全面推进政务公开

坚持以公开为常态、不公开为例外原则，推进决策公开、执行公开、管理公开、服务公开、结果公开。完善政府信息公开制度，拓宽政府信息公开渠道，进一步明确政府信息公开范围和内容。重点推进财政预算、公共资源配置、重大建设项目批准和实施、社会公益事业建设等领域的政府信息公开。完善政府新闻发言人、突发事件信息发布等制度，做好对热点敏感问题的舆论引导，及时回应人民群众关切。创新政务公开方式，加强互联网政务信息数据服务平台和便民服务平台建设，提高政务公开信息化、集中化水平。完善社会监督和舆论监督机制。建立对行政机关违法行政行为投诉举报登记制度，畅通举报箱、电子信箱、热线电话等监督渠道，方便群众投诉举报、反映问题，依法及时调查处理违法行政行为。

三、完善知识产权电子政务

电子政务是运用计算机、网络和通信等现代信息技术手段，实现政府组织结构和工作流程的优化重组，超越时间、空间和部门分隔的限制，建成一个精简、高效、廉洁、公平的政府的运作模式。提升知识产权行政管理能力，要求知识产权行政机构大力推行电子政务，应用现代信息和通信技术，将管理和服务进行集成，向社会提供优质和全方位的、规范而透明的、符合国际水准的管理和服务。

（一）进一步完善在线登记、电子申请系统

建立计算机软件著作权快速登记通道。优化专利和商标的审查流程与方式，实现知识产权在线登记、电子申请和无纸化审批。专利电子化管理能有效提升专利行政管理效率和管理水平，实现专利资源的整合，为专利行政管理机构子模式的运行提供基础。运行电子化的专利行政管理综合模式，既能实现专利申请、审批审查等行政程序的管理现代化，形成审查程序的流水线式的一站式服务；又能促进专利信息的整合，建立完善的专利数据库；此外，还能加强与企业、高等学校、研究所等社会组织的信息交流、共享、分析，促进整个社会的专利资源利用。国家知识产权局要在 2010 年 2 月专利电子申请系统升级更新的基础上，进一步增加系统功能、改进性能，简化操作界面、使得人机交互更加方便、快捷。加强国家知识产权局相关部门对代理机构的业务指导和有效沟通，以便更好地使用电子申请系统，降低社会成本，提高代理机构的业务流程的现代化管理水平和核心竞争力。

（二）办好知识产权政府网站

必须增强各级领导对于电子政务的理解，提高建设电子政务网站的意识，真正将政府职能与现代信息网络技术结合起来，利用网络技术加强政府职能，有效提高行政效率。知识产权政府网站是知识产权领域管理的专业网站，为了打造一个集新闻、产品和服务为一体的综合性网络平台，使得知识产权的新闻资讯、专业文章、专利信息产品等实现更好的信息公开和管理，必须推进知识产权系统政府网站的规划建设，从网络技术、相应协议、规范标准等多个角度推进网站的规范性建设，提高网站的服务功能。知识产权政府网站要根据"用户为中心"的原则，网站在设计上应该采用清新简约风格，信息分类清晰，将政府信息公开专栏、专利信息检索、查询服务等公众关心、常用的板块放在首页显著位置，便于公众获取信息。

（三）推进知识产权政务服务平台建设

适应"互联网＋"与大数据时代需求，建设面向政府和企业知识产权管理部门的知识产权电子政务服务平台，以"数据统一、资源共享、业务互通、协同工作"为核心设计理念，以"外网受理、内网办理、外网反馈、全程监控"为政务管理目标，将专利申请、专利执法、专利利用、企业服务等与社会公众、企事业单位相关的各种知识产权服务项目进行数字化、标准化管理，确保所有行政事务实现网上办理及全程监控，使知识产权政务管理网络化、公开化、透明化。一是在政府内部建立网上办公系统，使各级领导可以在网上及时了解、指导和监督各部门的工作，并向各部门作出各项指示。这将带来办公模式与行政观念上的一次革命。在政府内部，各部门之间可以通过网络实现信息资源的共建共享联系，既提高办事效率、质量和标准，又节省政府开支、起到反腐倡廉作用。二是建立知识产权执法案件报送系统与知识产权维权援助举报投诉系统，开展知识产权执法网上办案系统，有效拓展知识产权违法犯罪行为的线索获取渠道，实现知识产权案件从受理、立案、办案、到结案的流程化管理和实时监控，及时披露侵犯知识产权的违法企业和典型案件，进一步推动社会诚信体系建设，实现知识产权保护与执法工作的电子化、网络化、公开化，为权利人快捷维权提供更多方便的同时，促进了知识产权执法能力与效率的进一步提高。三是建立企业服务系统。针对各级知识产权政府部门服务企业的各项举措、规章制度，量身定制、建立企业服务系统模块，帮助政府部门实现对专利资助、项目申报等服务事项的"外网受理、内网审批、外网反馈、全程监控"，真正做到行为规范、程序严密、运行公开、结果公正、监督有力。

四、实行政府全面质量管理

建立服务导向、过程管理、持续改进、全员参与、领导和战略的知识产权行政管理的全面质量管理系统。探索试点开展 ISO 9000 质量管理认证，对于通过认证的部门予以奖励，通过认证的地方知识产权局予以重点支持。

（一）在专利实质审查中引入全面质量管理

ISO 9000 质量管理体系的引入对审查质量的提高具有重要意义。随着近年来我国专利申请量的急剧增加，相应的审查队伍不断扩大，面对这样的新形势，要保证专利审查质量的不断提高，迫切需要一套行之有效的管理体系，ISO 9000 质量管理体系强调工作的规范化、程序化，通过对工作过程有效性及效果的持续控制，纠正工作过程中存在的问题，能够保证提供满足要求的服务。同时，ISO 9000 质量管理体系的引入，能够使以往单纯的后期质量检查变为采用事前预防、过程控制、事后检查纠正相结合的方法，实现对发明专利实质审查全过程的监控，同时通过强调以顾客为中心、全员参与，考虑社会公众和申请人的意见反馈和激发审查员的工作积极性和责任感，从而通过内外两方面促使审查质量的提高。

（二）在知识产权行政管理部门导入质量管理体系

知识产权行政管理部门导入质量管理体系，可把政府各项工作纳入质量管理体系控制范围。对每一个过程制定出程序文件，并通过编制工作文件把对每一项工作的责任主体、目的、完成时间、适用范围、工作职责、工作程序和相关记录都作出明确规定，可克服行政行为中的随意性、越级和渎职行为，有助于改变传统行政管理重结果、轻过程的现象。在实施过程中，一是明确岗位职责。根据标准编制了岗位说明书，建立了科学合理的岗位责任制，通过悬挂展板，进一步明确每位职工的岗位职责，通过醒目的岗位标识牌明确各业务流程人员。二是梳理业务规程。通过全面细致的梳理和提炼，修订了操作规程，对各项业务编制了新的业务流程图和审查要点列表，使各项业务处理流程一目了然、清晰明确。三是注重全员参与。"全员参与"原则是 ISO 9000 标准的重要原则之一，它不仅包括全体工作人员的参与，也包括单位和部门负责人的参与。充分调动所有员工参与机关建设的主人翁意识和工作积极性。四是进行持续改进。根据知识产权行政管理职能和权限的变更，适时地对质量管理体系文件进行修改、补充和完善，使其更适应管理工作的需要，始终保持质量体系文件的整体性、实用性和可操作性的一致。

参考文献

[1] 刘素荣，李秀英．知识产权［M］．北京：人民出版社，1994.

[2] 朱雪忠．知识产权管理［M］．北京：高等教育出版社，2010.

[3] 马海群．现代知识产权管理［M］．北京：科学出版社，2009.

[4] 曾德国．知识产权管理［M］．北京：知识产权出版社，2012.

[5] 单晓光，许春明，等．知识产权制度与经济增长：机械、实证、优化［M］．北京：经济科学出版社，2009.

[6] 张玉台，吕薇．中国知识产权战略转型与对策［M］．北京：中国发展出版社，2008.

[7] 宋伟．知识产权管理［M］．合肥：中国科学技术大学出版社，2010.

[8] 邹钧．日本行政管理概论［M］．长春：吉林人民出版社，1986.

[9] 王景川，胡开忠．知识产权制度现代化问题研究［M］．北京：北京大学出版社，2010.

[10] 李顺德．知识产权概论［M］．北京：知识产权出版社，2006.

[11] 吴欣望．知识产权：经济、规则与政策［M］．北京：经济科学出版社，2007.

[12] 肖志远．知识产权权力属性研究：一个政策维度的分析［M］．北京：北京大学出版社，2009.

[13] 王珍愚．TRIPS 框架内中国知识产权行政管理体制研究［D］．上海：同济大学经济与管理学院，2008.

[14] 赵刚．论我国知识产权行政保护制度［D］．天津：南开大学法学院，2005.

[15] 丛雪莲．中国知识产权行政管理机构之设置与职能重构［J］．首都师范大学学报：社会科学版，2011（5）.

[16] 冯晓青，邵冲．中国知识产权行政管理及市场规制的完善研究［J］．中国市场，2012（20）.

[17] 杨美琳．论我国知识产权行政管理体制的完善［J］．保定学院学报，2012（2）.

[18] 朱一飞．论知识产权行政执法权的配置模式［J］．法学杂志，2011（4）.

[19] 陈书成．我国知识产权行政管理和执法体制的现状、问题及思考［J］．河南司法警官职业学院学报，2012（2）.

[20] 孙晓．知识产权文化建设的思考［J］．企业研究，2013（18）.

[21] 游超，刘文军，田媛，等．知识产权文化：建设创新型国家的重要保障［J］．今日中国论坛，2013（8）.

[22] 单晓光，王珍愚．各国知识产权行政管理机构的设置及其启示［J］．同济大学学报：社会科学版，2007（3）.

[23] 杨永恒．完善知识产权管理体制　推进知识产权战略实施［J］．民主，2012（4）.

[24] 苏熳．知识产权行政管理模式的构建［J］．华人时刊（下旬刊），2012（4）.

［25］戴琳. 论我国的知识产权行政保护及行政管理机构设置［J］. 云南大学学报：法学版，2010（6）.

［26］包海波. 美国企业知识产权管理的构成及其特征分析［J］. 科技管理研究，2004（2）.

［27］冯晓青. 知识产权管理：企业管理中不可缺少的重要内容［J］. 长沙理工大学学报，2005（1）.

［28］易玲. 中国知识产权行政保护"存与废"之路径［J］. 求索，2011（1）.

［29］李卓端，绍春，董欣. 完善我国地方知识产权管理部门行政法制建设的思考［J］. 知识产权，2005（3）.

［30］刘华，李文渊. 论知识产权文化在中国的构建［J］. 知识产权，2004（6）.

［31］董希凡. 知识产权行政管理机关的中外比较研究［J］. 知识产权，2006（3）.

［32］朱雪忠，黄静. 试论我国知识产权行政管理机构的一体化设置［J］. 科技与法律，2001（3）.

［33］王芳. 美国、日本知识产权战略与中国知识产权现状对比研究［J］. 吉林工程技术师范学院学报，2008（4）.

［34］赵丽莉，井西晓. 政府在知识产权管理中的职能［J］. 理论探索，2010（5）.

［35］李昌玉，孟奇勋. 论我国知识产权战略中的政府角色定位［J］. 科技进步与对策，2007（9）.

［36］吴江. 我国政府机构改革的历史经验［J］. 中国行政管理，2005（3）.

［37］韩康. 中国行政管理体制改革思路的反思［J］. 中国经济时报，2010（1）.

［38］陈美章. 对我国知识产权协调管理与保护的研究与建议［J］. 中国科学基金，2002（5）.

［39］常菲，单晓光. 知识产权管理对技术创新绩效的影响研究［J］. 山东行政学院学报，2012（3）.

［40］谌爱华. 完善知识产权行政管理制度的思考［J］. 河北广播电视大学学报，2007（2）.

［41］邹宝珍. 论我国知识产权行政执法体制改革：美国优化知识产权资源与组织法案的启示［J］. 福建行政学院学报，2009（6）.

［42］孔祥学. 新公共管理理论及其借鉴意义［J］. 产业与科技论坛，2011（8）.

［43］谭庆轩. 经济全球化与中国地方行政管理体系变革［J］. 人力资源管理，2010（5）.

［44］朱一飞. 我国重大经济活动知识产权审议制度的体系选择与建构路径［J］. 知识产权，2011（5）.

［45］张志帝，任启平. 国际知识产权保护对中国对外贸易影响及对策研究［J］. 经济问题探索，2006（2）.

［46］罗重谱. 我国大部制改革的政策演进、实践探索与走向判断［J］. 改革，2013（3）.

［47］沈荣华. 上一轮大部制改革回顾与启示［J］. 人民论坛，2013（3）.

［48］朱厚嘉. 我国知识产权行政管理研究［D］. 郑州：郑州大学公共管理学院，2014.

［49］陈明媛. 论市场经济环境下知识产权行政管理部门的职能转变［J］. 知识产权，2015（1）.

［50］姜国峰. 我国知识产权文化培育研究［D］. 大连：大连理工大学人文与社会科学学部，2014.

［51］邹云. 公共部门引入 ISO 9001 质量管理体系的思考：以南京专利代办处为例［J］. 江苏科技信息，2015（26）.

后　记

　　随着我国知识产权制度的建立和逐步完善，我国知识产权行政管理也逐步发展、不断加强，在推动我国知识产权制度建立与完善、知识产权战略制定与实施等方面发挥了非常重要的作用。为了全面总结我国知识产权行政管理实践，学习借鉴相关行政管理工作经验，研究提出知识产权行政管理发展思路，国家知识产权局于2011年启动了知识产权行政管理工作的定位及未来发展课题研究，组织局内相关部门、地方知识产权局以及高校院所相关人员，成立了1个课题总体组和8个子课题组，并形成了知识产权行政管理工作的定位及未来发展"基本问题研究系列报告"。

　　2012年，根据工作需要，国家知识产权局再次成立课题组，由贺化副局长牵头，雷筱云、董宏伟、姜伟、来小鹏、谢晓勇、刘海波、张秋月、路轶等人为主要成员，在"基本问题系列研究报告"的基础上，引入PEST、SWOT、战略管理等管理学研究方法，深化理论研究，凝练内在规律，总结提升实践，明晰发展定位，开展了深入系统的研究，形成了"知识产权行政管理工作的定位及未来发展"课题研究报告。同时，为方便使用，还将"课题研究报告"的"精简版"印送国家知识产权局相关部门以及各有关地方知识产权局，供各部门、各地方在工作实践中参考。

　　2014年，为适应新形势、新时期经济社会发展对知识产权行政管理工作的新要求，国家知识产权局成立课题组，在"知识产权行政管理工作的定位及未来发展"课题报告的基础上，开展了知识产权行政管理创新与发展研究工作，贺化副局长牵头组织，雷筱云、董宏伟、姜伟、杨学文、周昕、涂克明、李强、刘鸿斌为主要研究人员，并形成"知识产权行政管理创新与发展研究"课题报告。

　　2015年，为做好课题研究成果的推广和利用，国家知识产权局组织开展《中国知识产权行政管理理论与实践》一书的编著工作，并于2017年完成了此项工作。该书的编著人员分工为：贺化副局长提出全书编著大纲和主要观点，并组织讨论和确定各章节主要内容；董宏伟、蔡祖国（绪论、第一章）；雷筱云、张秋月（第二章）、周砚、张伯友（第三章）、路轶（第四章）、雷筱云、姜伟（第五章）、董宏伟、姜伟（第六章）分工撰写。全书由雷筱云、董宏伟、姜伟负责统稿，由贺化副局长审核定稿。

　　该书在编著过程中，参考了国家知识产权局学术委员会相关研究成果、软课题相关研究报告、知识产权发展研究中心相关研究报告、专利管理司和保护协调司以及其他相关研究课题研究成果，在此，对相关课题研究者、特别是早期参与"知识产权行政管理工作的定位及未来发展基本问题研究"系列报告的研究者表示衷心的感谢！